碧骨堤史

碧骨堤史

펴 낸 날 2023년 06월 12일

지 은 이 공준원
펴 낸 이 이기성
편집팀장 이윤숙
기획편집 서해주, 윤가영, 이지희
표지디자인 서해주
책임마케팅 강보현, 김성욱
펴 낸 곳 도서출판 생각나눔
출판등록 제 2018-000288호
주   소 경기도 고양시 덕양구 청초로 66, 덕은리버워크 B동 1708호, 1709호
전   화 02-325-5100
팩   스 02-325-5101
홈페이지 www.생각나눔.kr
이 메 일 bookmain@think-book.com

• 책값은 표지 뒷면에 표기되어 있습니다.
  ISBN   979-11-7048-568-1(03910)

벽골제 역사를 다방면으로 분석한

碧骨堤史

공준원 지음

생각나눔

머리말

　어느 인류학자가 말하기를, 인간은 300만 년을 원시인으로 살다
가 문명인으로 살기 시작한 것은 불과 5,000년에 지나지 않는다
고 했다. 1991년 경기도 고양군 송포면 가와지 마을 토단 층에서
5,000여 년 전의 탄화미가 발굴되었다. 인류의 문명이 열리면서 우
리 민족은 벼 재배를 시작한 것이다.

　조선의 실학자 유형원(柳馨遠)이 그의 저서 『반계수록(磻溪隨隨)』
에서 "옛날에 전 국력을 키우려 삼제(三堤: 벽골제, 눌제, 황등제)를
쌓으니 노령(盧嶺) 이북은 영구히 흉년이 없어지고 이곳에 흉년이
없어지면 만세의 대리(大利)가 되는지라."라고 적었다. 그중에서 벽
골제는 규모와 구조 그리고 기능 면에서 당시로써는 동양 제1이라
할 만큼 탁월했다. 이것은 우리 민족의 우수성을 말해 주기도 한
다. 이러한 맥락에서 볼 때 1700년 전에 쌓은 벽골제는 우리 조상
들이 자연을 극복하면서 벼농사를 짓기 위하여 만든 선구적인 지혜
의 소산임이 틀림없다.

　벽골제는 동남아는 물론 세계 도작 문화권에서는 기념비적 가치

를 지닌 귀중한 문화유산이다. 이러한 이유로 벽골제는 도작 문화의 효시라 할 수 있다.

이토록 귀중한 문화유산을 일제 강점기에 무참하게 파괴하여 김제 간선 수로를 만들어 버린 데다 해방 전후하여 치안이 문란해지면서 난민들이 집성촌을 이루고, 6·25를 거치면서 나라가 온통 혼돈 속에 허우적거리게 되니 벽골제의 모습은 더욱 처참하게 훼손되어 갔다. 국가 대란을 거친 후 사회적 혼란이 어느 정도 멎은 후에도 한동안 빛바랜 고적쯤으로 방치해 오다가 1960년대에 여기에 사적비가 세워지면서 벽골제에 관한 관심이 고조되기 시작하였으나, 막상 실천적 국면에 들어서면서는 불행하게도 잘못된 방향으로 기울어지기 시작하였다. 역사의 왜곡은 흔히 문화유산에 대한 자부심을 부추기기 위하여 불필요한 장식을 덧대는 데서 시작된다. 가장 소중한 문화유산은 벽골제이다. 여기에 덧댄 조작된 설화나 급조된 민속놀이 같은 것은 이 값진 문화유산을 송두리째 말살하는 결과를 가져올 수도 있다.

더욱 가관인 것은 근래에 이르러 관련 기관이나 단체에서는 벽골제를 보존한다는 명분을 가지고 벽골제와 관련이 없는 연못이나 동산, 심지어는 문화비까지 만들어 놓는 등 불필요한 조형물들을 만들어 가고 있어 가까스로 남아있는 수문석주 2개의 유물마저 시야에서 사라져 가고 있다. 역사의 왜곡은 아예 무지보다 못하다. 향토사를 바로잡는 것은 국사를 바로잡는 시발점이다. 투명한 과거는 밝은 미래를 보장한다 해서 과거는 미래의 창이라 했다.

벽골제는 김제시민만의 것이 아니다. 우리나라는 물론 동남아를 비롯한 도작 문화권에서는 아주 귀중한 문화유산이다. 단편적인 지식만을 가지고 가볍게 기록을 첨삭하거나 조형물을 만들어 장식하는 것은 훼손보다 더한 과오를 범하는 위험한 발상이다. 우리가 문화유산을 소중하게 여기는 것은 조상의 위대한 업적을 기리고 그 정신을 이어받아 현대문명에 반영함으로써 민족적 자긍심을 높이고 아름다운 전통을 계승, 발전시켜 나가자는 데 목적이 있다.

그러므로 벽골제에 다른 조형물을 만들어 가는 것은 우리 민족문화의 말살에 목적을 두고 문화재 훼손을 자행했던 일제보다 더 심한 문화재 파괴라고 볼 수 있다. 작금의 이와 같은 벽골제에 대한 훼손이 더 심해지기 전에 부대시설을 첨가하는 것을 중지하고 먼저 제대로 된 발굴조사부터 시행하여 원형을 복원하는 노력이 선행되어야 한다. 이러한 노력으로 국보적 가치가 있는 우리의 소중한 문화재의 진정한 가치를 복원한다면 새로 만든 새만금 방조제와 더불어 신구 문명을 한 시야에서 조망할 수 있는 세계에 자랑할 수 있는 아름다운 관광 명소를 얻게 될 것이다.

벽골제를 만들 당시에는 지금의 새만금 못지않은 대역사이었을 것이다. 하루속히 우리의 귀중한 벽골제를 복원하기를 바라는 간절한 염원에서 전작인 『벽골제와 도작 문화』에 이어 벽골제만의 새로운 역사적 조명을 위한 『벽골제사』를 발간한 바 있는데 이마저 다소의 오류와 미흡함을 느끼지 않을 수가 없었다.

능력의 한계를 느끼면서도 기왕에 시작한 일이다 보니 책임의 무게가 더 크게 느껴 져 내 나름으로 힘을 다하여 미흡했던 몇 가지 자료를 보완하고 수정한 『신증 벽골제사』를 출간하게 되었다. 이것이 당랑(螳螂)의 무모한 당돌함인 줄 알면서도 집착을 버리지 못하는 것은 벽골제의 참가치를 뼛속 깊이 느끼고 있음일 것이다.

그간에 벽골제 연구를 위하여 경유해 온 과정이지만 다시 한 번 역사기록을 더듬어 보고 벼농사와 이에 필요한 물 관리를 좀 더 심도 있게 천착하여 벽골제를 바라보니 정말 상상하기 힘든 농경문화의 귀중한 유산임을 새삼 깨달을 수 있었다.

부족한 자신을 느끼면서도 서둘러 제5판을 내게 된 것은 팔순이라는 세월의 재촉이 있었음을 고백하지 않을 수 없다. 이점을 어여삐 여겨주시고 저를 아껴주시는 선후배 여러분의 지속적인 관심과 지도편달을 부탁드리면서 이 책 편찬에 도움을 주신 여러분께 감사드린다.

2023. 2.

鶴川 孔俊元

목 차

벽골제사(碧骨堤社)

부 록

稻作文化를 찾아서

草露 박철수

군산항을 맴돌던 해풍이
만경 들녘을 돌아
거침없이 내딛던 서풍은
흔적마저 희미한
벽골제 수로를 따라
월성마을을 지나
황산에 멈출 듯싶은데

남도의 바람을 타고
영산강 둘러
서울로 향하는 기적소리에
눈 부비던 소년은
새벽 안개 속을
휘적휘적 달려나가

붓도랑을 채우는
쿨럭거리는 무자위 기척에
기지개 켜는
벽골제 장생거를 보았거라
벽골제 없는 벽골제엔
휘여진 역사만 덩그러니 남아
숱한 시대를 넘나들며
켜켜히 거미줄에 묶인
문헌을 찾아 헤메이던 이여!
신라부터 조선까지
족적의 그림자를 찾아
우직한 황소의 뚝심으로
덮여진 실록을 쟁기질하면
엉켰던 역사의 실타래는

풀릴 거라는 소망으로

채워도 채워도

채워지지 않는 역사의 바랑엔

또다른 열정이 움트고

가끔 바람결에 전해 오는

품앗이 전설일랑

정갈한 채로 거르기도 했건만

밤이면 꿈마다

신털미산을 오가던

민초들의 땀과 눈물이

귀를 후벼 파는 듯하였으니

인고의 세월 속에

역사의 농필일랑 막아 보려

오직

올곧은 마음을 다려

김만경 들판을 휘젓던 기운으로

발품을 팔아

한 뜸 한 뜸

솎아낸 도작문화사로

오늘

속심을 내보이니

아련한 역사를 품은

벽골제 둔덕엔

토독토독 봄싹들이

어깨동무를 시작하리다.

碧骨堤史

⌘

벽골제 역사 개요

 우리 민족은 5천 년 이상 쌀을 먹고 살아왔다. 그렇다고 우리나라가 벼농사에 가장 알맞은 기상여건을 가지고 있는 것은 아니다. 한반도는 정작 물이 필요할 때 가물고 물이 덜 필요할 때 장마가 지는 특징을 가지고 있다. 벽골제가 곡창 김제 땅에 축조하게 된 것은 결코 우연한 일이 아니다. 벼농사에 다소 취약한 기후 풍토를 극복하기 위한 우리 조상들의 선구적 지혜와 노력이 1,700년 전에 벽골제라는 위대한 걸작품을 만들어 낸 것이다. 벽골제는 우리나라에서뿐만 아니라 세계에서도 그 유래를 찾아보기 힘든 농업용 저수지이다. 그러므로 벽골제는 수리시설의 원조임과 동시에 효시라 할 수 있다. 『삼국사기』 신라본기 흘해왕 21년 조에 "처음으로 벽골지(碧骨池)를 개착(開鑿)하니 언덕 길이가 1,800보(步)였다(始開碧骨池 岸長一千八百步)."라는 기록이 있는데 사서(史書)의 기록으로는 이것이 처음이다.[1]

고려 말에 승(僧) 일연(一然)이 쓴 『삼국유사』 왕력 편에는 신라 제16대 걸해이즐금(乞解尼叱今) 20년조에 "기축년 처음으로 벽골제를 쌓았다. 주위가 △ 만 7천 26보요 △△가 백 66보요 논이 1만 4천 70△이다. (己丑始築 碧骨堤 周 △萬 七千 二十六步 △△百六十六步 水田一萬 四千七十△)"라고 기록되어 있다. 우리나라 역사서에 벽골제 시축에 관한 기록으로는 이것이 전부이다. 삼국사기와 삼국유사의 시축 연대에 1년의 차이가 나는 것은 왕의 재위연도를 표시할 때에 고려 초까지는 즉위년을 원년으로 하였는데, 고려 말경부터는 유년원년제(踰年元年制: 즉위 다음 해를 원년으로 하는 제도)를 사용하였기 때문으로 추측된다. 고려 인종 때 김부식이 쓴 『삼국사기』는 고려 초에 기록한 구 삼국사기를 기초로 한 것이다.

삼국사기에는 제방 길이만 나와 있고 전체의 규모를 파악할 수 있는 기록이 없는 데 반하여 삼국유사에는 규모의 대강이 나와 있기는 하나, 결자가 많아 내용을 파악하기가 심히 어렵게 되어 있다.

그 후 신라가 삼국을 석권하고 나서 38대 원성왕 6년(AD790) 1월에 전주 등 7주의 인부를 동원하여 벽골제를 크게 보수하였는데, 당시 동원된 인원수나 공사 규모에 관한 기록이 전혀 없다. 고려 초에는 8대 현종 때에 보수공사를 벌여 옛 모습대로 다시 복구하였고, 17대 인종(仁宗) 21년(1143)에는 증수(增修) 공사를 하였지만, 이때도 보수한 공사 규모라든가 여타 내용에 관한 기록이 전혀 없다.[2]

이렇게 국력을 기울여 보수와 확장을 거듭한 벽골제는 고려 인종 24년에 왕이 원인 모를 병으로 눕게 되자 그 병인이 벽골제 보수공사에 빌미가 있다는 무당의 허튼소리에 그해 2월에 파제(破堤)하고 말았다.[3]

당시만 해도 조정이나 백성들에게 무속(巫俗)의 힘은 막대한 영향력을 발휘하였다. 그래서 그런지 그 후 고려 말까지 누구 하나 벽골제에 관하여 관심을 기울인 흔적조차 없이 폐제로 방치해 버리고 만 것이다.

조선왕조에 들어와서 괄목할 만한 사업은 내륙의 황무지 개척은 수천 년 동안 계속되어 왔기 때문에 거의 바닥이 나 있는 상태이어서 바다와 강변의 간척사업에 역점을 두었다. 그다음으로 추진한 중점사업이 농민들에게 농사기술을 보급하기 위한 농서(農書) 편찬사업이었다.

이어 앞서 지방 관원들로 하여금 농경을 위한 수리시설의 현황과 실태를 조사보고 하도록 한 바 있었고, 이 보고 자료를 토대로 전국 각지의 저수지, 수로 등을 손질하였는데, 벽골제도 이때 다시 중수(重修)하게 된 것이다.

벽골제 보수공사는 태종 15년(1415) 9월 20일에 착공하여 그해 10월 13일에 완공하였다.[4] 이 공사를 마치고 초혜산(草鞋山)에 태종의 중수비(重修碑)를 세웠는데 여기에 비로소 벽골제의 규모가 상세하게 기록되어 있다.

비명(碑銘)에 의하면 제장(堤長)이 60,843척(尺) 주회(周回)가 77,406보(步), 몽리 면적이 9,840결 95짐(卜)이다. 제의 하광(下廣)이 70척 상광(上廣)이 30척, 고(高)가 17척으로 되어 있고, 수문 석주 높이는 15척이며, 지하로 5척이 묻혀있다. 석주(石柱)와 석주 사이는 13척으로 5개 수문이 동일하며, 다만 수여거 수문과 유통거 수문은 괴목으로 기둥을 세워 다른 3개 수문이 석주(石柱)인 것과 구분이 된다.[5] 태종실록에는 제방 길이가 7,196척, 너비 50척, 몽리 면적 9,840결로 중수비문과 다른 수치를 보이고 있다.[6]

그뿐만 아니라 그 후에 나타나는 문헌마다 규모의 수치가 다르게 기록되어 있어 자칫 혼돈을 일으키기도 한다. 삼국사기에는 안장(岸長)이 1,800보(步), 신증동국여지승람에 기록된 태종 중수비에는 제장(堤長)이 60,843척, 태종실록에는 7,196척, 증보 문헌 비고에는 장(長) 2,600보로 되어 있다. 이 부분은 뒤에서 상론하기로 한다.

태종 15년에 중수한 벽골제는 2년 3개월만인 태종 18년 정월에 제방의 몇 군데가 누수 되어 판 광주 목사 우희열(禹希烈)이 이를 보수할 것을 주청하였으나 이렇다 할 가시적인 조치는 취하지 아니하고 관리를 잘하라는 당부만 있었다.[7]

세종 즉위년 9월에 올린 우희열의 벽골제에 대한 두 번째 상계를 보면 이미 많이 결궤되어 정상적인 기능을 하지 못하고 있는 상태에 있었음을 알 수 있는데, 설상가상으로 세종 2년 9월 대홍수로 인하여 제방 밑에 있는 논 2,098결이 큰 피해를 입게 되자 급기야 벽골제 불용론이 고개를 들기 시작하였다.[8] 결국, 전라도 관찰사 장윤화(張允和)는 아예 파제의 상소를 올렸다.

이에 맞서 전라도 수군도절제사(水軍都節制使)였던 박초(朴礎)가 벽골제는 반드시 중수해야 한다는 상소를 상왕(태종)에게 올렸다. 찬반 양론이 팽팽하게 맞서자 급기야 주민들의 설문 조사까지 실시하였는데, 관리들은 백성들의 고역이 심하게 될 것이라고 협박까지 하여 파제하는 쪽으로 유도함으로써 정부의 결단을 매우 어렵게 만들었다.

계속 이어지는 갑론을박 속에서 벽골제는 결국 방치되고 말았다. 그 후 현종 3년(1662) 김제, 금구 등지의 전지점탈문제(田地占奪問題)가 등장한다.[9] 제내(堤內)의 모경이 심한데 그의 대부분이 궁인들이어서 사간원에서 상계(上啓)하기를 이들을 잡아들여 의법 처리할 것을 청(請)하였으나 조정의 태도는 애매하기만 하였다.

"이태연 감사(李泰淵監司)가 새로 수축을 가(加)하여 민전(民田)의 몽리(蒙利)가 심대하였다."라는 실록의 기록을 보면 이런 모경에도 불구하고 그간에 전라감사 이태연은 재임 당시 벽골제 상류에 소택식 저수지를 새로 만들거나 보수를 많이 하였는데 벽골제는 원평천 둑(堰)을 손보아 저수지로의 기능을 회복할 정도는 아니어도 소택식 저수지로의 기능을 확대하기 위해 필요한 조치는 취했던 것으로 보인다. 벽골제는 폐제된 후에도 소택식 저수지로의 기능은 어느 정도 지속되어 온 것으로 보아야 한다.

學校

鄉校 在郡北一里

驛院

內才驛 在郡西南十五里

東院 在郡東二里

佛宇

興福寺 在僧伽山

祠廟

社稷壇 在郡西

文廟 在鄉校

城隍祠 在郡東二里

厲壇 在郡北三里

古跡

平皐廢縣 在郡東二十五里本百濟首冬山縣新羅改今名來屬高麗初屬全州後復來屬

鳴良鄉 在郡西二十里

才南所 在郡東三十里

碧骨堤 在郡南十五里堤源有三一出母岳山出一出泰仁縣象頭山南山出一于東津經泰仁縣西合其堤長六萬八百四十三尺堤內周回七萬七千四百六步古名碧骨堤今名爲富梁之堤○金堤縣之得名以此

堤見鄉 在郡南十里

馬川阯

二渠灌漑古阜萬頃二郡之田數百萬頃之陸堤後凡入海○時再修築俱利堤後來漬毁田疇觀察使權尹淮地志及金○

連環鐵索以爲碇石柱心水下餘流渠門之用○歲三渠挾又當兩傍石柱水作陷堰通二渠門傍豎板新造石橋外作硾石以通水餘流五渠南即修築岩山岸十三尺餘地五尺面用鐵鈷鎖鐵板傍皆橋柱水餘流渠門之用石橋內外作硾石

波是難年先激之木於土拋技大橋浦潮波下處激其攻潮波立堰其堤基立堰二十其長生尺中上浦平堤

九金君丁知水勢最難工事軒昂金君俴俱仍事監督其役大起發軍未至二十萬蒙四宗我聖二十一年癸亥又增修復而終至廢棄藏者有恨之天啓我君方備堤防精國溉乙未春雖命刑曹尙書李安巡視四

內尺五連渠南高載立環以挾柱又當兩傍石柱水作陷堰通二渠門傍豎板

可菴宗之蒼李朴得以於楊君寅告金君訓牒金君俴俱富名軒最事董工萬名百人本使發鄔鎮

撫使合金郡民丁徵月堰於碧骨堤朴寿欲究審事體易煩俴踏潮前工董大起發軍未至蒙四宗

君誕作勸通溉概及未春雖命尙書李安巡

其利至高麗顯宗時完葺制及仁宗二十一年癸亥

龍頭洞 在郡南二里俗號碧沼每有龍居其中李升

名宦本朝 崔德之 全若虛 崔有悰

傳簡邑守坊元名居簡東龍頭洞小石作硾內石作硾内石外石○內居簡小石碑石龍所凡發閣邑守坊元其人一人行及苟龍昌居世公取碧沼彰衰吾群欲斷黃精地靈人傑言信信公曾

其上大施揑提放於山岸有橋柱水不得遮來山岸每下面石纏鐵鐵鋼皆十三尺俗碇石用

五八七

卷三十三 金堤

그 후 계속해서 존폐론이 이어졌지만, 보수공사의 실현을 보지 못했다. 정조 22년(1798)에 다시 중수론이 대두되었으나 끝내 실현을 보지 못하고 제내(堤內) 모경(冒耕)만 확대되어 마침내 제방의 흔적만 남게 되었다. 벽골제는 그 후 1959년에 벽골제 중수비를 포함하여 사적 제111호로 지정되었다. 이상이 기록상에 나타난 벽골제의 시축과 개보수의 전말이다.

⌘
—

벽골제의 관할 행정구역

1. 제(堤)의 소재지

벽골제의 현 소재지는 전라북도 김제시 부량면 월
승리로 되어 있다. 신증동국여지승람에 기록된 태종 때의 중수비에는
"군의 남쪽 15리에 있다."라고 했다. 벽골제의 역사와 몽리 구역을 파악
하기 위하여 오늘의 김제시가 있기까지의 과정을 고찰할 필요가 있다.

김제지방이 마한시대에는 벽비리국(辟卑離國)으로 불렀다. 이 명
칭은 중국 삼국지(三國志) 위지 동이전 한조(韓條)에 나오는 명칭이
다. 비리라는 말은 마한 소국에 많이 붙여졌는데 비리는 백제의 부

리(夫里) 신라의 벌(伐), 불(弗), 불(火) 등과 같은 뜻으로 평야, 읍락 (邑落), 나라 등의 뜻을 지닌다. 벽비리는 664년 당나라가 백제를 점령한 후 행정구역을 재편할 때 주(州), 현(縣) 가운데 고사주(古四州)의 속현으로 하면서 벽성현(辟城縣)이란 명칭을 썼다. 이것은 벽골(辟骨)을 뜻한다고 보고 있다.

일본서기 천지기(天智紀)에 피성(避城)으로 표기되어있는 것은 벽(辟) 자와 피(避) 자는 통용되기 때문으로 보인다. 삼국사기의 지리지에는 "김제군은 본래 백제의 벽골현인데 신라 경덕왕 때 김제로 이름을 고쳤다."라고 되어 있다.[10]

요약하면 김제는 마한시대에는 4세기 중엽 이후까지 벽비리국으로 존재하였다가 백제에 흡수되면서 벽골현으로 개칭되었고, 신라와 통합하면서 벽골군으로 고치고, 신라 경덕왕 때 전국지명을 한문으로 고치면서 모두 2자로 간편하게 축소하는 과정에서 김제군(金堤郡)으로 바뀌었다. 당시 김제군은 현재와는 달리 그 지역이 아주 작았다. 삼국사기를 비롯한 각종 문헌에 나타난 현 김제시 행정구역의 변천 과정을 보면 백제 시대에는 벽골현, 수동산현(首冬山縣), 무근촌현(武斤村縣), 두내산현(豆乃山縣), 내리아현(乃利阿縣), 구지산현(仇只山縣), 야서이현(也西伊縣)으로 나뉘어 있었다.[11]

신라 시대에는 신문왕 5년 9주(九州)의 설치와 함께 지방제도를 완성하여, 주(州), 군(郡), 현(縣) 제도를 확립하였다.[12] 벽골현은 신라 시대 경덕왕 때 모두 한자로 바꾸면서 주산면과 백산면 일부를 김제군에 포함시켰다. 현재 김제군에 속해있는 지역의 과거 지명과 변천 과정, 그리고 현재의 행정구역을 고찰해보자.

수동산현은 신라 시대에 평고현(平皐縣)으로 고쳤고, 현재 백구면 용지면 일대이다.

두내산현은 신라 시대에 만경현으로 변경하였는데 만경면, 진봉면, 청하면 일부가 이에 속한다.

무근촌현은 신라시대에 무읍현(武邑縣)으로 고쳤다가 후에 무윤현(武潤縣)으로 변경하였는데 성덕면, 광활면 일대, 백산면 일부를 관할했다.

내리아현은 신라 시대에 이성현(利城縣)으로 고치고 만경강 하류인 백산면, 청하면 일부가 이에 속했다.

구지산현은 완산주(完山州)의 속현으로 신라 시대에 금구현(金溝縣)으로 개칭하여 현재의 금구면, 봉남면 지역이 이에 속한다.

야서이현은 신라 시대에 야서현(野西縣)으로 개칭하고 지금의 금산면과 봉남면 일부 정읍군, 감곡면 일부, 부량면 일부가 여기에 포함된다.

이중 만경, 평고, 이성, 무읍 등은 김제군 영현(領縣)으로 금구는 고산(高山), 이성(伊城)과 함께 전주의 영현으로 되었다.

고려 시대에 와서는 태조 23년(940)에 김제군은 처음에 전주에 속했다가 고려 인종(仁宗) 21년(1143)에 김제현으로 부활시키고 평고현은 전주에 속했다가 후에 김제현에 영속시켰다.

만경현은 처음에 임피군(臨陂郡)에 속했는데 고려 예종 때에 다시 현으로 복원시켰고, 무읍현은 고려조에서 부윤현으로 고치고 만경과 함께 임피군에 속했는데 후에 만경현으로 폐합되었다.

아서현은 고려 시대에 거야현(巨野縣)으로 고치고 전주에 편입시켰다가 후에 김제에 영속시켰는데 다시 금구현에 이속시켰다.

또한, 고려 시대에는 금구 북방 7리 지점에 계양현(契陽縣)을 두었다가 얼마 되지 않아 금구에 폐합시킨 일이 있었다.[13]

조선 시대에 들어와서는 세종 3년(1403)에 한첩목아의 주청으로 김제현이 김제군으로 승격되었다.[14] 한첩목아는 김제 출신으로, 중국으로 건너가 환관으로 황실 측근에 있으면서 당시 조선에 사신으로 자주 왕래한 사람이다.

태종 13년에 대폭적인 전국지방 행정체제 개편이 있었는데 전라도에는 목(牧) 3, 도호부(都護府) 4, 군(郡) 12, 현(縣) 34개소를 두었다. 이렇게 하여 김제에는 군수(郡守)를, 만경, 금구에는 현령을 두었다.

이때 개편된 행정체제는 큰 변동 없이 조선말까지 이어오다 고종 32년 을미개혁으로 전국 지방 행정체제가 크게 개편되면서 전라도는 남북으로 나뉘고 현을 모두 군으로 승격시켜 전주에 26개 군을 영속시켰다. 전주, 남원, 고부, 김제, 태인, 여산, 금산, 익산, 진안, 진산(珍山), 만경, 용안(龍安), 고산, 옥구, 정읍, 용담(龍潭), 운봉(雲峰), 장수, 구례가 이에 속한다.

일제 침략 후 1914년에 또다시 단행된 지방행정제도 개편에 따라 김제군 관내, 읍내면과 입천면을 합하여 김제면이 되면서 백학리, 순동리, 용동리, 신풍리, 검산리, 옥산리, 교동리, 요촌리, 서암리, 신곡리, 팔공리 등 11개 리를 관할했다.

이때 면은 김제면, 월촌면, 백산면, 죽산면, 부량면, 용지면, 백구면, 금구면, 봉남면, 황산면, 금산면, 성덕면, 진봉면, 만경면, 청하면, 공덕면, 광할면 등 17개로 되어 있었다.

1931년 11월 1일에 김제면이 김제읍으로 승격됨에 따라 1읍 16개 면으로 되었는데 1989년 1월 1일 김제읍이 김제시로 승격되면서 월촌면 전역과 백산면 하리 홍사리, 상동리와 황산면 난봉리, 오정리, 봉남면 월성리를 포함시킴으로써 김제군과는 분리되었다. 그래서 벽골제 소재지 부량면은 여전히 김제군에 속해있었는데 1995년 1월 1일 김제시와 김제군이 통합되어 김제시로 되면서 벽골제는 현재 김제시 부량면 월승리에 속한다.

2. 제내 관할 행정구역

태종 15년 중수 당시를 기준으로 하면 벽골제 내의 관할 행정구역은 김제군, 금구현, 태인현으로 되어 있었다. 김제군과 금구현은 전장에서 기술하였으므로 생략하고 태인현에 대하여서만 부언하고자 한다.

태인현은 태산현과 인의현(仁義縣)이 합쳐서 생긴 이름이다. 태산현은 백제 때에는 대시산(大尸山)이었는데 663년(풍왕3) 대산(帶山)으로 개칭한 후 고사주(古四州)에 속했다가 757년(경덕왕16) 대산(大

山)으로 고쳐 전주도독부(全州都督府)에 속한 군(郡)으로 승격함으로써 정읍현, 빈성현(斌城縣), 야서현(野西縣)을 관장하였다.

인의현은 백제 때 빈굴양(賓屈壤)이었다가 757년 빈성으로 개칭한 후 대산군의 영현이 되었는데 940년(고려태조23) 인의현으로 바뀌었다.

이 두 현은 고려 시대에 고부군의 임내(任內)였다. 1354년(공민왕3)에는 여기에 감무관(監務官)을 두고 태산(太山)으로 고친뒤 인의현을 편입 하였지만 곧 분리하였다.

1409년(태종9) 인의현이 다시 태산군에 병합되어 태인현으로 바꾸고, 현의 치소를 거산역(居山驛)으로 옮긴 후 1413년에 현감을 두었다. 1895년(고종32)에 군으로 승격하여 전주부(全州府)에 속했다가 이듬해에 전라북도에 속했는데 1914년 일제에 의한 행정구역 개편에 따라 정읍군에 병합되었다.

인의현의 치소인 거산 역은 조선 시대에는 동진강 지류인 대각천(大角川) 지역에 있는 이평(梨坪)에 자리 잡고 있었다. 이평은 배들(舟坪)이라는 뜻의 이두 음에서 나온 것으로 '배가 드나드는 평야'라는 의미이다.

이 지역은 들이 넓고 비옥하여 곡식이 많이 생산되기 때문에 조정에서는 남창(南倉), 산창(山倉), 창삼(倉三) 등 거대한 창고를 짓고 추수기에 이들 창고에 곡물을 모아 두었다가 황해를 통하여 한성으로 운반하였다.

거산 역은 현의 치소일 뿐 아니라 교통의 중심지가 되어 있어 부안, 고부, 정읍, 김제, 금구, 임실, 순창 등지와 연결되는 요충지가 되었다. 따라서 벽골제는 김제군과 만경현으로 통하는 주요 간선도로의 기능도 하고 있었다.

벽골제 내와 접하고 있는 감곡면은 본래 태인군 감산면(甘山面), 은기동면(銀器洞面) 사곡면(沙谷面)으로 분리되어 있었는데 1914년 군·면 통폐합정책에 따라 감곡면으로 통합되었다. 현재의 행정구역으로 표시하면 벽골제 내 구역은 정읍시 감곡면 유정리, 방교리, 삼평리에 해당된다.

벽골제 내의 현재 행정구역은 정읍시 감곡면을 비롯하여 김제시 부량면 월승리 일부와 신월리, 용성리, 신두리와 월촌면 장화리, 월봉리, 제월리 그리고 김제시에 속하는 행정구역은 신풍동 관내 용동, 검산동 관내 백학동, 봉황동 관내 난봉동의 난산리, 황산동의 강정마을, 오정동의 오정리, 월성동의 성리, 양전동의 용두리, 복흥리, 서정동의 중멀(中里), 석정리 등이다.

봉남면 관내는 도장리, 신호리, 대송리, 평사리, 화봉리, 구정리, 용신리, 회성리, 신응리, 종덕리, 내광리가 이에 속하여 제내 면적은 약 4,700정보에 이른다. 이 중에 3분의 2가 농경을 위한 가용면적이다.

3. 벽골제의 몽리 구역

태종 15년에 세운 벽골제 중수비의 기록에 의하면 벽골제의 몽리 면적이 9,840결 95짐이라 했다. 이것을 대략 1만 정보쯤으로 속단해버리고 당시로써는 엄청난 규모라고 과시해왔다. 당시뿐 아니라 1만 정보라면 현재의 농경지 규모로도 큰 면적이다. 문제는 '결'이라는 도량형 단위의 계산이 잘못된 데 있다. 중수 당시의 농지면적을 알 수 있는 통계자료가 없으므로 1975년도를 기준으로 검토해 보기로 하자. 이시기는 정부의 미곡 증산 계획에 따라 개간 간척 등의 사업을 통하여 전국적으로 농경지를 가장 많이 확보한 시기였다. 이때 동진농지개량조합 김제군 관내 몽리 면적은 24,568정보였다. 벽골제 하 몽리 면적은 1975년도를 기준으로 월촌면 1,567.3정보(일부 제내 면적 포함), 죽산면 2,482.2정보, 부량면 1,695 정보(제내 면적 포함), 성덕면 1,356.2, 진봉면 2,213.6정보, 광활면 1,770.1정보, 만경면 1,289정보, 정읍시 태인읍 관내 화호리, 육리 등의 397.6 정보를 합하면 1975년도 기준 12,775정보에 달한다. 이 수치에서 제내 면적에 속한 월촌면 900.2 정보와 부량면 785.2 정보를 제하면 제하 몽리 면적은 11,085.6 정보이다. 이 면적 중 태종 때 몽리 면적을 알려면 일제 때 막은 방조제 면적을 공제해야 한다. 일제 시에 축조된 화포 방조제(340.9정보), 진봉 방조제(957.1정보), 광활 방조제(1,471.2정보), 대창 방조제(360.8정보), 서포 방조제(660.4정보) 등, 총 3,790.3정보를 제하면 7,295.3정보가 남는다. 여기에서 또 만경 능제 몽리 면적 1,734.8정보를 빼내면 5,560.5 정보가 남는데 이것이 태종 때 제하 몽리 면적이라고 추정할 수 있다. 능제 몽리 구역은 태종 때 중수한 벽골제 물로는 급수가 불가능하여 공제해야 하지만 성덕면 일부와 그 외 지역이 다소 겹치는 곳이 있어 상당한 오차가 발생할 수 있다. 이와 같은 자료를 전제로 벽골제의 몽리 면적을 산출해 보면 근거의 타당성을 인정할 수 있다.

태종 5년부터 양전척을 3등급으로 나누었다. 상전 1결은 1,789.5평, 중전 1결은 2,796평, 하전 1결은 4,026평을 적용하였다. 중수 비문에 "5거(五渠)가 관개(灌漑)하는 바 토지는 모두 옥요(沃饒)"라 했으므로 제하 몽리 토지는 상전으로 보아야 한다. 토지가 비옥한 것은 몇 군데 더 나온다. 태종 8년 9월 전라도 병마절제사 강사덕이 벽골제 중수를 상계할 때 옥요라 했고, 그 후 세종 때 박초가 올린 상소에도 "제하의 땅은 비옥하여 공전(公田)의 수확만도 한해에 천곡을 넘는다." 했다. 상전 1결은 1,789.5평이므로 몽리 면적 9,840결 95짐을 곱하면 5,870정보가 나온다. 1975년도와 비슷한 면적이다. 좀 차이가 나는 것은 능제의 몽리 구역이 겹치는 부분과 방조제 축조로 조성된 면적이 기존의 몽리 면적과 조금 겹치는 부분일 것이다.

신증동국여지승람에 기록된 관개(灌漑)의 범위와 경로를 보면 수여거(水餘渠) 문은 수문(水門)이라 할 수도 있으나, 현대 토목공학 용어로는 여수토(餘水吐)로서 만수위가 되면 물이 넘쳐 만경현 남쪽으로 흐르는 장생거와 합류하고 장생거(長生渠)는 수문을 통과한 물이 중간에 두 갈래로 갈라져 한 줄기는 만경현 남쪽 지역의 용수원이 되고 한 줄기는 만경현 서쪽에 있는 부윤현의 용수원이 된다고 하였다.

중심거는 고부북방 부령(扶寧) 동방에 관개했다 했는데, 중심거를 흐른 물은 동진강을 건너 관개하지는 못하였을 것으로 보아 동진강 북쪽 제방까지만을 몽리구역으로 볼 수 있다. 제 4경장거는 인의현 (정읍군 태인면 서북부지역)에 관개하였는데, 이 또한 동진강 이북 지역에 국한된다. 유통거 수문은 수여거 수문과 마찬가지로 여수토로서 만수위 때 넘친 물이 중간에 경장거와 합류하여 흘렀다고 했다.

❀ 짐(卜)

결은 조세 부과를 위하여 만들어진 것으로 상전, 중전, 하전 3단계로 구분하여 세금을 징수하였다. 결은 원래 수확량을 기준으로 하여 만들어진 양전(量田) 제도인데 한 줌을 1파(把), 10파를 1속(束: 다발), 10속을 1부(負: 짐), 100부를 1결이라 했다. 이것이 나중에는 농경지의 과세 단위를 결정하는 면적 기준이 된 것이다.

그리고 조선 시대 태종대에 들어와 관심을 끄는 것은 짐(卜)이라는 단어이다. 봉건국가는 동서를 막론하고 국정수행력(國政遂行力)의 기본이 세정(稅政)이다. 따라서 『세종실록지리지』의 내용은 철저한 중앙집권적 체제유지를 위한 장치였다. 여기에 나타난 것을 보면 전국 호수(戶數), 인구(人口) 및 간전(墾田)의 결수를 무엇보다도 철저히 조사하여 파악해 놓았는데, 그것은 왕권의 물질적 유지기반인 토지경제의 총체적 표현이라고 볼 수 있다.

그래서 벽골제의 중수비에 나타난 관개 면적의 결수는 정부 입장에서는 그것이 핵심 사항인 것이다. 바로 그 세정이 얼마나 철저

했는지 한 사례를 들어보자. 우리나라 중부지방인 충청도 태안군(泰安郡)의 북쪽에 위치한 파도(波島)라는 섬을 설명한 내용을 보면 "水路三里 有田畓 一決五十卜 居民 來往耕作." 대목이 있었다.

"물길이 3리나 되며 논밭이 1결 50짐이 있는데 고을 사람이 왕래하면서 농사를 짓는다."라고 하였다(『세종 장헌대왕실록』 지리지 1). 이렇게 작은 규모까지도 조사하여 기록해둔 것을 보면 얼마나 치밀한 조사가 이루어졌는지 짐작할 수 있다.

여기서 '복' 자는 우리말로 짐 또는 '짐바리'로 읽는다. '복' 자는 원래 '점 복'이다. 점을 친다는 뜻이다. '복' 자의 소리는 정식 한자음으로 [bu]이고 부(負)의 뜻을 가지고 있으며 우리나라 말로는 '복'이다. 이러한 경우, 무엇이든지 정식 한자음이 아닌 것은 모두 이두(吏讀)라고 여기는 사례가 많은데 '짐'은 한마디로 말하면 이두가 아닌 우리 나름으로 뜻과 의미를 부여하여 조선 초부터 사용한 것으로 우리 말 화(化)한 것이며, 국가 수조(收租) 체계의 기준이 되는 전답(田畓)의 면적 단위이다.[15] 세종 10년 10월에는 1짐을 3보 3자로 확정하여 토지면적을 측정하였다. 어떤 학자는 중국 발음이 부이니 부로 읽어야 한다 하였으나 잘못된 생각이다. 도량형의 단위어는 같은 글자나 같은 발음이 중복되어서는 절대 안 된다. 결부속파(結負束把)에 부가 있다. 그의 주장대로라면 부(負)는 중국 발음으로 후이니 후로 읽어야 한다. 조선왕조실록 번역도 남북한 공히 짐으로 번역했다. 이 짐은 우리가 정한 우리 문자다.

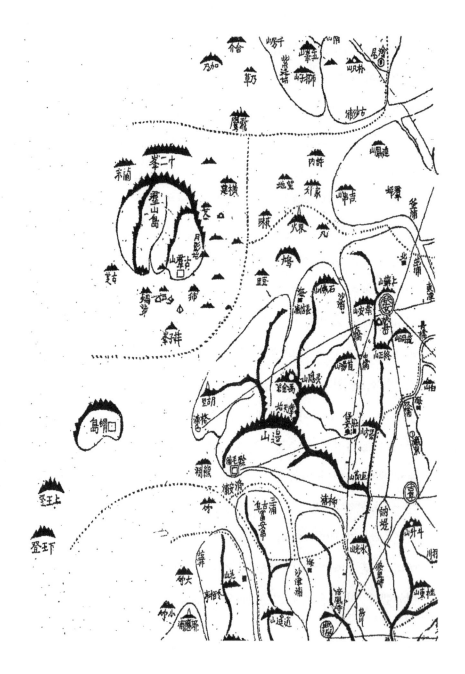

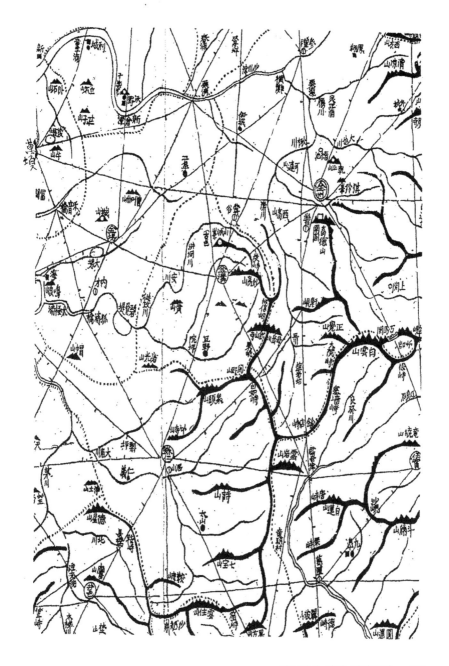

⌘
___

시축 연대와 국가

1. 시축(始築)

　　　벽골제의 시축 연대는 삼국사기에는 신라 16대 흘해왕 21년(330)으로 되어 있고, 삼국유사에는 흘해왕 20년으로 기록되어 있다.

　1년의 차이가 나는 것은 삼국사기는 흘해왕의 즉위 연도를 원년으로 하였고 삼국유사에서는 즉위 다음 해를 원년으로 잡은 데에 그 원인이 있었던 것으로 본다. 조선조 초 1403년 8월 권근 등이 편찬한 동국사략(東國史略)에서는 즉위년 칭원법(卽位年稱元法)

을 사용하지 않고 유년 칭원(踰年稱元)으로 개서(改書)하여 조선 시대에는 즉위 다음 해를 원년(元年)으로 하였다. 이러한 풍조는 고려 말경부터 있어 온 것으로 추측된다. 이보다도 문제는 당시 벽골제가 백제 아니면 마한에 속해 있기 때문에 신라 왕조로 표기된 이 기록이 분명 잘못된 기록이라는 데 있다.

신라가 비록 당(唐)의 힘을 빌리기는 했지만 3국을 석권했기 때문에 우리나라 역사가 신라 중심으로 편찬되었고, 벽골제가 신라 왕조로 기록된 것도 그 때문이라 단정하여 삼국사기의 기록은 백제 11대 비류왕 27년으로 시축 연대를 고쳐 기록하여야 한다는 것이 사계(斯界)의 지배적인 의견이다.

왕조의 권위나 정통성 때문에 연대가 일괄 소급되어 실제보다 앞당겨지거나 늦추어지는 사례가 가끔 엿보이는데 이 벽골제 기록은 축조 주체 국을 바꿔 버린 것이어서 황당한 감이 있다. 잠시 생각해 보면 이렇게 한데는 간과할 수 없는 어떤 빌미라도 있지 않겠느냐는 의구심을 필자는 가져보았다.

이병도는 아예 벽골제 축조 연대를 A.D. 330년보다 훨씬 이전으로 보고 있다. 이병도는 논하기를 "삼한시대에 이미 처처에 대규모의 저수지를 팠던 것이니 재래 조선에서는 저수지를 '물뚝' 혹은 '단지', '둑', '동'(서북방언) 또는 '지(池)'라 하여왔다.

삼한국명 위지(三韓國名: 魏志) 중에 우체모탁국(優體牟琢國: 今富平), 변진 미리미동국(彌離彌凍國: 今密陽), 난미리미동국(難彌離彌凍

國: 義城丹密面), 고자미동국(古資彌凍國: 固城) 등의 '모탁'이니 '미동'이니 하는 것도 나의 해석으로는 '물둑', '물동'(水堤)의 음역(音譯)이라 해석되는데 이들 국명은 다 수제로 인하여 생긴 것이며 지금 밀양의 수산제(水山堤)와 같은 것도 미리 미동국 시대로부터의 저수지라고 나는 인정한다.

… 김제의 벽골제와 제천(堤川)의 의림지(義林池) 같은 것도 고대 유명한 저수지 어니와 이 역시 삼한시대 이래의 구원한 역사를 가지고 있는 유적이라고 한다. 이 역시 무계(無稽)한 설(設)인 것은 당시 이곳이 신라의 영토가 될 수 없었던 것으로 보아 명백하다.

이는 마한시대의 유적으로 초축 연대는 전설의 그것보다 더 오래 되었으리라고 본다." 하여 시축 연대 자체를 서기 330년보다 훨씬 이전인 삼국시대 초로 보고 있다.

그러나 이 축조 연대에 대하여는 1975년 봄 1차 발굴 조사 시 제방의 인공 축토 층 하면에 깔려 있는 갈대 종류의 탄화물이 발견되어 이들을 방사선 탄소 연대 측정 방법으로 측정해 본 결과 B.P 1600 ± 100 B.P 1576 ± 100 B.P 1620 ± 100(서기로 환산한 기준년도 1950년)라는 수치를 얻을 수 있어 비록 ±100년이라는 오차 범위는 있지만 서기 330년과 거의 일치하고 있으므로 더 이전으로 소급할 이유는 없는 것 같다.

❀ 마한시대

축소 연대를 서기 330년이라고 볼 때 문제가 되는 것은 그 당시 김제 지역이 백제의 지배권에 들어갔느냐 아니면 마한 소국으로 남아 있었느냐 하는 것이다. 그동안 벽골제 축조 연대에 대하여는 백제 비류왕 때라는 고정관념 속에 지방 사학자들 특히 향토사를 연구하는 사람들 사이에서 백제 왕조라는 틀을 벗어나지 않으려는 일종의 고정관념에서 벽골제사를 다루어 왔기 때문에 축조 왕조를 다른 관점에서 검토하는 것조차 금기시하는 경향이 있어 왔다. 하지만 역사는 공정하고 객관적인 냉엄한 관찰력을 정신적 기저로 하여 연구 분석하여야 한다.

벽골제를 축조한 국가가 마한이냐 백제냐 하는 것을 규명하기 위하여서는 마한의 생몰연대와 벽제의 지배 영역 확대 과정을 고찰해 보아야 한다. 삼한의 지리적 위치에 대해서는 여러 가지 설이 있으나, 일반적으로 마한은 경기, 충청, 전라도, 진한과 변한은 경상도 지역에 비정(比定)하고 있다. 삼한사회에 대한 가장 오래된 역사 기록은 삼국지 위서(魏書) 동이전과 그 후 축약 정리된 내용이 진서(晋書) 사이전(四夷傳)에 나온다.

진서 권97 사이열전(四夷列傳) 마한 조에 의하면 서기 277년 진무제(晋武帝) 함녕(咸寧) 3년 마한이 사신을 보내어 복래(復來)하였고 함녕 4년에는 래부(來附)를 청했으며 서기 280년과 281년에는 그 수장(首將)이 자국 사신을 보내어 방물(方物)을 바쳤고, 서기 286년부터 서기 290년에 이르기까지 매년 계속해서 요동군(遼東郡) 양평(襄平: 遼陽)의 동이교위(東夷校尉)에게 줄곧 사신을 보내어 공물을 바쳤다는 등의 기록이 있다.

그러면 삼국사기 백제 본기 온조왕 26년 조에 "7월에 왕이 말하기를 마한은 점점 쇠약해지고 상하의 인심이 이반(離叛)하니 능히 오래 지탱하지 못할 형세이다. 만일 남에게 먹힌다면 순망치한(脣亡齒寒)의 격이 될 것이니 후회하더라도 이미 늦을 것이다.

남보다 먼저 마한을 취하여 후환을 면하는 것만 같지 못하다 하여 10월에 왕이 군사를 내어 겉으로 사냥을 한다 하고 몰래 마한을 쳐서 드디어 그 국읍(國邑)을 병합하였으나, "다만 원산(園山)과 금현(錦峴)의 두성은 고수(固守)하여 항복하지 아니하였는데, 27년 4월에 두 성이 항복하므로 이에 마한은 드디어 멸망하였다." 한 기록은 어떻게 된 것인가? 이 기록대로라면 마한은 서기 9년에 멸망한 것이 된다.

중국의 『삼국지』나 『진서』의 기록보다는 몇백 년의 차이를 보이고 있다. 그러나 결론적으로 말하면 마한이 4세기경까지 존재하였음은 여러 가지 사서의 기록으로 볼 때 명백하다. 그렇다면 백제는 그 지배 영역을 한강유역으로부터 마한이 지배하고 있는 남쪽 지역으로 확대해간 시기와 과정을 고찰해볼 필요가 있다.

『삼국사기』「백제 본기」온조왕 13년 조 8월의 기록을 보면 "마한에 사신을 보내어 천도(遷都)를 고하고 강역(彊域)을 확정하였는데 북은 패하, 즉 예성강(浿河: 禮成江)에 이르고 남은 웅천(熊川)에 한

하며, 서는 대해(大海)에 이르고 동은 주양(走壤: 春川)에 이르렀다. ⋯ 9월에 성궐(城闕)을 세웠다. ⋯ 14년 정월에 천도하고 24년 7월에 웅천책(熊川柵)을 세우니 마한 왕이 사신을 보내어 나무라기를 '왕이 처음 하수(河水)를 건너 발 디딜 곳이 없자 내가 동북(東北) 100리의 땅을 떼어 안거케 하였으니 왕을 대우함이 두터웠다 할 것이다. 마땅히 이에 보답할 생각이 있어야 할 것이거늘 이제 나라가 완전하고 인민이 많이 모여들어 대적할 자가 없다 하여 크게 성지(城地)를 만들고 우리의 강역을 침범하니 의리(義理)에 그러할 수가 있겠는가?'라고 힐책하니 왕이 부끄러이 여겨 책을 헐었다."라는 기록이 있다.[16]

이 기록을 보면 이 무렵 백제가 내부적으로는 어느 정도 통치기반을 확보했다고 볼 수 있겠으나, 마한이 허용되는 지역 이외에는 침탈할 수 있는 힘이 없었던 것 같다. 이병도 도 이 기록 자체를 비류왕대(A.D. 304~344)의 일이라고 추찰(推察)하고 웅천(熊川)을 안성천(安城川)으로 비정하고 있다.

천도가 비류왕 때 되었다고 보는 이유는 9대 책계왕이 재위 13년에 한(漢: 樂浪)이 맥인(貊人: 東濊)과 연합하여 쳐들어오자 왕이 직접 나아가 막다가 전사하였고, 그 아들 10대 분서왕(汾西王)이 낙랑 태수가 보낸 자객(刺客)에게 살해되었으므로 국가적 위기의식을 느낀 비류왕이 재위 초년에 하북 위례성에서 하남위례성으로 천도한 것으로 보았기 때문이다.

그리고 웅천을 금강까지 보지 않는 이유는 기록 중에 "하수(河水)를 건너 발 디딜 곳이 없자 내가 동북 100리의 땅을 떼어 안거케 하였다."라는 말이 있는데 하수를 한강(漢江)으로 보더라도 동북 100리라면 금강에는 어림도 없는 거리일뿐더러 이 기록은 오히려 한수가 마한의 북쪽 경계선이었음을 암시해 주고 있다는 것이다.

백제 초기의 기사 중에 이러한 모순이 적지 않다. 온조왕 36년(18) 8월에 원산과 금현 두성을 수리하고 고사부리성(古沙夫里城)을 쌓았다고 했는데 고사부리는 지금의 전북 고부에 해당된다.

그 후 50년이 지난 다루왕 36년 10월에 백제는 낭자곡성(娘子谷城)까지 국토를 넓혔다고 한다.[17] 낭자곡성을 지금의 청주로 비정하는 견해와 충주(忠州)로 비정하는 견해가 있는데 어느 곳으로 비정한다 해도 고부와는 너무도 먼 거리이다.

다루왕 때 겨우 낭자곡성까지 국토를 넓혔는데, 온조왕대에 고사부리성을 쌓았다는 것은 앞뒤가 맞지 않는 모순된 기록이다. 전영래는 '원산(圓山)'은 전주의 고호(古虎) '완산(完山)'과 동음이므로 원산을 전주로 비정하고 있는데 같은 이유로 온조왕 때 전주까지 지배 영역을 넓혔다는 것도 납득하기 어렵다.[18]

삼국사기 백제 본기 온조왕대의 기록을 그대로 믿는 학자는 김원용(金元龍) 교수와 천관우(千寬宇) 선생이었다. 시조 온조왕대의 기록은 성읍국가(城邑國家)의 단계에서 영역(領域)국가의 단계라고 확신하는 입장이었던 것이다. 이러한 견해는 초기 사학자들의 대체적인 분위기를 반영하는 것이기도 했다.

그 뒤 두 학자는 결국 견해를 바꾸어 후대의 일로 결론짓고 수정론을 내놓게 되었다.

1980년대에 들어와서 삼한시대 유적에 대한 고고학계의 발굴조사가 급진전됨에 따라 봉토분(封土墳)의 출현 시기라든가 출토된 유적이나 유물들의 연대가 과학적으로 추정되고 이에 따라 역사기술의 수정이 불가피해짐으로써 대부분의 일본 학자들은 물론이고, 최근 영국의 캠브리지 대학 바니스(Barnes)까지도 4세기 이전의 삼한사(三韓史)를 국가 차원의 조직체로 인정하기를 꺼리고 있다.

그 훨씬 이전에도 이홍직(李弘稙) 박사를 비롯한 일본의 백조고길(白鳥庫吉), 금서룡(今西龍) 등도 읍락(邑落) 형태의 조직체로밖에 인정해오지 않았다.

여기에서 마한의 건국과정은 중요하지 않으므로 초기 읍락(邑落) 단계부터 논할 필요는 없지만 우리나라에서도 서기 1세기는 중요한 시기이기 때문에 이때부터 이야기를 시작해 보자. 서기 1세기는 철기 문화가 급속도로 발달하여 무기와 농기구에 철을 사용하게 됨으로써 인류생활에 큰 변화를 가져오기 시작하였다. 특히 후한(後漢)대에 철기 제작이 민영화되면서 철제 도구들이 대중에 보편화되어 서민 생활에도 문명사회로의 발돋움이 시작된 것이다.

이러한 문명사회는 모든 작업이 차츰 분업화되어가고, 이러한 분업화는 공동생활을 불가피하게 만들었으며, 결국 문명의 발달은 집단생활의 확대를 가져오게 되었다. 집단생활 속에서 구성원 간에 공동체 의식이 싹트게 된다.

인간의 공동체는 전체를 이끌어갈 조직이 필연적으로 형성된다. 이 조직의 리더(leader)는 조직이 점점 확대되면서 통치자(ruler)의 지위를 가지게 된다. 통치기능이 확대됨에 따라 이를 효과적으로 수행하기 위하여 군대를 지휘한다든가 조세를 징수하는 등의 통치기능이 전문화되면서 지배기능의 체계화가 진행되어 갔다.

그 결과 2, 3세기경에는 농경 생활의 발달과 더불어 경주를 중심으로 하여 사로국(斯盧國)을 맹주로 하는 진한 소국 연맹체와 한강 유역을 중심으로 하는 백제 소국 연맹체 그리고 마한지역의 토착맹주 세력인 목지국(目支國)이 여러 소국을 지배하는 3대 세력으로 재편되어 갔다.

그중에서 마한은 토착세력에 의해 형성된 소국가 연맹체로서 54개 소국으로 되어 있는데, 큰 것은 1만여 가, 작은 것은 수천여 가로 되어 있다(『삼국지 동이전』). 큰 것의 지배자를 신지(臣智)라 하고 작은 것의 지배자를 읍차(邑借)라 했다. 이들은 충남지역을 중심으로 하는 일정 범위 내의 정치 집단들이 결속되어 마한지역의 주도세력으로 기능함에 따라 마한 소국 연맹체의 토대를 이루고 있었다.

마한 소국을 열거하면 원양국(爰襄國), 모수국(牟水國), 상외국(桑外國), 소석색국(小石索國), 대석색국(大石索國), 우체모탁국(優體牟涿國), 신분고국(臣墳沽國), 백제국(伯濟國), 속노불사국(速盧不斯國),

일화국(日華國), 고탄자국(古誕者國), 고리국(古離國), 노남국(怒藍國), 월지국(月支國: 目支國의 誤記), 자리모로국(咨離牟盧國), 소위건국(素謂乾國), 고원국(古爰國), 막노국(莫盧國), 비리국(卑離國), 고리비국(古離卑國), 신흔국(臣釁國), 지침국(支侵國), 구로국(拘盧國), 비미국(卑彌國), 감해비리국(監奚卑離國), 고포국(古蒲國), 치리국국(致離鞠國), 염로국(冉路國), 아림국(兒林國), 사로국(駟盧國), 내비리국(內卑離國), 감해국(感奚國), 만노국(萬盧國), 벽비리국(辟卑離國), 구사오단국(臼斯烏旦國), 일리국(一離國), 불미국(不彌國), 지반국(支半國), 구소국(拘素國), 첩노국(捷盧國), 모노비리국(牟盧卑離國), 신소도국(臣蘇塗國), 막노국(莫盧國), 고납국(古臘國), 임소반국(臨素半國), 신운신국(臣雲新國), 여래비리국(如來卑離國), 초산도비리국(楚山塗卑離國), 일난국(一難國), 구해국(拘奚國), 불운국(不雲國), 불사분사국(不斯濆邪國), 원지국(爰池國), 건마국(乾馬國), 초리국(楚離國) 등 모두 55개국인데 막노국이 중복되어 있어 실제는 54개국이다.[19] 이중 벽비리국이 김제지방이었다.

이와 같이 마한은 소국 연맹체로서 결속기반이 힘을 바탕으로 하는 지배, 복속관계로서의 구심점을 가지고 있지 못하기 때문에 마한 전체를 통치하는 단일 지도체제의 형태에는 미치지 못한 것으로 보인다.

목지국의 진(辰)왕은 스스로 왕이 될 수 없다는 『삼국지』의 기록이 보이는데 이것으로 미루어 보면 진왕의 지위는 소국 신지(臣智)

들의 선출로 결정된 것이 아닌가 싶다. 마한은 이와 같이 강력한 지배체제가 형성되지 못하였기 때문에 힘을 바탕으로 왕권이 확립되어간 백제의 세력에 차츰 몰락해 간 것이다.

마한의 존재는 중국의 사서를 통해서 확인할 수는 있는데 몰락한 과정은 알 길이 없다. 백제에 의해 멸망한 것은 틀림없지만, 그 과정을 가늠하기가 매우 어렵다. 이점을 천관우 선생은 재미난 비유를 하였다.

언제까지가 죽순(筍: 마한)이고 언제부터가 대나무(竹: 백제) 인가를 구분하는 것 같은 어려운 문제라는 것이다.[20] 역사의 기록이 없는 상황에서 여러 가지 간접적인 기록과 정황으로 유추해 볼 수 있을 뿐이다.

◉ **백제의 지배 영역**

벽골제를 축조한 서기 330년대는 비류왕 27년이다. 비류왕은 성품이 너그럽고 인자하면서도 힘이 세어 활을 잘 쏘았다고 한다. 문무를 갖춘 임금이었다. 비류왕의 즉위한 배경을 보면 책계왕이 백제를 침공한 낙랑과 동예의 연합국과 맞서 싸우다 전사하였고 이어 즉위한 분서왕이 재위 7년 만에 낙랑 태수가 보낸 자객에게 살해되는 국가적 위기 속에서 즉위하였다.[21]

당시 백제는 왕이 자객에게 살해당할 만큼 방비가 허술했던 것이다. 백제의 상황에서는 비류왕의 등장은 시기적절한 인재의 등장일 것이다. 분서왕의 아들이 너무 어려서 다스릴 수 없으므로 백성들의 추대를 받아 6대 구수왕의 둘째 아들인 비류왕이 즉위한 것이다.

백제가 건국하여 비류왕 대까지 영토를 확장해 간 정복 전쟁은 온조왕 26년의 마한 공략과 다루왕 36년의 낭자곡성을 병합한 것 외에 이렇다 할 기록이 사기에 보이지 않는다. 낙랑이나 신라와의 국경 충돌은 몇 차례 있었지만, 지배 영역을 넓혀가지는 못했다.

비류왕 때에도 24년 9월에 내신좌평(內臣佐平) 우복(優福)이 북한성에서 일으킨 반란을 진압한 사건 외에 영토를 넓혀간 기록은 없다. 그렇다고 영토를 넓혀가는 정복 전쟁이 전혀 없었다고 속단하기도 어렵다. 시대를 확정할 수 없을 뿐이지 계속해서 마한의 영토를 잠식하여 백제의 지배권역을 넓혀간 것만은 의심의 여지가 없다. 결국, 백제에 의하여 마한이 멸망한 것도 사실이다.

통전(通典) 권185 변방문(邊防門) 동이전 백제조에 "진(晉)대에 백제가 여러 나라를 병탄하여 마한 고지를 차지하였다."라는 기록으로 미루어 보아 마한이 중국의 진나라 시대에 멸망하였음을 알 수 있다. 진나라는 서기 265년부터 420년까지 존재했던 나라이다.

여러 나라라고 한 것은 마한 연맹체를 구성한 여러 소국 들을 말한다. 기술한 바와 같이 삼국지 동이전에는 마한 50여 개국이 4세기 중엽까지 건재한 것으로 되어 있고 진서(晉書)에는 서기 290년에 이르기까지 마한과 사절이 오고 간 기록이 있다.

이렇게 볼 때 마한은 290년 이후부터 서기 420년 사이에 멸망한 것이다. 마한은 일시에 멸망하지 않고 백제에 의해 조금씩 잠식당하다가 멸망했기 때문에 벽골제가 시축된 서기 330년 비류왕 27년에는 백제의 통치권이 어디까지 미쳤느냐가 가장 중요한 관건이다.

시대를 편년할 수 있는 근거로 과거에는 기록에만 의존하여 왔으나 요즈음에는 고고학이 발달하여 출토된 유물 유적의 과학적 분석으로 경과 연수를 측정하고 있기 때문에 비교적 정확한 연대 측정이 가능해졌다.

천안을 비롯한 진천(鎭川) 청주(淸州)지방에서 원삼국 시대의 고분이나 토기를 굽는 가마 또는 주거지에 대한 발굴 조사가 최근에 있었는데, 이들 지역에서 원삼국시대 문화가 백제문화로 이행한 흔적을 일부 확인할 수 있었다(삼한 시대를 원삼국 시대로 분류하는 학자들이 많다.). 일부 연구자의 의견에 따르면 진천군 덕산면 산수리에서 출토된 토기가 원삼국 시대의 토기로부터 백제 토기로의 전환 시점을 잠정적이지만 4세기대로 편년할 수 있다고 한다.

아무튼, 천안 및 그 인접 지역에 관한 고고학적 연구 결과를 보면 백제의 마한 소국 정벌은 천안, 진천, 청주를 연결하는 선에서 상당히 오랫동안 정체되었던 것으로 판단하고 있다. 결국, 고고학적 측면에서 보아도 비류왕 때까지 백제가 금강 이남을 지배한 흔적이 보이지 않는다는 것이다. 불행하게도 백제가 마한을 완전히 정복한 기록이 우리나라에는 없는데 일본의 사서(史書)인 일본서기(日本書

紀)에서 그 실마리를 찾을 수도 있다.

❀ 근초고왕과 신공황후

일본서기(日本書紀) 신공기(神功紀) 49년 기사(己巳)조에 반 설화적 형태로 마한 공략의 편린(片鱗)이 전해지고 있다. 일본서기 신공 49년 조에 "그리고 비자발(比自㶱), 남가라(南加羅), 녹국(碌國), 안라(安羅), 다라(多羅), 탁순(卓淳), 가라(加羅)의 7국을 평정하였다.

이에 군대를 옮겨 서쪽으로 돌아 고해진(古奚津)에 이르러 남만(南蠻)의 침미다례(沈彌多禮)를 도륙하여 백제에 사(賜)하였다. 이에 그 왕, 초고 및 왕자 귀수(貴須) 역시 군(軍)을 이끌고 래회(來會)하였다. 그때 '비리벽중포미지반고사읍(比利辟中布彌支半古四邑)'이 자연 항복하였다.

이에 백제왕 부자(父子)와 황전별(荒田別) 목라근자(木羅斤資) 등이 함께 의류촌(意流村)에서 만나 서로 기쁨을 나누었다. 예를 두텁게 하여 보냈다. 오직 천태장언(千態長彦)이 백제왕과 함께 백제국에 이르러 벽지산(僻支山)에 올라 맹세하였다. 다시 고사산(古沙山)에 올랐다…"라는 기록이 있다.[22]

이병선(李炳銑)은 7개 지역 모두 일본 대마도에 있는 도시로 비정하고 있으니 여기서는 거론할 필요 없다. [ ]안의 지명은 종래에는

'비리(比利), 벽중(辟中), 포미지(布彌支), 반고(半古)의 사읍(四邑)'으로 끊어 읽었다. 그래서 이병도는 비리(比利)(미상), 벽중(辟中)은 보성(寶城), 포미지(布彌支)는 나주(羅州), 반고(半古)는 나주의 반남면(潘南面)등 모두 전남지방에 있는 마한의 잔읍으로 생각하고 있었다.

그러나 근래에 와서는 비리, 벽중, 포미, 지반, 고사읍으로 끊어 읽는 새로운 견해가 제기되고 있다. 이의 타당성은 삼국지 한조에 기록된 마한 제국인 불미국(不彌國), 지반국(支半國), 구소국(拘素國)과도 잘 연결되므로 후자의 끊어 읽기가 타당하다는 것이다.

동시에 비리는 부안(부안의 保安面), 벽중은 김제, 포미는 정읍(井邑), 지반은 부안(扶安), 고사는 고부(古阜)로 새롭게 비정할 수 있다고 한다. 일본서기는 정사라 하지만 신화적 요소가 많고 일본 위주의 편파적인 역사관으로 일관되어 있기 때문에 기록 자체를 그대로 받아들이기는 어려우나, 마한이 멸망한 연대를 가늠하는 실마리는 된다.

삼국사기 백제 본기 근초고왕 30년 11월 초의 기록에 따르면 "아직 문자로 사실(事實)을 기록함이 없더니 이에 이르러 박사(博士) 고흥(高興)을 얻어 비로소 서기(書記: 歷史)를 가지게 되었다." 하여 백제는 이때부터 역사를 기록하기 시작하였기 때문에 위와 같은 추리도 가능한 것이다.

백제는 이때 패권 국가로 성장한 것으로 볼 수 있다. 이 기록으로만 보면 단순한 군대 사열로 보이는데, 일본서기의 신공기와 연결해 보면 군사행동을 수반한 것으로 보아야 한다. 이상과 같이 일련의 기록들을 종합해 보면 서기 330년 당시의 김제는 마한 소국인 벽비리국(辟卑離國)이어야 한다.

일본서기의 편자가 비류백제에서 건너간 기마민족이고 신라가 백제를 침공한 데 대하여 반감이 있었던 터여서 역사 서술 과정에 외부의 힘을 빌어 억눌린 감정을 풀어 보려고 이러한 오류를 범했을 가능성이 크다고 보는 견해도 있다. 일본 학자인 정상광정(井上光貞)은 이렇게 말했다.

"신공황후의 신라 정벌기사는 전체적으로 보아서 국가 성립사라 해도 좋을 것이다. 따라서 이 부분은 같은 제기(帝紀) 구사(舊辭)라 할지라도 비교적 후세에 조작된 것이다. 생각하건데, 이것은 역사적 사실이나 기록 같은 것은 아니고 누군가가 지어서 만들어낸 창작기록이라 생각한다. 왜냐하면 일본무존(日本武尊)이라든가 신공황후라 하는 것은 실제적인 인물이라고는 도저히 생각할 수 없기 때문이다. 승신천황 이전의 8대라 하는 것은 모두 7세기에 들어와서 보태진 역사라는 게 정설이다."

한마디로 신공황후는 가공 인물이라는 것이다. 그러나 그녀의 실체가 가공 인물이라 할지라도 어떤 역사적 사실을 일본 것으로 조작하려는 의도임에는 틀림없다. 우리나라 일부 학자들은 신공황후는 신라에서 건너간 세오녀로 보는 경향이 있다.

서기 157년 신라가 동해안 구룡반도 일대에서 마산현(馬山縣)을 설치하자(신라 본기 아달라니사금 4년) 이곳 도기야(都祈野: 영일군 동해면 도구리)의 원주민은 양산 바닷가인 기장(機張)으로 쫓겨났고 여기에 열 살짜리 무당의 딸 세오녀(細烏女)가 포함되어 있었다.

그녀는 피난살이 중에 연오랑(延烏郞)과 결혼했다. 그녀가 열아홉 살 되던 166년에 또다시 신라군의 추격을 받아 이들 부부는 바다를 건너 일본으로 망명하게 된 것이다(삼국유사 연오랑과 세오녀). 이때 마침 사람들에게 두려움의 대상이었던 일식이 일어났다(아달라 이사금 13년). 겁을 먹은 신라군은 자기들의 추격 때문에 무녀(巫女) 세오녀가 신라의 일월지정(日月之精)을 가지고 간 것이라고 믿고 그녀가 쓰던 옷가지 천을 가져다가 그녀의 고향 하늘에 날리고 해돋이 제사를 지냈다.

그러자 다시 날이 밝아졌으며(迎日祭天), 이 설화로 말미암아 영일(迎日)이라는 지명이 되었다 한다. 일본으로 망명한 이들 부부는 고사기(古事記)에는 천일창(天日槍)과 난생녀(卵生女)로 나타난다. 천일창이란 이름은 일식과 관련이 있고 난생녀는 무녀였다. 망명한 이들 부부는 얼마 지나지 않아서 서로 헤어졌다(고사기). 홀몸이 된 난생녀는 무속의 힘으로 민중을 현혹하는 능력을 발휘하기 시작하였다. 당시 일본열도는 비류백제의 담로(擔魯) 통치에 신음하고 있었던 때였으므로 모계원주 왜인(母系原土倭人: 민족기원)들은 신통력을 가진 난생녀를 따르기 시작하였다.

난생녀는 민중의 지지를 바탕으로 중애천왕의 셋째 황비에 발탁된 것이다. 다시 말하면 신공황후는 난생녀와 같은 인물로 보기 때문에 신라에서 건너간 그 세오녀가 신공황후가 되었다는 것이다. 같은 인물로 보는 또 하나의 근거는 신공황후의 추호(追號)가 기장족희(氣長足姬)라는 데에 있다.[23]

추호는 원래 먼저 살았던 땅(先住地)이나 관명(官名) 등에 의하여 부여되었던 만큼 기장족희는 일본 망명 전에 살았던 양산의 기장(機張)과 일치하고 족(足)은 고대의 벌(伐: 나라)이라는 의미이다.

그래서 기장족희란 기장벌의 여자(姬)라는 말이다. 신라에서 쫓겨 망명 온 탓에 신공은 황비가 되었지만, 신라에 대한 원한이 뼈에 사무쳐 있었다. 그래서 자나 깨나 신라정벌의 꿈을 버리지 않고 있었던 것이다. 이상이 신공황후를 세오녀로 보는 근거이다.

2. 맺는말

일본서기 신공황후의 기록을 비중 있게 다룬 것은 마한제국(諸國) 공략에 관련된 부분을 고려했기 때문이다. 신공황후가 보태진 가공인물이라 할지라도 일본서기의 신공기는 반도에 대한 일본의 우월적 지위를 내세우기 위한 계획적인 의도에서 비롯된 것으로 보인다. 그럼에도 불구하고 백제 근초고왕 때 금강 이남의 마한 공략이 대대적으로 이루어졌음을 시사하는 역사적인 자료를 제공하고 있는 것은 틀림없다. 하지만 일본의 역사는 모자이크

한 부분이 많고, 우리의 고대사 특히 삼국시대 초기의 역사는 후대의 사실을 소급하여 기록된 경우가 많기는 하지만, 양 사서(史書)의 결함을 감안하더라도 아주 황당무계(荒唐無稽)한 기록으로만 치부할 수 없는 측면도 있다. 백제 때 일본에 보내진 칠지도는 연대 측정 결과 근초고왕 때에 제작된 것으로 추정되는데 일본서기에는 신공기에 칠지도의 기록이 나타난다. 근초고왕과 신공황후는 동시대 사람임이 증명된 셈이다. 같은 맥락에서 신공황후의 마한 공략은 백제의 역사를 자기의 것으로 짜깁기한 것으로 보아야 한다.

백제 근초고왕은 고구려를 공략(고구려 16대 고국원왕이 근초고왕 때 침략을 받아 전사)할 정도로 막강한 군사력을 과시하고 있었다. 일본의 도움을 받아 마한을 공략한 것이 아니고 근초고왕 24년 (369) 목라근자(木羅斤資)라는 장수를 선봉장으로 하여 마한 제국을 통일한 후 황색(黃色) 깃발을 나부끼며 백제의 황제임을 만천하에 선언하고 왕 부자(父子)가 열병(閱兵)한 것이다.

신공기는 마치 조선 3국이 일본을 상국으로 받들고 조공을 바치는 형세로 기록되어 있지만 모두 일본의 자존심을 내세우기 위한 조작된 기록일 수밖에 없다. 일본서기는 신화적 요소가 많고 가공(架空)의 기록도 많지만 불행하게도 우리의 사서(史書)에는 백제사의 기록이 아주 부족한 상태이기 때문에 중국의 사서나 일본 사서의 기록이 그나마 미흡한 백제사에 자료적 가치를 보충해 주고 있음을 부인할 수는 없다.

이와 같이 역사의 허구성이나 자료의 빈곤에도 불구하고 대부분의 현대 사학자들은 백제가 금강 이남을 지배하게 된 것은 근초고왕 이후라고 생각한다.

결국, 벽골제 초축은 마한의 벽비리국임이 확실하다.

1980년대 이후 고고학적 조사연구가 활발하게 진행되면서 그러한 확신은 더욱 굳어지는 것 같다.

가장 중요한 것은 벽골제를 시축한 국가가 백제이며, 신축(新築)한 왕이 비류왕 27년이라고 하는 고정관념에서 벗어나야 한다는 것이다. 어쨌거나 벽골제를 시축한 연대에 대하여 삼국사기의 기록은 잘못된 것이다. 다만 이러한 빌미를 준 것은 벽골제 축조가 왕세계(王世系)가 불명한 마한 소국의 실적이기 때문에 이를 기화로 사기 편찬자들이 신라 왕조에 서슴없이 편년한 것이 아닌가 싶다.

설령 마한 소국 벽비리국(辟卑離國)에서 축조하였다 하더라도 마한을 백제에서 병합하였기 때문에 구태여 왕조를 바꾸어 편년한다면 백제 비류왕 27년으로 기록하는 것이 타당하다. 성읍국가(城邑國家)의 형태를 벗어나지 못한 상태의 국력과 공사 규모에 대한 의구심이 있기는 하나, 최초의 벽골제는 규모가 크지 않아 가능했던 것으로 볼 수 있다. 이것은 벽골제의 규모의 장에서 자세히 기술하기로 한다.

⌘

—

보수공사

1. 서설(序說)

　　벽골제가 백제에서 축조했건 마한에서 축조했
건 당시의 국가는 성읍국(城邑國) 연합체의 틀을 크게 벗어나지 못
했기 때문에 시축(始築) 당시의 규모는 1415년 태종 때 보수한 것에
훨씬 못 미치는 규모라고 생각된다. 당시의 형세를 알아보기 위하여
몇 가지 사서를 검토해 보았다. 중국의 사서인 진서(晉書)까지도 삼
국의 명칭이 보이지 않고 부여, 마한, 진한만이 기록되어 있다. 진
(晉)나라는 서기 266년부터 420년까지 존재했던 나라이다. 고구려,

신라, 백제 3국의 이름이 등장한 것은 『송서(宋書)』부터이다. 송서는 남북조 시대 때 남조의 양나라 학자 심약(沈約)이 편찬한 남조의 송나라 역사서이다. 남조 송나라는 서기 420년부터 479년까지 존재했던 남북조 시대의 국가이다. 그렇다고 그 이전의 백제 건국을 부인할 수는 없다. 고구려는 진수(陳壽)가 쓴 『삼국지』(서기 220년부터 280년까지의 역사)에 그 기록이 나오는데 백제가 200여 년이나 늦은 역사서에 나오는 것을 보면 그 이전에는 성읍국가 연맹체의 형태를 벗어나지 못한 상태로 존재한 것이 아닌가 생각된다. 이렇게 볼 때 중앙집권적인 지배체제가 확고하게 확립되지 않은 국가 연맹체에서 거국적으로 공사를 시행한다 하더라도 이와 같은 거대한 제방 공사는 불가능해 보인다. 그래서 벽골제 규모나 구조에 대하여 개괄적으로 언급하고 넘어가고자 한다.

삼국사기에 기록한 제방길이 1,800보(步)를 당척(唐尺)으로 환산하면 3,240m이다. 물론 시축 당시에 당척을 사용했을 가능성은 없기 때문에 이것은 명백한 오류이다. 뒤에 상론하겠지만 1보는 주척(1자: 20cm) 6자이다. 주척으로 환산하면 약 2.158km{18,00보×(6w자×20cm)}가 된다. 이 길이로 보면 명금산에서 원평천 남쪽 제방(구암잠관: 龜岩潛管)까지로 추정할 수 있다. 결국, 당초의 제방은 태종이 중수할 때까지 원평천을 건너지 못한 것이다. 일부 학자들은 벽골제를 소택식 저수지(일명 답형 저수지)로 보고 있다. 소택식 저수지란 겨울 동안 물을 담수했다가 봄에 파종할 때 제방을 터 아래 논에 물을 대주고 그 사명을 다하는 논을 말한다. 이러한 저수지 역할을 하면서 경작하는 논을 '무라리'라고 도 한다.

그래서 제방의 규모도 지금처럼 크지 않았을 뿐만 아니라 제방 붕괴로 인한 제하의 피해도 거의 없었다. 일 년에 한 번 사용하므로 여닫는 수문도 필요 없다. 330년 시축 후 원성왕 6년(790) 중수할 때까지 460년 동안 제방 붕괴로 인한 피해 사실이 기록에 없는 것을 보면 어느 정도 납득할 수 있는 견해이다. 그러나 저수지 규모와 몽리 면적의 범위를 보면 이 또한 쉽게 납득하기도 어렵다. 벽골제가 도작 문화에 기여한 역사적 가치를 알기 위하여 심도 있는 연구가 필요한 이유가 여기에 있다. 지금의 장생거(長生渠), 중심거(中心渠), 경장거(經藏渠), 수여거(水餘渠), 유통거(流通渠)의 5개 수문도 처음부터 그렇게 만들어진 것인지 아니면 그 후 어느 때인지 제방의 길이와 규모가 어느 때 어느 만큼씩 커져서 오늘과 같은 규모가 되었는지에 관한 기록이 없어 더욱 안타깝다. 발굴조사를 통하여 반드시 밝혀내야 할 과제이다.

한 가지 짚고 넘어가야 할 것은 거(渠)는 인공 수로를 지칭하는 것인데 세간에는 수문과 혼동하고 있다는 것이다. 우리나라에서 '거'라는 이름의 수로는 이때가 처음인데 중국에서는 전국시대 말(B.C. 3세기경)에 농경용으로 정국거(鄭國渠)와 장하거(漳河渠)가 만들어졌다. 정국거는 한(韓)나라 재상 정국이 진(秦) 나라에 백성들을 구휼

하기 위한 농업생산력을 높일 방안으로 이 수로 공사를 권장하면서 설계까지 해 주어 만들어진 인공 수로이다. 감숙성으로 흐르는 경수(涇水)의 물을 끌어다 낙수(洛水)에 연결하여 섬서성 경향현(涇陽縣) 일대 농경지를 가꾸는 300리 수로 공사이다. 장하거(漳河渠)는 산서성에서 발원하여 하남성 북쪽으로 흐르는 장하강 주변의 농경지를 가꾸기 위하여 만든 수로이다. 이 두 수로는 후술하는 도강언(都江堰), 만경(萬頃)과 더불어 중국 고대 4대 수리 사업으로 꼽고 있다.

시축 당시의 기록에 의하면 '벽골지(池)의 개착(開鑿)'이라 했는데 저수지를 처음 팠다는 말인지 제방을 처음 축조했다는 의미인지 모호하다. 그러나 삼국유사의 기록은 시축 벽골제(始築碧骨堤)라 했으므로, 바닥을 파 올려 기존의 저수지 서편에 제방을 만듦으로써 이전의 자연 저수지보다 더 큰 저수지를 만들었다고 보는 것이 타당하다.

2. 신라 시대

❀ 원성왕의 증축(增築)

벽골제가 시축된 후에 처음으로 손질한 것은 신라 38대 원성왕 6년 정월의 일이다. 삼국사기 신라본기에 원성왕 6년(790)에 벽골제를 증축(增築)하는 데 전주(全州) 등 7주(州)의 사람을 징발하여 역사(役事)를 일으켰다고 했다.[24] 우리나라 최초·최대의 벽골제 저수지가 시축된 지 460년 만의 일이다.

그런데 이때 공사 규모를 알 수가 없다. 증축이라 했으니 종전의 규모보다는 더 크게 만든 것만은 분명하다. 그리고 이 기간 벽골제에 대한 기록은 단 한 건도 없다. 홍수 때마다 결궤되었을 수도 있고 그 긴 세월 동안에 보수공사도 수없이 많이 했을 법도 한데 그런 기록이 없다. 기록이 없다 해서 결궤된 일이 없었다고 볼 수도 없다. 다만 이 제방으로 인하여 큰 피해를 입을 우려가 없었거나(소택식 저수지이기 때문에) 후대에서처럼 그 비중이 크지 않다고 볼 수도 있다. 그렇기 때문에 시축 당시의 규모가 원성왕이 증축할 때보다는 훨씬 작았을 것으로 필자는 추정하고 있는 것이다.

그렇게 생각하는 단서가 몇 가지 있다. 벽골제내의 평야는 충적평야이다. 원평천, 두월천, 봉평천 등지에서 토해내는 토사의 퇴적에 의해 조성된 평야이다. 오랜 세월 동안 토사가 충적되면서 지형적인 불균형이 나타났다. 들 가운데 있는 삼평 마을은 6·25 직후까지만 해도 비만 오면 물에 잠겨 집집이 피난용 배를 마련해 놓고 살았다. 1,700여 년 전이야 얼마나 지대가 낮았겠는가? 기존에 저수지가 있었다는 증거일 수도 있다. 그리고 기술한 바와 같이 '지(池)의 개착(開鑿)'은 기존의 저수지 주변을 파 올려 제방을 만든 개념으로 이해하는 것이 옳을 것이다. 기존의 방죽을 확대하여 제방을 쌓아 올림으로써 저수지 주변은 농한기에 물을 담았다가 농사가 시작되면서 아래 논에 물을 대어 주고 물이 빠진 후에는 농사를 지어야 하기 때문에 다시 물을 담을 필요가 없으므로 제방으로 인한 침수 피해는 크게 발생하지 않는 것이 상례이다. 그러므로 처음 벽골제는 벽골지(池)라는 방죽 서쪽에 큰 뚝을 막아 만든 답 형 저수지(소택식)로, 460년간의 농업용수로 활용해 왔다고 판단해야 한다. 그래서 벽골제는 제하의 관개(灌漑)도 중요하지만 제내의 경작이 더 중요했다. 이 점은 밀양 수산제와 같다. 저수지의 수위를 높여 줌으로써 제내 상류 급수 사각지대에 물을 공급하고 제하에도 물을 공급하는 소택식 저수지로써 벽골제는 그 긴 세월 동안 소임을 다해왔다. 벽골제의 유용성을 절감한 신라 원성왕은 증축을 단행했다. 증축은 수선이나 보수와는 달리 파손되지 않은 기존의 형태를 확대 축조하는 것이다.

이때에 두월천이 원평천과 만나는 지점에서 원평천을 막아 원평천 둑을 두월천 둑으로 연결하면서 유역 면적이 몇 배로 늘어났고 벽골제의 길이가 60,843척이 되었다. 원평천의 지류는 두월천으로 한정되었고 원평천 하류는 종전대로 서해 바다로 흘렀다.

이토록 거대한 공사이었으므로 신라 원성왕 때 행정조직이 9주로 편성되어 있는 것을 감안한다면 7주의 장정을 징발한 것은 거의 전국에서 동원한 신축에 버금가는 대규모 공사였다. 증축 당시의 벽골제 규모에 관한 자세한 기록은 없으나 현재 규모는 이때 증축된 것으로 보아야 할 것이다.

증축한 이후 고려 말까지 제언의 붕괴가 자주 일어났다.

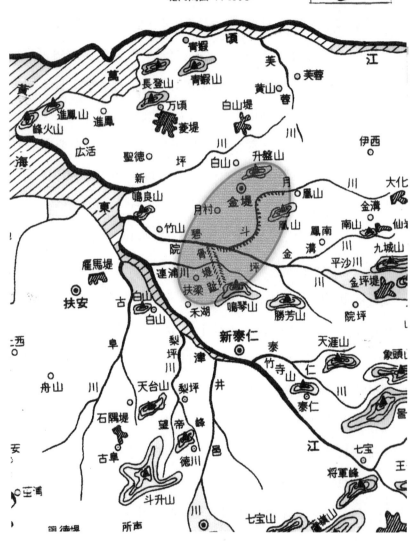

▽ 원성왕대의 증축

원성왕대의 증축

堤之長 60,843尺
堤內周回 77406步

벽골제
언(堰)

九州의 領屬을 알기 쉽게 표시하면 다음과 같다

舊州名	改名	領屬				州治
		州數	小　　京	郡數	縣數	
沙伐州	尙州	1		10	30	令 尙州
歃良州	良州	1	金海(今　　同)	12	34	令 梁州
菁　州	康州	1		11	27	令 晉州
漢山州	漢州	1	中原(今 忠州)	27	46	令 廣州
首若州	朔州	1	北原(今 原州)	11	27	令 春川
熊川州	熊州	1	西原(今 淸州)	13	29	令 公州
河西州	溟州	1		9	25	令 江陵
完山州	全州	1	南原(今　　同)	10	31	令 全州
武珍州	武州	1		14	44	令 光州
		9	5	117	293	

❂ 문성왕 대의 보수

　　　　　　신라 46대 문성왕(文聖王)은 45대 신무왕(伸武王)의 아들이다. 민애왕(閔哀王)이 희강왕(僖康王)을 죽이고 왕위에 오르자 이에 반기를 든 김양(金陽)은 군사를 모집하여 청해진으로 들어가 장보고(궁복)에게 이 사실을 고했다. 궁복(弓福)을 설득한 김양은 군사 5,000명을 얻어 민애왕을 쳐 시해하고 신무왕을 옹립하였다.

　신무왕은 이에 보답하는 뜻에서 궁복의 딸을 며느리로 맞이하여 사돈 관계를 맺을 것을 약속했는데, 불행하게도 이를 실현하지 못하고 즉위년에 병으로 죽었다. 왕이 죽자 신무왕의 태자 문성왕이 즉위했다. 문성왕 7년에 부왕이 약속한 바도 있고 하여 궁복의 딸을 아내로 맞이하려 하였으나 신분의 미천함을 들어 조정 대신들이 반대하는 바람에 실현되지 못하였다. 문성왕 8년 궁복은 배신감을 느끼고 반기를 들고 일어났는데 왕의 근심을 안 염장이라는 장수가 거짓으로 나라를 배신하는 척하고 청해진에 투항하여 결국 궁복을 살해하고 청해진의 병사들을 장악하는 데 성공한다. 궁복이 살해된 후 5년이 지난 문성왕 13년 2월에 청해진을 파하고 그곳 인민들을 벽골군(碧骨郡: 金堤)으로 옮겼다.[25]

　청해진에 있던 궁복의 잔당을 김제로 옮긴 이유가 무엇이었을까? 죄인이나 다름없는 청해진의 잔당을 벌을 주기는커녕 곡식이 풍부한 김제지역으로 옮긴 데는 분명한 이유가 있었을 것으로 본다. 옮긴 때가 2월이다. 정부에서 주도하는 모든 공사는 그 당시에는 1, 2월에 시작하여 늦어도 4월에는 끝을 냈다. 청해진의 잔당을 벽골 군으로 옮긴 것은 시기적으로 보아도 벽골제 보수공사에 사역하기 위한 것 외에 달리 그 이유를 찾을 수가 없다.

신라는 진성여왕 때부터 조정의 타락과 부패로 통치기능이 약화 됨과 동시에 지방 호족들의 득세로 국가 기강이 해이해질 대로 해 이해져서 국권에 의한 인력(人力)의 징발이 매우 어려운 상태에 있 었다.

그렇다고 지방수령의 힘만으로 이 큰 저수지의 보수공사를 감당 하기는 더욱 어려웠을 것이다. 결국, 지방수령의 은밀한 주청으로 청해진의 잔당들을 김제지방으로 옮겨 벽골제 보수에 사역했을 것 으로 본다. 은밀하게 이루어졌기 때문에 거두절미하고 김제지방으 로 이주시킨 사실만 밝혀 놓은 것이 아닌가 싶다. 여기에 생각이 미 치자.

확실한 단서라고 할 수는 없으나 1969년 토지개량 연합회에서 발 행한 『농토』라는 기관지에 한찬석이 투고한 「비련에 얽힌 벽골제」라 는 제하(題下)의 단편소설이 있는데 여기에 시대적인 배경이 46대 문성왕대로 하고 있는 점에 관심을 가지게 되었다.

소설은 어디까지나 픽션이기 때문에 간과하려 하였으나, 이 단편 소설을 소설로 보기에는 구성 자체가 미흡하고 단순한 이야기의 전 개에 불과한 수준이기 때문에 이는 필시 어떤 자료나 문헌에 의한 발상이 아닌가 싶고 청해진의 인민을 김제지역으로 옮긴 때와 소설의 시대적 배경이 같은 문성왕대인 점을 주목해 볼 때 문성왕대에 벽골제의 보수공사가 있었다는 심증을 갖게 하는 점이다. 이러한 심증을 가지고 수십 년을 여러 측면에서 조사 탐문해 보았으나 지금까지 특별한 진전을 보지 못하고 집필에 들어간 것이 몹시 아쉬울 뿐이다. 더욱 가관인 것은 이 소설이 J 모 씨에 의하여 표절되어 시대를 원성왕대로만 바꾸어 줄거리나 주인공 이름까지 그대로 인용하여 자기 저서로 발표한 것이다. 이 소설은 후에 다시 한 번 거론하고자 한다.

✿ 기타보수공사

삼국사기에는 왕명에 의한 제방(堤防) 보수 공사가 몇 차례 있었다. 벽골제를 명시한 제방 보수에 관한 기록은 원성왕 때 외에는 없고 벽골제를 시축한 이후 왕명에 의한 일반적인 제방 보수 기록이 몇 차례 나온다. 신라 23대 법흥왕 18년 3월에 유사(有司: 담당 관원)에 명하여 제방을 수리하도록 하였는데, 이때는 백제의 벽골제와는 관련이 없다. 백제 30대 무녕왕(戊寧王) 10년(609) 정월에 영을 내려 제방을 완고히 하고 내외의 유식(遊食)하는 자를 몰아 귀농케 하였다는 기록이 있다.

농사를 장려하는 과정에서 수리시설에 대한 정비 보수를 하는 한편 놀고먹는 자를 영농에 투입하는 적극성을 보인 것이다. 그다음 이 원성왕 6년(790) 1월에 벽골제 증축공사를 하였고, 8년 후인 원성왕 14년에는 영천 청제를 수리하였으며, 12년 후 41대 헌덕왕(憲德王) 2년 (810) 2월에 왕이 신궁(神宮)에 친사(親祀)하고 사자(使者)를 파견하여 국내의 제방을 수축(修築)하였다고 했다. 직접 관원을 파견하여 제방 수축 공사를 독려한 것이다.

그 후 48년이 지난 제47대 헌안왕(憲安王) 3년(859) 4월에 왕이 교지를 내려 제방을 수리 완복(完復)케 하는 동시에 농사를 권장하였다고 했다. 이 외에 신라에서는 제방 보수에 관한 기록이 없다. 기록이 없다 해도 옛날에는 대부분 백성들이 영농으로 생계를 유지하였기 때문에 제방 수리 복구 사업은 꾸준히 시행되었을 것이며, 이상의 기록에서 말하는 제방이라는 것은 저수지만을 말하는 것이 아니고 강하천 제방까지를 포함하는 것으로 보아야 하며, 벽골제도 그때마다 크고 작은 보수가 있었을 것으로 보인다.

3. 고려 시대

고려 시대에는 기록상 두 번의 보수가 있었다.

이에 관한 기록은 조선 태종 15년에 세운 벽골제 중수 비문 중에 나온다. 그 비명(碑銘) 중에 "至高麗顯宗詩 修完舊制 及仁宗 二十一

年 癸亥 又增修復 而終至棄廢."라는 구절이 있는데, 이에 의하면 고려 현종 대에는 옛 모습 그대로 복원하는 수준에서 수리하였고 인종(仁宗) 21년(1142)에는 기존의 것보다 규모를 크게 보수하였음을 알 수 있다. 현재의 수문 구조가 이때 완성된 것으로 보인다. 태종의 중수비(重修碑)에 중수(重修)라는 표현을 한 것은 제방을 연장하여 원평천을 가로질러 막았기 때문에 한 표현으로 보이며, 수문은 수리만 했을 뿐 구조의 변경은 없었던 것으로 보인다. 다만 원평천을 막음으로 인하여 수여거 문 하나를 더 만들었다. 그러나 안타깝게도 고려조에서는 증수한 지 4년 만에 고의로 헐리는 비운을 맞게 된다.

인종 24년 정월에 왕이 알 수 없는 질병에 걸려 위독한 상태에 이르자 무당으로 하여금 점을 치게 한다. 무당이 4년 전에 했던 벽골제 수축이 병의 빌미가 된 것이라고 말하자 왕은 내시 봉설(奉設)을 파견하여 애써 보수해 놓은 벽골제를 헐어 버렸다.

이어서 무당은 다시 죽은 이자겸(李資謙)의 혼이 씌인 것이라 말하자 귀양 보냈던 자겸의 처자를 내시 한작(韓綽)으로 하여금 인주(麟州: 평안북도 의주군 지역에 있던 고려 시대의 현) 땅에 옮기도록 하고 백관들로 하여금 보제사(普濟寺)와 십왕사(十往寺) 묘사(廟社) 등에서 기도를 올리게 하였다. 이어서 2월에 평장사(平章事) 임원애(任元敳)가 백관과 더불어 선경전(宣慶殿)에 모여 왕의 쾌유를 빌었고, 또한 척준경(拓俊京)의 빌미가 있다 하여 그의 관직인 문하시랑(門

下侍郞) 평장사를 복귀시키고 그의 자손들까지도 불러 벼슬을 주기도 하였다. 그러나 이러한 무복(巫卜)의 음사(淫祀)에도 보람 없이 왕은 2월 25일에 죽고 말았다.[26] 벽골제는 그 후 몽고의 침략과 왜구의 준동으로 나라 형편이 어려워진 데다 민중에 깊이 뿌리박힌 무복의 첨사(籤辭)에 대한 경외심(敬畏心) 때문에 감히 벽골제에 손을 대지 못하고 고려 말까지 방치해 두고 말았다.

4. 조선 시대

❀ 태종의 중수(重修)

조선 시대에 들어와서는 내륙 쪽에 있는 황무지 개간보다는 바다를 막아 농경지를 조성하는 간척사업에 더욱 힘을 기울였다. 대신에 내륙에서는 권농에 힘을 기울이고 영농을 위한 수리시설 사업에 적극성을 보였다.

조선은 개국 초부터 농경에 국력을 기울여 권농관을 지방에 파견하여 농사지도에 힘쓰는 한편 1404년에는 저수지 실태를 파악하여 파괴된 저수지는 농한기에 수축하고 물을 담아 두었다가 관개용수로 이용할 수 있도록 영을 내린 바 있고(태종실록 권8) 1414년에는 지방관들에게 영을 내려 파괴된 저수지를 모두 조사하여 수축할 만한 곳을 골라 그 면적까지 첨부해서 보고 하도록 함과 동시에 같은 해 12월에 이은을 경상도에 우희열을 경기지방에 파견하여 그 두 지역은 이들로 하여금 직접 조사보고 하도록 하였다. 이러한 과정에서 태종 8년 9월에 전라도 병마절제사(兵馬節制使)로 와 있던 강사덕(姜思德)이 한차례 벽골제 중수를 상계한 일이 있었다.[27]

 "첫째 김제 벽골제는 제하가 만만(漫漫)하여 옥요(沃饒)가 펼쳐져 있으며 방축의 옛 둑이 산처럼 견고합니다. 종전대로 고쳐 쌓고 없애버린 절간의 노비들을 시켜 둔전을 경영함으로써 나라의 경비에 보태도록 하시기 바랍니다."라고 하는 내용이었다. 강사덕이 올린 상계는 왜적을 방비하기 위한 방책으로써 첫째 본도의 군영이 바다와 130여 리나 되어 왜적이 잠입할 때마다 미처 추적하기 힘이 드니 군영을 영암, 해진 등지로 옮겨갈 것과 흥덕천 근처에 있는 검모포(黔毛浦)는 물이 얕고 낭떠러지가 험하여 왜적이 상륙하여도 거리가 60여 리나 되어 붙잡지 못하므로 바다의 요충지인 인장사로 진영을 옮길 것을 주청하면서 벽골제를 수리하여 절간의 노비들을 다시 모아 둔전을 경영할 것을 상주한 것이다.

 이 실록의 기록으로 보아 일찍이 벽골제 하에 둔전을 두었음을 알 수 있다. 둔전은 군영이 주둔하는 곳에 식량을 조달하기 위하여 부근에 곡식을 경작하도록 하는 전답을 말한다. 벽골제의 남단인 김제시 부량면과 정읍시 신태인읍의 경계지점에 있었던 야산(해발 약 54m)에 축조된 태뫼식 토성(土城)이 그 유적으로 보이는데 이것은 벽골제를 방비하고 동진강을 따라 내륙으로 진입하는 적을 차단하는 방어시설인 동시에 통치의 거점이기도 하다. 벽골제 방비를 위한 또 하나의 둔전이 있었던 곳은 김제시 월성동 동편에 토성의 흔적이 있는데, 이곳 역시 군영이 주둔하고 둔전을 설치한 곳이 아닌가 싶다. 그리고 이곳의 지명이 성멀이라고 하는데 성멀이란 성(城)마을이란 뜻이므로, 이 지명에서도 그 의미를 찾을 수 있다. 이렇게 주청한 내용은 임금이 승낙하였으나 벽골제 중수는 이루어지지 못했다.

그 후 국력을 기울여 저수지 실태조사가 마무리될 즈음 태종 15년 8월에 전라도 관찰사(觀察使) 박습(朴習)의 상계(上啓)가 올라왔다.[28]

"성곽을 굳게 쌓는 까닭은 외적을 막아내는 것이며 언제(堰堤)라는 것은 물을 막아 두고 관개를 하기 위한 것입니다. 이는 실로 환란에 대비하고 한해(旱害)를 구제하는 좋은 방도로서 어느 쪽도 폐지할 수 없는 것입니다. 그런데 토목공사를 벌이고 백성들을 동원하는 데는 꼭 일의 선후를 따져서 제때에 시행하여야 합니다. 그래야만 일도 쉽게 되고 백성들로부터 원망도 받지 않게 됩니다. 지난번에 병조와 호조의 제의에 의해서 김제군에 있는 벽골제를 수축하는 것과 연해 지방에 있는 세 고을의 성을 쌓는 문제로 이미 임금의 지시까지 받았습니다.

앞으로 가을걷이를 끝내고 나서 한꺼번에 착수하려고 하고 있습니다. 신이 고을들을 돌아다니면서 그 지역들을 두루 살펴보니 장흥, 고흥, 광양의 세 고을은 지대가 다 바다를 끼고 있어서 왜적들이 배를 갖다 댈 수 있는 곳이었습니다. 전날에 만든 성은 모두 좁은 데다가 나무를 세우고 진흙을 발랐기 때문에 세월이 오래됨에 따라 무너진 곳이 아주 많고 샘도 없습니다. 더구나 지금 왜적의 배 수십 척이 몰래 섬에 의거하며 틈을 노리고 있습니다. 만약에 불의의 변고가 생기게 되면 그때 가서는 후회해도 소용이 없지 않을까 신은 우려합니다. 터를 보고 형세를 살펴 성을 쌓고 해자를 파 놓음으로서 강토를 굳게 다지고 우리의 백성을 보전하는 것은 참으로 오늘날의 급선무입니다.

도내에 있는 언제들은 이미 다 수축해 놓았습니다. 고부에 있는 눌제는 신이 직접 살펴보니 물을 막아 두는 지면이 낮고 깊은 반면에 언제 아래에 있는 토지의 지형은 높아서 물을 끌어다가 관계하기 어렵습니다. 거기에는 비록 물을 많이 잡아 둔다고 해도 쓸데가 없습니다.

오직 김제에 있는 벽골제가 신도 한번 가서 보았는데 길이가 7,196자이고 너비가 50자이며 수문이 네 곳인 중에서 세 곳에는 다 돌기둥을 세웠습니다. 언제 안에 물이 고인 곳은 거의 1식(息: 30리)이나 되고 언제 아래 묵고 있는 땅은 2~3배나 됩니다. 지금 농사일이 한창인 관계로 두루 살펴보기 곤란한 만큼 농한기를 기다려 상하의 형세를 자세히 살펴보고 다시 보고 드리겠습니다. 다만 세 고을의 성만은 꼭 쌓아야 하겠습니다.

만약 벽골제의 수축과 한꺼번에 진행하려고 하다가는 민력(民力)

이 감당하기 어려울 것입니다. 신의 생각에는 먼저 성을 쌓아 강토를 견고하게 만든 다음에 언제를 쌓아서 관계 할 수 있게 한다면 양편이 다 순조롭게 진행되어 실수가 없을 것입니다."라고 하여 성축을 우선순위로 하고 벽골제 수축은 그 다음으로 미루는 것이 좋겠다고 상계 하였으나 조정에서는 반대로 3성 축성을 잠시 미루고 벽골제를 먼저 수축 하도록 명을 내렸다(태종실록 권30 태종 15년 8월). 중수비(신증동국여지승람)에 따르면 그렇게 해서 벽골제도 태종 15년 9월 20일에 착공하여 10월 13일에 완공한 것으로 되어 있다.

그러나 실록에 보면(태종 15년 10월 14일) 전라도 관찰사 박습이 왕명에 의하여 벽골제를 쌓는 것과 관련된 여러 가지 사항을 올리면서 요청하기를 "김제군에 있는 벽골제의 수문을 만드는 공사에 석공 3명만 보내준다면 신이 본 도 각 고을의 군정들을 모아 이달 20일부터 터를 닦고 제를 쌓기 시작하겠습니다." 하였다.[29]

중수비에 나오는 착공일 9월 20일과 실록에 나오는 10월 20일은 꼭 한 달의 차이가 난다. 비를 건립하는 과정이나 실록을 편찬한 과정을 보면 어느 곳에도 오류가 생길 여지가 없기 때문에 더욱 아리송하기만 하다. 추수가 완전히 끝난 농한기를 참고한다면 10월 20일 착공이 좀 더 수긍이 되는 기록이다.

이 기록으로 태종 때 중수하기 이전에는 수문 4개만 있었던 것을 박습이 중수하면서 1개를 더 만든 것으로 보이나 종전에도 다섯 개가 있었는데 구암 잠관 근처에 있던 여수토를 덕산으로 옮겨 간 것이다. 원평천을 가로막음으로 인하여 종전의 여수토가 필요 없게 되고 새로이 수여거 문을 더 만든 것으로 본다. 시축한 지 1085년 만에 비로소 원평천을 가로막은 것이다. 보수하는 과정에서 올린 박습의 상계에 따르면 수문이 네 곳이 있는데 세 개는 모두 돌기둥으로 되어 있고, 중수비에 의하면 나머지 두 개는 괴목으로 기둥을 세웠다 했으니 괴목을 세운 2개 수문 중 하나가 태종 15년 중수 때 신설된 수여거(水餘渠) 문이다. 돌기둥을 세운 세 개의 수문은 용수로로 통하는 문이 분명하고 괴목을 세워 만든 수문(수여거수문, 경장거수문)은 만수가 되면 물이 넘치도록 되어 있어 열고 닫는 문이 없는 수문이다. 현대 토목 공학 용어로는 여수토(餘水吐)이다. 아무튼, 박습의 반대에도 불구하고 벽골제 수축을 먼저 하게 된 것은 일찍부터 저수지 실태와 농업 전반에 관한 면밀한 조사를 마친 태종으로서는 민생과 직결되는 농사에 더 우선순위를 둔 것으로 보인다. 정확하게 말하면 국방의 첫 번째 과제를 민생에 두었다고 보는 것이 옳다.

이때 중수한 공사의 개요는 공사가 끝나고 초혜산(草鞋山: 신털뫼)에 세워진 태종의 중수비에 기록되어 있다. 그러나 농민들이 무심코 이 중수비에 낫을 갈고 농기구를 손질하는 도구로 사용하다 보니 결국 글자는 흔적도 없이 마모되어 버렸고, 비석(碑石)도 절반가량 없어져 그 형태를 알아보기조차 힘들 정도로 훼손되어 버렸다. 전란과 착취로 허리끈을 졸라매고 살아온 우리 농민들은 각박한

현실 속에서 문화재에 대한 인식은 오히려 사치스런 사고(思考)였을 것이다.

이제는 제자리마저 잃어버리고 벽골제 장생거 앞에 흉물로 보존되고 있다. 새로 만들어 씌운 비각이 뜻있는 사람들의 마음을 안타깝게 할 뿐이다. 비문의 원문이나마 『신증동국여지승람』에 남아 있어 중수 당시의 면모를 어림할 수 있다는 것은 얼마나 다행인지 모른다.

이외에도 벽골제 전반에 걸쳐 여러 차례 손질하면서 규모가 커졌다는 점이다. 사용된 용어를 보아서도 알 수 있다. 처음 축조할 때는 시개(始開), 신라 38대 원성왕 때에는 증축(增築), 고려 현종 때는 수완구제(修完舊制), 고려 인종 때에는 증수(增修: 증축과 보수), 조선 태종 때는 중수(重修), 이같이 고려 현종 때 이외에는 손질할 때마다 규모가 커간 것이다.

태종은 벽골제 보수공사를 마치고 중수비를 세워 기념하였고 다음 해 16년(1416)에는 제하(堤下)에 둔전(屯田)을 설치하여 저수지 수비에도 소홀함이 없었다. 그러나 벽골제는 태종 15년에 보수한 후 5년이 지난 세종(世宗) 2년(1420)에 큰 홍수를 만나 제방이 무너지고 제하 전답이 유실(流失)되는 큰 피해를 입게 되었다. 특히 수월리 부락은 가장 큰 피해를 입었다. (『우리말 큰사전 한글학회』) 이에 전라 관찰사 장윤화(張允和)는 임금에 상소하여 벽골제를 무너뜨려 아주 없애 버리자고 건의한 바 있었는데 이에 대한 자세한 기록은 없다.

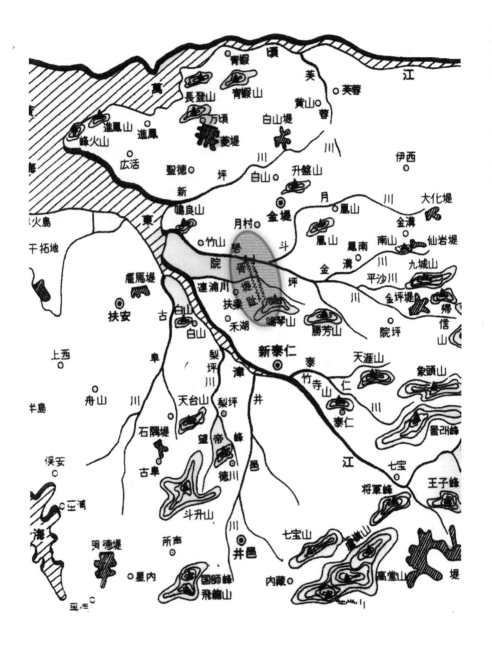

▽ 태종대의 중수

– 부윤현(富潤縣): 김제군 성덕면 지역에 있었던 고려시대의 현. 본래 백제의 무근촌현(武斤村縣)이었는데 신라 경덕왕 때 무읍(武邑)으로 고쳐 김제군의 영현이 되었다. 고려 태조 때 부윤으로 고쳤고 현종 때 임치현에 귀속 시켰다가 뒤에 만경현으로 옮겼다. 조선시대 말까지 만경현 남이면(南二面)에 고현리(古縣里)가 있었는데 이곳이 대동여지도상의 부윤의 위치와 비슷하다.

– 인의현(仁義縣): 정읍군 태인면 지역에 있었던 고려시대의 현.

– 안무사(按撫使): 조선시대 지방에 파견하는 특사의 일종. 전쟁이나 반란, 기타 재난 직후 민심 수습을 위하여 지방에 파견되었다.

– 도관찰출척사(都觀察黜陟士): 고려 말과 조선 초 지방관직의 하나. 세조 12년(1466) 관제를 개혁할 때 이름을 관찰사로 바꾸었다.

– 경차관(敬差官): 조선시대 중앙정부의 필요에 따라 특수임무를 띠고 지방에 파견된 관리. 경차관은 태종 때부터 그 임무가 늘어났다. 조세 기준을 정하는 임무를 띤다.

❀ 태종의 중수비

군(郡) 남쪽 15 리(里)쯤에 대제(大堤)가 있는데 벽골(碧骨)이라 부른다. 이는 옛사람이 김제 고호(古號)를 따서 부른 것인데 군의 이름도 이 제(堤)가 있기 때문에 지어진 것이다. 제장(堤長)은 60,843척(尺), 제내(堤內)의 둘레는 77,406보(步), 다섯 개의 수로가 개통되면 9,840결(結) 95짐(卜: 짐바리란 뜻으로 負와 同)의 논에 관계한다고 고적(古籍)에 기재되어 있다.

제1수로는 수여거(水餘渠)라 하는데 한줄기 수로로 만경현의 남쪽에 이르고, 둘째는 장생거(長生渠)라 하는데 두 줄기 수로를 거쳐 만경현 서쪽에 이르러 부윤(富潤)현의 용수원이 되고, 제3수로는 중심거(中心渠)라 하는데 한줄기 수로를 통하여 고부 북방 부녕(扶寧)

동쪽에 이른다. 제4수로는 경장거(經藏渠)라 하고 제5수로는 유통거(流通渠)라 하는데, 모두 한줄기 수로를 거쳐 인의현(仁義縣) 서쪽으로 유입(流入)된다.

다섯 개의 수로가 관개(灌漑)하는 토지는 모두 비옥한데 이 저수지 때문이다. 이 저수지는 백제 신라 시대부터 농민들이 몽리의 혜택을 입었다. 고려 현종(顯宗) 때(1009~1031) 옛 모습대로 보수하였고, 인종(仁宗) 21년(서기 1148)에 또 증수(增修) 복원하였는데 마침내 폐기되니 알 만한 사람들은 이를 한탄하였다. 하늘이 내게 이르기를 성군(聖君)이란 도리를 잘 헤아려서 때를 놓치지 않도록 모두 힘을 다하는 것이다.

이에 대신들에게 명하여 사방을 순시케 하여 제방을 정비하고 관개를 소통(疏通)케 하였는데 을미(乙未)년 봄에는 판상주사(判尙州事) 이발(李發)을 도안무사(都安撫使)에 임명하였다. 이공이 처음 벽골제에 이르러 보수하려고 하였으나, 일이 번잡하여 이루지 못하였는데 도관찰출척사(都觀察黜陟士) 박습(朴習)이 경차관(敬差官) 박희중(朴熙中) 등과 더불어 현장에 임하여 공사의 난이(難易)를 살피고 그 본말을 자세하게 상주(上奏)하여 드디어 윤허를 얻었다. 이에 각 군 장정 1만여 명을 징발하고 간사(幹事) 300인을 두어 옥구진병마사(沃溝鎭兵馬使) 김훈(金訓), 지김제군사(知金堤郡事) 김방(金倣)으로 하여금 감독케 하니 이해 9월 갑인(20일)에 기공하여 10월 정축(13일)에 준공되었다.

제방 북쪽에는 태극포(太極浦)가 있어 조수의 파도가 거세고 남에는 양지교(楊枝橋)가 있어 웅덩이에 물이 고이므로 자고로 난공사라 하였다. 이제 먼저 태극포의 파도가 격심한 곳에 축제하여 그 기세를 죽이고 다음에 아름드리나무 둥치를 양지교의 물 고인 웅덩이 있는 곳에 세워 기둥에 보를 걸어 목책(木柵)을 만들고 다섯 군데를 떼어 흙으로 메꾸었다.

또, 제방이 무너진 곳에는 모두 흙을 올려 평탄하게 다졌고 제의 안팎에는 다섯 줄로 버드나무를 심어 그 기초를 튼튼하게 하였다. 제의 하광(下廣)은 70척(尺)이고 상광(上廣)은 30척에 높이는 17척이라, 거문(渠門)을 바라보면 마치 구롱(丘壟)과도 같았다. 장생, 중심, 경장의 3거문(渠門)은 옛 석주(石柱)대로 수리하였고 수여, 유통 두 거문은 할석(割石)으로 기초를 다지고 괴목(槐木)으로 기둥을 세웠다. 또 양쪽의 수문 기둥 홈이 파인 곳에는 괴목 판자를 가로지르고 안팎을 연환철색(連環鐵索: 쇠고리 줄)으로 판자를 들어 올림으로써 통수할 수 있도록 하였다.

거문의 너비는 무두 13척이며 석주의 높이는 15척 지하로 5척이 묻혀있고, 하면의 부석(敷石)은 철(鐵)을 녹여 부어 이를 고정시켰고, 수여, 유통의 2거문은 물살이 거친 곳이 아니지만 만약 이곳이 범람한다면 물이 새어 수안(水岸)을 만들 수 없으므로 거문마다 양방에 돌을 다져 기초를 만들고 위에는 괴판(槐板)으로 다리를 놓아 왕래할 수 있도록 하였다.

이는 공사의 대략(大略)이며, 때는 영락 13년이다.[30]

※ 공사감독을 맡았던 김방이란 사람이 있는데 지김제군사(知金堤郡事)
김방(金倣)은 전남 광산 출신으로, 벽골제 보수공사를 마친 뒤에 고향
으로 돌아가 광주시 계림동에 경양지(景陽池)라는 저수지를 만들었다.

❀ 송일중의 보수

　　　　　　　정부 차원의 보수공사 외에도 뜻있는 지방 호족
들의 성원으로 간헐적인 보수공사는 있었던 것 같다. 여산 송(宋)씨
문중에 송일중(宋日中)이란 사람이 있었는데, 확실한 연대는 불명이
나 어느 날 김제 벽골제의 둑이 무너져 전답이 물에 잠기자 관찰사,
수령들의 조력을 얻고 사재(私財)를 털어 이를 수리함으로써 백성들
이 농사를 짓도록 하였다. 송일중은 이 때문에 송공거(宋公渠)라는
별명이 붙었다 한다.

송일중은 1632년(인조 10)부터 1717년(숙종 43)까지 살았는데 김
제 출신으로 고려의 시중(侍中) 송례(宋禮)의 후손이며 벼슬은 82세
때 통정대부(通政大夫)에 이르고 1715년 용양위 부호군이 되었다.
서예의 대가로서 초서(草書), 예서(禮書), 대자(大字)에 뛰어나 숙종
과 청나라 강희제(康熙帝)의 찬탄을 받았던 인물로, 여산 송씨 문중
의 문헌에 기록되어 있다.[31]

⌘
—
존폐론

    조선 태종대에 중수한 후 5년이 되던 해에 벽골제는 다시 결궤의 운명을 맞게 된다. 그러나 몇 차례의 논쟁은 있었지만 이후 중앙정부 차원의 보수공사는 없었고 그러다 보니 제내(堤內) 모경(冒耕)이 확산되어 종내는 폐제되고 말았다. 조선왕조실록의 몇 군데에 존폐론(存廢論)의 기록이 있어 그 내용만 소개하고자 한다.

1. 세종대의 존폐론

    세종은 치수에도 많은 관심을 가지고 있었다. 만

경강 직강 공사도 세종 때에 있었다(세종 31년 11월). 의정부에서 호조의 공문에 근거하여 제의하기를 "만경현 부을전포(夫乙田捕: 夫乙은 불. 지금 火浦)의 바닷물이 구불구불 흐르기 때문에 그 고을의 토지 200여 결과 옥구현의 토지 100결이 바닷물에 뜯기어 경작이 불가능합니다. 만일 사람 1,000명을 5~6일간 동원하여 옥구 비파목의 땅 1,123자를 파서 바닷물을 곧게 흐르게 한다면 300여 결을 부쳐 먹을 수 있을 것이니 파게 해 주시기 바랍니다."라고 청하여 재가를 얻어 시행하였다. 그러나 벽골제 보수 문제에서는 쉽게 결론을 내리지 못했다. 조정 중신들의 의견도 엇갈렸지만 벽골제로 인하여 이따금 일어나는 농사 재해도 여러 차례 보아 왔기 때문에 이를 보수하는 데 쉽게 용단을 내리지 못했다.

제방 붕괴의 사고만 없다면 그의 몽리 혜택도 아주 크기 때문에 갈등이 더 심했던 것 같다. 사실 벽골제는 태종 15년에 중수된 지 만 2년 3개월만인 태종 18년 정월에 이미 누수 등으로 결궤의 위험에 봉착하고 있었다. 이때 우희열(禹希烈)은 다음과 같이 상서(上書)를 올렸다.[32]

"신이 근자에 전라도 김제군 벽골제를 보건데 사방주회(四方周回)는 2식(息: 1식은 30리)이 넘고 수문은 5개 처나 있어 대천(大川)과 같으므로 가이(可以) 만여경(萬餘頃)에 물을 댈 수 있으니 고인(古人)이 제언을 시축(始築)하고 수리를 일으킨 공은 심대합니다. 갑오년(乙未年의 誤) 수축 이후 제하의 광야는 화곡(禾穀)이 구름처럼 등장(登場)함을 볼 수 있습니다. 그러나 몇 곳의 연통(連筒)이 견실치 못하여(물이 새어 닿지 않으므로) 70여 경의 수전은 아직도 개간을 못하고 있음은 매우 아쉬운 일입니다. 바라건대 당시의 축조 당사자인 전 지김제군사(前知金堤郡事) 김방(金倣)을 기관수령(其官守令)과 더불어 연통과 수구(水口)의 결훼처(決毁處)에 보내어 튼튼하게 보수하도록 함이 어떠하겠습니까?"라고 의견을 제시했다. 태종은 이를 보고 박습에게 "벽골제는 경(卿)이 관찰사로 재임 시 수축한 게 아닌가?"라고 묻자 "제상(堤上)의 논밭이 수몰된 것이 많다 할지라도 제하의 몽리구역은 그 3배에 이릅니다. 그러나 근처의 주민들이 표(標)말만 획(劃)하였을 뿐 개간은 하지 않고 있습니다."라고 하자 태종은 탄식하며 "이러한 넓은 땅을 해를 거듭하면서도 개간치 않고 있으니 이제 영을 내려서 개간을 득(得)한다는 것은 민지명(民之命)이로다."라고 한탄하였다. 박습은 말하기를 "신이 당시 지김제군사 김방을 보내어 역사(役事)를 감독케 하였는데 민역을 힘들이지 않게 하고 능히 일을 성취하였습니다. 이는 가용(可用)할 만한 인물입니다."라고 김방을 추천하였다. 태종은 "그의 나이 얼마나 되는가?" 하자 박습은 "중년입니다."라고 대답하였다. 왕이 다시 "어디 출신인고?" 묻자, "광주(光州)인입니다. 김제군수 시(時) 관찰사 권진(權軫)이가 사소한 실수를 범했다 해서 파직시켰습니다."라고 박습이 대답하였다.

왕은 이어 "어느 출신(出身)인고?" 묻자 좌대언(左代言) 이명덕(李明德)이 나서서 "생원 진사(生員進士)를 거쳤습니다."라고 대답하였다. 태종은 "내가 듣기로 윤전(尹琠)의 아들 흥의(興義)도 쓸 만한 인물이니 이 두 사람의 이름을 적어 뒤에 서용(敍用)토록 하라."라고 말하고는 더 이상 두 사람에 대한 언급은 없었다. 각 도 수령에게 하명하기를 "문무관리의 말을 듣건대 제언(堤堰)을 파궤하여 물고기를 잡는 자들이 매우 많다 하는데 이는 무기강(無紀綱)한 잔열지인(殘劣之人)인 것이니 앞으로 이러한 일이 만일에라도 발생한다면 수령을 법에 따라 논죄(論罪)할 것이다."라고 말하였다. 하지만 태종은 더 이상 벽골제 보수를 하지 않았다.

다만 당시의 몽리제언(蒙利堤堰) 정책의 일단을 엿볼 수 있게 할 뿐이다. 세종 즉위년 무술(戊戌) 9월에도 판 청주목사(判淸州牧使) 우희열(禹希烈)이 다시 벽골제에 대하여 상계(上啓)하였다.[33]

"신이 일찍이 김제 벽골제를 본 적이 있습니다. 16척 길이의 석주(石柱)를 좌우에 대립시키고 목판으로 수문을 차장(遮障)하여 저수하였습니다. 세월이 오래되어 제안(堤岸)은 모두 무너졌지만 석주만은 홀연히 예와 같으니 옛사람의 백성을 위하는 깊은 뜻을 보는 것 같습니다. 오늘날 수령들은 임시방편(姑息之計)으로 당초의 축조를 불견실하게 했기 때문입니다.

이것이 허물어지고 훼손되자 모두 핑계를 대기를 "이 제언은 농민에게 이익이 적다."라고 말하니 "어찌 법을 받들어 백성을 돌보는 뜻이라 하겠습니까? 마땅히 법에 따라 논죄할 것을 바랍니다."라고 부실관리에 대한 책임을 물을 것을 주청하였다. 벽골제는 세종 2년 9월(1420)에 큰비로 인하여 제방이 결궤되어 제하의 수전(水

田) 2,098 결(結)이 손해를 입었는데 이에 대한 책임을 묻자는 것이었다.[34] 그런데도 세종 3년 정월에 전라도 관찰사 장윤화(張允和)는 상계하여 아예 이의 결궤를 논(論)하였다. "김제군 벽골제, 고부군 눌제(堤)가 결궤되어 고쳐 쌓자고 제의하니 풍년을 기다려서 수축하라는 하명이 있었습니다. 신이 이번에 순시하여 이해(利害)를 살펴보았습니다. 제언은 무너졌지만 물은 제내에 갇혀있어 아주 많은 양전(良田)이 침수되었습니다. 농사철에 당하여 크게 무너진다면 제하의 농부들은 모두 표몰(漂沒)되고 말 것입니다. 바라건대 뚝을 다시 크게 결궤하여 농민의 경종(耕種)을 들어주소서."라 하여 이제는 아주 벽골제를 파괴해 버릴 것을 건의한 것이다.[35]

세종은 의정부에 명하여 심의토록 하자 거의가 장윤화의 의견과 같았으므로 세종도 이에 따랐다. 이렇게 조정의 공론이 파괴하는 쪽으로 기울자 김제군 사람으로 당시 전라도 수군도절제사(水軍都節制使)였던 박초(朴礎)는 상왕(上王: 太宗)에게 상소를 올려 다음과 같이 논하였다. "김제군 벽골제는 신라 때부터 이미 축조된 것으로써 실로 동방의 거택(巨澤)입니다. 성상(聖上)께서는 정치에 힘쓰시고 백성의 이익을 돕고 해로움을 제(除)할 것을 바라셨습니다. 을미년(乙未年)에는 지김제군사 김방에 명하여 보수하는 것을 감독케 하니 겨우 2만여의 민력으로 20여 일이란 단시일 내에 완공을 보았습니다.

제하의 땅은 모두 비옥하여 공전(公田)의 수확만도 한해에 천곡

(千斛: 1斛은 10말)을 넘으니 군민의 양식 또한 부족함이 없습니다. 그런즉 벽골제의 이(利)점은 공사간(公私間)에 소상한 것입니다. 그런데 근래에 당국자(當局者)로서 제언 결궤의 죄를 얻을까 두려워하는 자가 있어 함부로 보수의 어려운 것만 내세우고 반드시 4만여 명의 많은 주민을 동원하여 5중(重)의 목책(木柵)을 설치해야만 완고하다고 하고 있습니다.

곧 풍년을 기다려 수축하라는 명이 내리자 당국자는 국론이 이처럼 급하지 않다는 생각으로 군수로 하여금 제안 파괴의 가부를 군민들에게 묻고 있습니다. 서민들은 겁을 먹고 관의 눈치를 보아 서로 수군대기를 "파결의 설문에 따르지 않으면 고역(苦役)을 치르게 될 것."이라 하여 몽리민들까지도 휩쓸려 곡종(曲從)하였습니다.

"만약 비가 내리게 되면 이 문을 열어 물을 빼고 가물면 이를 막아 저수하여 그 통하고 막는 방법을 얻으면 어찌 범람해서 제안을 분격(奮激)하거나 건조하여 농사를 망치는 등 염려할 바가 있겠습니까? 제의 완고함이나 물의 이해(利害)나 굳이 따진다면 감수자(監守者)의 현(賢), 불현(不賢) 여하에 있을 뿐입니다. 수축 당시에 있어서는 제의 상하와 토지의 기름지고 메마름과 전수(田數)의 다소를 따지고 그 민심의 호오(好惡)까지 살핀 연후에 취지를 자세하게 주청하여 이를 완성하였습니다. 비석을 세워 행적을 기록하는 까닭은 성대(聖代)의 백성을 위하여 농업에 대한 정치의 실적을 적어 천고(千古)에 명백하게 알리려는 데 있습니다.

겨우 1년쯤의 비로 갑자기 이를 파기하려 하니 그대로 둠으로써 백성에 해로울 건 무엇이며, 부숴서 이로울 건 또 무엇인지 신은 아직 감히 알 수가 없습니다. 제안의 형상이 위는 좁아 국도(國道)와 같고 밑은 넓어 구릉과 같으니 물이 제상(堤上)을 넘지 않는다면 제안이 결궤되는 피해는 결코 없는 것인바 어찌 급급하여 파제를 주장하는지, 이는 꼭 보축(補築)되어야 합니다.

또 고부의 눌제는 무술년(1418) 가을에 겨우 만 명을 동원하여 한 달만에 완성한 것입니다. 옛날의 정전(井田)제도에서처럼 10분의 1로 토지의 구획을 짓고 9결의 토지를 나누어 받는 개인들이 관청 몫의 1결을 함께 경작하게 하였습니다. 그 땅이 비옥하기 때문에 공적으로나 사적으로나 모두 풍족하여 그 이익 됨이 큰 것으로 돌을 세워 그 공적을 기록한 것이 역시 벽골제와 맞먹는 것입니다. 이제 불행하게도 비에 의하여 터지기는 했지만, 그것도 제방이 튼튼하지 못해서 그런 것이 아니라 관리하는 자가 물을 잘 소통시키지 못해서 그런 것입니다. 응당 책임질 자가 있음에도 불구하고 담당한 자는 도리어 제방이 적합하지 못한 까닭이라고 하면서 힘을 덜 들이고 터진 데를 보수할 좋은 방도는 생각지 아니하고 엉뚱한 생각을 내어 수만 명의 백성을 동원하여 예전 둑 아래의 넓은 들로 내려다가 둑을 쌓아서 아득한 벌판을 끌어넣으며 보안현(保安縣: 부안군 보안면 일대) 남쪽의 산과 들을 파서 도랑을 만들고 서쪽으로 금포 바다와 통하게 해야만 터지는 것을 면하게 되겠다고 하고 있습니다. 그런다고 제방이 무너질 근심이 없어지는 것인지 이 역시 알 수 없는 노릇입니다.

　만약에 이를 막으려고 하면 7~8백 명의 민역(民役)으로 고작 20일의 공사에 불과합니다. 신은(전라도 수군도절제사 의) 명을 받고 남으로 오는 길에 고부 눌제, 김제 벽골제의 제안을 지나치다 보니 눌제를 보결(補缺)하고 벽골제를 금훼(禁毁: 훼손을 막음) 하는 것이 참으로 금일의 급선무인 것을 깨달았습니다. 그렇지 않으면 제의 상하 양전(良田)은 모두 무용지물로 버려지고 말 것입니다. 엎드려 바라오니 전하께서 이를 채납하셨으면 심히 다행이겠습니다.”

　이처럼 장윤화의 파훼론과 정반대인 보수론이 상달되자 왕은 제조(諸曹)가 의논하도록 하였다.

　그러자 이조판서 허지(許遲)는 박초의 의견을 따를 것을 청하였다. 영의정 유정현(柳廷顯) 등 일동은 전자에 장윤화의 의견에 찬동한 체면이 있어서인지 모두 말하기를 “박초와 장윤화의 의견이 같지 않으니 마땅히 조정 관리를 파견하여 두 사람과 함께 심사하여 상문(上聞)토록 합시다. 그 전에 부평제언(富平堤堰)에도 호조(戶曹) 헌부관(憲府官)이 동심(同審)한 후에 수축한 일도 있소, 더욱더 이는 결훼되어 버린 것이니 지금 조신(朝臣)을 파견하더라도 심시(審視)하고 돌아올 때까지는 반드시 농사철이 되어버릴 것이기 때문에 마땅히 풍년을 기다렸다가 다시 축조하도록 합시다.”라고 구렁이 담넘어가는 식으로 어물쩍 넘겨 버리고 말았다.

이러한 소신 없는 조정 중신들에 비한다면 의연히 소신을 가지고 상관인 관찰사의 무사주의에 정면으로 도전하고 나선 박초의 고향 백성들을 위한 마음은 가상(嘉賞)할 바가 있다 하겠다.

그러나 결국은 보수도 하지 못하고 결훼 폐기처분도 내리지 못한 채 8년이란 세월이 흐르자 세종 10년 윤4월에 승정원에서 다음과 같은 전지가 내리게 되어 벽골제는 영원히 제구실을 못 하고 폐제되었다. "전라도 김제의 벽골제, 태인(泰仁)·고부 경계상의 이평(梨平), 부안의 동진포(東津浦), 고부의 눌제 등은 간혹 수재로 실농될 염려가 있으니 그 수재를 방지하는 조건과 수도(水道)의 옹색리(壅塞里)를 개결(開決: 무너뜨림)하는 것에 대하여 편리함과 불편함을 살펴들으라."[36] 결국, 안일무사주의 앞에 박초의 주장은 묵살되고 백성들이 애써 쌓아 놓은 벽골제, 눌제는 폐기 운명에 직면하게 된다.

❀ 벽골제와 박초

벽골제 보수에 관하여 많은 사람이 공을 세웠으나 그중 김제 출신은 박초 한 사람뿐이었다.

박초는 고려 공민왕 16년(1363)에 김제시 입석동(立石洞)에서 태어났다. 어려서는 포은 정몽주 문하생으로 학문을 닦았으며, 열다섯 살에 진사(進士)에 합격하여 태학(太學)에 입학하였다. 당시 나라에 불교가 성하여 종내는 그 지나침이 심하여 경국의 위기에 놓이

자 척불소수천언(斥佛疏數千言)을 써 나라에 올림으로써 그의 명성이 조야에 떨쳤다.

조선왕조에 이르러 태조 5년(1396) 문과에 급제하고 정종 1년(1399)에 중시(重試)에 합격하여 좌헌납(左獻納)을 거쳐 태종 3년(1403)에 수찬(修撰)으로 이조정랑(吏曹正郎)이 되고 사복시 첨정(司僕寺僉正), 사헌부 장령(司憲府掌令), 교서관 판교(校書館判校)를 지냈다.[37]

태종과 동갑으로 임금이 신하 28명을 모으니 박초는 10번째이었다.

박초가 벽골제를 보수하자고 상소를 올린 것은 세종 3년(1421)인데 상소문 말미에 "신이 수군도절제사로 임명받고 남쪽으로 내려오는 길에 두 제방의 둑을 지나보았습니다."라는 대목이 있는데 그때가 박초가 전라도 수군도절제사(水軍都節制使)로 임명받아 부임하는 길이었다. 당시 박초는 의주목사로 있었는데 동년 6월 1일에 서울로 돌아오라는 지시를 받았다(주: 태종실록 18년 6월 경진조의 기록을 보면 "의주목사 박초에게 서울로 돌아오라고 지시하였다. 이보다 앞서 사신을 호위하기 위하여 온 요동군사가 의주에 이르러 백성들의 집에 몰래 들어가 말을 바꾸다가 서로 다투었다. 초가 그것을 금지하고 요동군사가 가진 물건들을 빼앗으니 사신이 몹시 성을 내었다. 이때 형조에 지시하여 초에게 개인의 말을 타고 서울로 올라오라고 지시하였다. 이는 죄를 주려고 해서가 아니라 요동 도사나 사신에게 이 사실을 알리려고 하자는 것뿐이었다."라고 기록되어 있다.).

조정에서는 다음 날 박초를 전라도 수군도절제사, 임귀년을 의주목

판사로 임명하였다(태종실록 18년 6월 신사조). 공은 이어 병조참의로 전라좌군총제(全羅左軍摠制)와 도체찰사(都體察使), 조전절제사(助戰節制使)에 이어 우군총제(右軍摠制), 경상수군 안무처치사(慶尙水軍按撫處置使)를 제수한 후 세종 6년(1424)에는 중국에 진하사가 되었다.

세종 21년(1439)에는 이조판서 겸 예문관 대제학에 올랐고 이때 공은 성삼문, 신숙주, 정인지 등을 조정에 천거하기도 하였다. 공은 세종 초부터 벽골제 복원을 강력히 주장했으나, 당시 조정 신료들의 무사 안일한 풍조에 밀려 끝내 그 뜻을 이루지 못했다. 공은 80이 넘어 향리로 퇴거하여 흙집을 짓고 호를 토헌(土軒)이라 하고 성리학에 몰두하다 단종 2년(1454) 향년 87세로 생을 마쳤다. 묘소는 전북 완주군 이서면 은교리에 있으며, 김제시 입석동 남산에 1971년 5월에 박초의 후손들에 의해 지어진 벽제서원(碧堤書院)이 있다)

자료 제공: 박초 17대손 박돈식(朴敦植).

2. 현종대의 존폐론

『현종실록』제5권에 보면 "그전부터 황폐화되었던 도 안의 동뚝과 못들을 감사 이태연이 강조하여 수축하고 있으며 전주의 옥야벌과 익산의 춘포벌은 모두 메마른 땅이었는데 이번에 삼제의 큰 강 하류를 끌어들이고 있습니다. 동뚝을 든든히 쌓아서 물을 대게 되면 새로 얻는 토지가 자그마치 1,300여 결이나 됩니다. 점차 힘을 써서 물길을 째어 나가게 되면 임피와 옥구까지 50~60리 땅을 관개할 수 있을 것인데, 앞으로 그 혜택을 볼 토지가 만 섬지기 이하로 떨어지지 않을 것입니다. 두 고을의 백성들이 누구나 다 기뻐하고 있으며, 조세 수입도 앞으로 불어날 것이라고 합니다."라는 내용이 있다. 이것은 현종 3년 5월에 호남 흉년 구제 어사 이숙이 급보를 올린 요지이다.[38]

내용 중에 나오는 전라감사 이태연은 현종 2년(1661) 7월에 부임하여 그다음 해 11월까지 재임하는 동안 관내를 철저히 정비하고 보완하였는데 이때 벽골제 보수공사가 있었는지는 논란의 여지가 있다. 간원(諫院)에서 상계(上啓)하기를 "… 김제에는 제언저수처(堤堰貯水處)가 있어 이태연 감사가 새로 수축을 가하여 민전(民田)의 몽리(蒙利)가 심다(甚多)하였는데 …."라는 기록이 있다. 여기서는 제언 저수처란 말에 유념해야 한다. 당초 제방은 명금산에서 현재의 구암 잠관까지 1,800보였는데 원성왕 때 증축하여 60,843척이 된 것은 원평천 둑과 두월천 둑을 보강하여 언(堰)을 쌓았기 때문에 그 많은 길이가 된 것이다. 이 언은 구암잠관에서 시작하여 두월천의 상류 김제읍을 지나 황산면까지에 이른 것으로 추정된다. 제(堤)와 언(堰)이 합하여 만들어진 저수지는 벽골 제가 유일하다. 그래서 제언 저수처라는 말은 보통명사로 쓰이지만, 벽골제의 대명사가 되기도 했다. 다만 수리한 곳이 벽골제 제방이 아니고 원평천과 두월천 둑인 언이라고 보아야 한다. 왜냐하면, 제방으로써의 기능은 상실했다 할지도 소택식 저수지로써의 기능은 그대로 살아 있었기 때문이다.

현종실록 현종 3년 5월 경자조에 "… 김제 땅에 있는 큰 제방의 물을 잡아 두는 곳은 제방 아래 있는 토지들이 혜택을 입는 것이 매우 많은데 …." 한 기록을 보면 소택식 저수지로써의 기능은 계속해서 해 왔던 것이다.

세종 때 제방이 붕궤된 곳도 원평천을 가로막은 부분이고 그 부분이 붕궤되므로써 본래의 소택식 기능만 하게 된 것이다. 이태연 감사는 원평천 둑을 손보아 소택식 영농의 효과를 극대화한 것으로 보아야 한다.

세종 이후 벽골제, 눌제 등이 폐기되자 제내(堤內) 수몰지역이었던 고부, 태인, 김제, 금구(金溝) 등지의 전지(田地)를 서로 점용(占用)하려는 문제가 대두되었다. 이러한 사실은 현종 3년(1662) 5월 호조판서(戶曹判書) 정치화(鄭致和)의 거론으로 표면화된 것이다.[39] "태인, 고부 등지에 있는 여러 궁가(宮家)들에서, 비법적(非法的)으로 차지한 토지들은 양안(量案: 조세 부과를 목적으로 전지를 측량하여 만든 토지대장)에 임자 없는 토지로 등록된 땅이기는 하지만 그 뒤 백성들이 거의 다 갈아 일구어서 혹은 부자간에 물려주기도 하고 혹은 다른 사람에게 팔아넘기기도 한 것입니다. 그런데 하루아침에 궁가의 종이 공문을 가지고 와서 빼앗았습니다.

김제 땅에 있는 큰 제방의 물을 잡아 두는 곳은 제방 아래에 있는 백성들의 토지들이 혜택을 입는 것이 매우 많은데 궁가의 종이 인장을 가지고 와서 제방 안에 있는 땅들을 개간하고자 하고 있습니다. 제언(堤堰)을 수축하는 것에 관한 규정을 다시 강조하고 있는 이때 법을 무시하여 원망을 샀으니 죄를 다스리지 않을 수 없습니다. 제방을 막아 물을 잡아 둘 것을 다시 강조하는 규정을 정월 28일에 비준하여 내려보냈는데 궁가에서 떼어 받은 문서는 같은 달 15일 만들었습니다.

종전부터 제방 안은 설사 묵이는 한이 있더라도 궁가에서 당연히 절수(折受)할 수 없게 되어 있는 만큼 증명서를 발급한 것이 규정을 내려보내기 전에 있는 일이라 해서 그대로 덮어두기가 어려울 것 같습니다. 똑똑한 차사원을 특별히 배치하여 자세히 검열해서 보고하여 처리하게 할 것입니다." 하였다.

이에 대하여 임금이 하교(下敎)하기를 "규정을 내려보내기 전에 있는 일인데 다시 강조하는 때라고 말하는 것은 사실과 맞지 않는 것 같다. 글을 이미 통과시켜 놓고는 또 말하기를 여러 궁가들에 떼줄 수 없다고 하는 것은 앞뒤가 맞지 않으니 말을 종잡을 수 없다. 태인과 고부에 대한 것은 애당초 조사하여 보고하라는 지시를 내린 일도 없는데 이러니저러니 하는 것은 방자한 짓이 아닐 수 없다. 일을 통 종잡을 수 없다." 하며 반대하였다.

그러나 『개수실록』의 내용에는 태인, 고부의 전사(田事)만은 불윤(不允)하였으나 벽골제 내의 경작문제는 조사하여 품계를 올리도록 하였다. 이에 의하면 간원(諫院)에서 상계(上啓)하기를 "호남의 태인, 고부 양읍의 갑술양안(甲戌量案: 갑술년에 만든 토지대장)에서 무주지(無主地)로 등록된 곳이 후에 민인(民人)이 모두 이미 경작하여 부자가 상속하거나 타인에게 전매하여 오래도록 자기 소유가 된 것을 신생 공주(숙정공주와 숙안공주)의 궁노들이 호조 기관문서를 들고 와서 권세에 기대어 점탈하므로 원성이 적지 않습니다. 갑술양안에 무주지로 되었더라도 수십 년을 경작한 것을 어찌 일조에 빼앗을 수 있습니까? 김제는 제언(堤堰) 저수처가 있어 이태연 감사(李泰淵 監司)가 새로 수축을 가하여 민전의 몽리가 매우 많았는데 이 역시 궁가의 점탈한 바가 되어 제언을 수축하는 것에 대한 모든 규정을 명백하게 하는 이때 법을 무시하여 원망을 사고 있으니 놀라운 일입니다. 전라도 감사에 하령하여 궁노를 잡아들여 법에 따라 벌을 줄 것을 청합니다."라고 상소하였으나 왕은 듣지 않았다. 왕은 두 공주를 지나치게 편애한 것 같다.

사관(史官)은 이렇게 평하였다. "임금이 궁가 문제에 대하여 편중하는 병집을 버리지 못하기 때문에 조금이라도 저촉되는 말을 하게 되면 대뜸 온당치 않다는 지시를 내리곤 하였다. … 원두표는 임금과 인척 관계에 있고 자신이 정승으로 있는 만큼 한마디 말을 하면 임금의 의사를 돌려세울 수 있을 것이었다. 그런데 말하지 않았을 뿐 아니라 도리어 대간을 공박함으로써 임금이 대간을 멸시하는 폐단을 빚어내게 하였으니 정말 함께 임금을 섬길 만한 사람이 못 된다고 해야 할 것이다."

이와 같이 궁가(宮家)에서 수몰지에 대한 점탈이 자행되고 있는 가운데 벽골제의 존폐논쟁은 계속되었다. 동왕 7년 정월에 현종은 부제학 조복양(趙復陽)을 인견하고 "전일 부제학은 김제 제언 문제가 진달됨에 대신들과 상의할 것을 청한 바 있소. 오늘 우상이 입시하니 그와 의논하여 결정하기 바라오."라고 제안하자 "제언의 이해(利害)에 관해서는 우상이 자세히 알고 있습니다."라고 대답하였고 우상 허적(許積)은 말하기를 "신이 전라감사 재임 시 제언의 형세를 상세히 둘러보았습니다. 전라 우도(右道)는 천원 저수처(天源貯水處)가 없어 한재(旱災)를 만난다면 혹심한 피해를 입게 됩니다. 만약에 이 벽골제를 수축한다면 민(民)의 몽혜(蒙惠)는 클 것입니다. 헌데 제내에는 모경지민(冒耕之民)이 심히 많아 지금은 이미 생업을 이루고 있으므로 반드시 그들의 원망을 듣게 될 것입니다. 그러나 만일 이해를 가지고 참론(參論)한다면 이다(利多) 해소(害小)할 것입니다. 다만 이 제는 광활무비(廣活無比)하여 지금 이를 수축한다면 공역(功役)이 심히 거창(巨創)합니다. 그러므로 불가불 이는 본도 감사에게 하문한 연휴에 다시 의논함이 가합니다."라고 말하여 확고한 견해를 주장하지 못하였다.[40]

현종도 단안을 내리지 못하고 수축 여부의 이해관계를 감사에게 물어 속히 답변을 올리라 하고 제언사(堤堰司)에서는 낭청(郎廳)을 파견하여 이해의 대소와 공역(功役)의 다과(多寡)를 상찰(詳察)하고 돌아온 연휴에 품처(稟處)함이 가하다고 말하였으나, 이렇다 할 결단 없이 지나쳐 버렸다.

3. 숙종의 환발(渙發)

인조 12년에 작성된 갑술양안(토지대장)에는 제내 농지는 부재지주로 되어 있었다. 이를 기회로 이들에 대한 감관(監官)의 횡포는 날이 갈수록 심했다. 당시 금구현(金溝縣)의 일북면(一北面) 하서면(下西面) 초처면(草處面) 일대에 해마다 비가 조금만 많이 와도 수해를 당했는데, 특히 이 삼개면은 벽골제의 물이 흐르는 곳에 인접해 있어 왕래하는 다리가 있는데 비가 오면 이 다리가 자주 떠내려가 왕래가 어려워지고 물이 빠지기를 기다려야 했다. 그런데 관가에서 파견된 사감(司監)들이 다리를 가설한다는 명목으로 과도한 세금을 거두어들였다. 이러한 소식을 들은 숙종은 1680년 9월 3일 이들을 엄벌하고 다시는 이러한 폐단이 없도록 하라는 교지를 내렸다. 그러면서 이런 임금의 뜻을 "방방곡곡에 알리라."라는 임금의 뜻에 따라 같은 해 10월 1일 금구 현감이 이 전교 비를 세웠다. 금구 현감은 어의에 따라 감관을 내쫓고 이 전교비를 세워 백성들에게 알렸다. 이 공로로 다음 해인 신유년(辛酉年) 4월 3일 백성들이 전교비 옆에 금구 현감 이순익의 공적비를 세웠다.

전 교 비

임금님께서 전교하시기를 "각 고을에서 보(洑)나 제방 등에까지 세금을 거두어들여서 백성들에게 뼈에 사무치는 폐막(弊瘼)이 되거나 관에서 보낸 사감이라고 자칭하는 자들이 평민들을 밀어붙이고 빈민(貧民)들을 학대하는 일을 자행하는 경우가 있다는 소리를 근래에 들었다. 사정이 이 지경이라면 나라에 법과 기강이 있다고 할 수 있겠는가? 경술년(현종 11년 1670) 이후로 제언을 쌓은 것으로부터 세금을 거두는 곳에 대해서는 순영(巡營)에서 일일이 조사하라. 백성들이 원하는 것은 다 같을 것이지만 외방에 있으면서 비변사에 문서를 작성하여 보고하게 하고 이런 폐막을 모두 혁파한 뒤에 이런 뜻을 방방곡곡에 알리고 타일러서 백성들을 마음대로 해치는 폐단을 근절시키도록 하라." 하셨다. 대개 보와 제방으로부터 세(稅)를 거두는 일은 형세가 유리한 곳을 선점(先占)한 것에서 나온 것에 불과하므로 진실로 백성들이 원하는 것을 따라야 한다. 백성들이 이익이 있는 쪽으로 움직이는 것은 물이 위에서 아래로 흐르는 것과 같은 이치이다. 그 폐해가 제거되지 않으면 백성들의 저항은 성(城)만큼이나 견고하게 될 것이다. 이는 나라의 법전과 관계된 것이기도 하고, 또 여론을 막을 길이 없는 것이니 이를 어찌하면 좋단 말인가?

본 읍의 3개면 즉 일북면, 하서면, 초처면은 벽골제의 물이 돌아 흘러가는 곳으로 평지 하나가 길게 뻗어있는 3읍이 교착되어 있는 곳에 위치해 있다.

지세가 우묵하게 들어가 있을 뿐만 아니라 그 위에 포(浦)의 다리가 가로질러 버티고 있지만, 도랑에 물이 불어나는 계절이 되면 그 다리가 물에 빠지는 근심을 면키 어려웠다. 설사 이 포를 깊이 준설하고 이 다리를 늘 그렇게 주워 잇는다 하더라도 혹여 한 국자의 새는 물을 위한 것이거나 단지 조그마한 이익에 불과할 뿐이었다.

그런데 몇 년 전부터 사감이라고 일컫는 자들이 면리(面里)의 중론을 따르지 않고 몹시 큰 욕심을 채우려 하였다. 개울은 대충 뚫었다 하더라도 다리는 옛날 그대로 있어서 수해가 지난 일이 아닌 그대로인데도 구역을 딱딱 정하여 지세(地稅)를 부과하였으니 원성이 자자하고 폐단이 계속해서 발생하였다. 외람되게도 수령의 직을 맡고 있는 나로서는 남의 일로 생각하여 좌시할 수만은 없어서 사감이라고 하는 자들에게 거듭 명령하여 모두 물러나게 하였으니 얼마나 다행한 일인가?

경신년(1680) 9월 3일에 우리 성상께서 궁궐 만 리 밖에서 일어난 일을 밝히 보시고 하늘의 해처럼 이곳에 비추어 주셔서 열 개

항의 밝은 윤음을 내려 주셨으니 이는 때맞춘 비가 먼 물가에까지 크게 이른 것이라, 모든 구제를 받은 자들이 따사롭게 비추어 주시고 흠뻑 적셔주시는 이 은혜에 덩실덩실 춤추지 않을 이 누가 있겠는가? 이에 성상의 뜻을 받들고 백성들의 마음에 호소하여 얼굴을 맞대고 널리 깨우쳐 손수 절목을 써서 흰 돌에 새겨 푸른 들판에 세워 이것으로 천 년이 지나도 없어지지 않도록 할 계책을 도모하는 바이니, 만일 이후에 다시 이와 같은 사항을 범하는 자가 있다면 이것은 진실로 외방을 교화시켜도 뉘우치기 어려운 자로 볼 것이다. 그런 자는 백성들이 수령에게 고하고 수령은 감영에 고하며 감영에서는 다시 비변사(備邊司)에 아뢰어 법대로 처벌함으로써 허물 있는 자를 처벌하는 것이 우리 성상이 진휼하시는 성스러운 덕을 만에 하나라도 드날리는 일이 될 것이다.

숭정 기원후 경신 10월 초 1일
지현 신 이 순 익 이 교지를 받들어 삼가 발문을 쓰다.

도 유 사 신 최 상 만
일북면 유사 신 최 창 학
하서면 유사 신 최 형 준
초처면 유사 신 김 경 의
감   관   신 장 기 찬

傳敎碑

傳曰近聞各邑或有收稅及洑堰等處大爲生民切骨之瘼而自稱官差
司監者推堤平民恣行虐貧是可曰

國有法綱呼庚戌以後所收稅所築堰處自巡營一一查問然處外修報
籌司一倂革罷後亦以此意曉諭坊曲俾斷橫濫害民之弊盖洑堰之收稅
元占形便允從庶願惟利所在民歸之猶水就下其害不怯衆咈之成城彌
堅國典之所係輿情之莫遏顧何如哉本邑三面處於碧堤淮流之所一坪
延袤三邑交錯地勢旣窪汚浦橋且橫距每値渠漲之節未免沈墊之患
苟能深濬斯浦永掇斯橋則似或爲一勺之洩而不過是尺寸之利遽自年
來稱以司監不遵面里之議爲充溪墅之欲浦雖略穿橋則依舊匪今斯今
之水害自在從某至某之地稅勤執於是焉怨聲狼藉弊源麟生忝在字
牧之任未可以越視故所謂司監之類申今而齊退矣何幸
庚申九月初三日　洪惟我
聖上階前萬里之明見天日至照於覆盆除下十行之渙音時雨大行於
遐澨凡厥跼高蹐厚者孰不稻舞於煦濡之中也玆擎奉
聖旨率籲衆感面而布諭手成節目勒之白石堅之碧野所以歷千紀不
泯之計而若有日後之更犯寔是化外之難悛然則民告于官官報于營
自營而轉徹籌司以法從事繩愆糾謬豈非對揚我
聖上軫恤盛德之萬一也哉

崇禎紀元後庚申十月初一日

知縣 李 純 翼 奉教 謹跋

都 有 司 臣 崔 祥 萬

一北有司臣 崔 昌 鶴

下西有司臣 崔 衡 俊

草處有司臣 金 敬 義

監 官 臣 張 基 鄭

4. 정조대의 존폐론

정조 22년(1798) 6월 3일 을미(乙未) 차대(次對: 매월 여섯 차례씩 의정, 대간, 옥당(玉堂)들이 입시하여 중요한 정무를 상주하는 일)에서 정조는 대파(代播) 농작 문제에 언급하여 대파는 비단 모내기를 하지 못한 수전(水田)뿐만 아니라 구릉(丘陵) 불모지에도 가능한 여러 곳에 두루 파종하면 수전이 흉작이 되더라도 이를 보충할 수 있는 정책임을 강조하고 난 다음 벽골제에 관심을 표명하였다. "… 근래에 재해와 기근이 자주 계속되는 것은 수리대책을 강구하지 않는데 기인하는 것이다. 전라도의 벽골제를 더 파낸다면 이만한 가뭄은 걱정할 나위도 없겠는데, 지금은 모조리 메워서 그전 둘레를 거의 다 알아볼 수 없는 형편이라고 한다. 어찌 아쉬운 노릇이 아니겠는가? 이 벽골제는 12개 고을이나 뻗어 가로질러 있는데, '호서요, 호남이요' 하는 이름이 여기서 나온 것이다.

언제란 백성들의 이익을 위한 일인 만큼 백성들을 동원하여 그 일을 하는 것은 원래 응당한 것이다. 그런데 근래에는 민력(民力)을 동원하기가 매우 어렵게 되었다. 만일 사창(社倉)제도를 창설하여 백성들로 하여금 각각 비용을 저축시켜 언제를 축조하는 비용으로 쓴다면 편리할 것이다."라고 하여 민자로 보수해보는 것을 구상해보았다.[41]

이에 대하여 신하가 말하기를 "사창법은 죽은 정승 최흥원이 그전에 영남에서 실행했다고 합니다. 신의 선조도 지평에서 실행하였으나 지금은 벌써 폐지되었습니다. 성공하는가 폐지되는가 하는 것은 순전히 인재를 얻든가 얻지 못하는가에 달려있을 뿐입니다."라는 의견이 올라왔다. 결국, 벽골제 보수는 실현되지 못하였다. 해마다 동짓날이면 임금은 국정 전반에 대하여 훈시 겸 지시를 내리는 것이 관례로 되어 있었다. 이때에도 벽골제에 대한 간단한 언급이 있었다.

"대체로 관개를 통하여 농사 성과를 얻는 것은 더할 나위 없이 유리하다. 삽을 메고 도랑을 째여 억만 백성을 입히고 먹이는 문제는 옛날이나 지금이나 공통된 도리인데 어찌 백공으로 하여금 그 이익을 독차지하게 하겠는가? 벽골, 합덕, 공검 등 이미 만든 언제의 유리한 점으로 보아 그 나머지도 미루어 짐작할 수 있는 것이다."라 하여 각 저수지를 보수하여 많은 사람들이 관개의 혜택을 볼 수 있도록 배려하면서 동년 11월 30일 정조는 농사를 장려하고 농사에 관계되는 책을 구하는 지시문을 내려보냈다.[42]

"그런데 지금은 언제에 관한 정사를 오랫동안 내버려둔 결과 언제가 있던 자리를 불법으로 경작하는 일이 그치지 않고 있다. 호남의 벽골, 호서의 합덕, 영남의 공검, 관북의 칠리, 관동의 순지, 해서의 남지, 관서의 황지 같은 언제는 나라 안의 큰 언제로 불리건만, 터놓을 때 터놓지 않고 막아야 할 때 막지 않아 고여 있던 빗물이 마르기만 하면 해마다 흉년이 들고 있다. 지금의 큰 계책으로는 이미 있던 큰 언제에 먼저 손을 대는 것보다 더 앞서는 일이 없으며 그것을 통하여 온갖 일까지 골고루 하면서 여러 도로 하여금 각각 관할하고 있는 지역 안에서 모두 다 능력을 내게 한다면 정성과 힘을 들이는 것만큼 곧 성과가 나타날 것이다."라는 훈시를 내렸다.

이날 수십 통의 상소를 처리하였는데 복태진(卜台鎭)의 상소는 이러했다. "농사일에서 급선무는 물을 잘 이용하는 것이요. 수리의 효과에 있어서도 언제보다 더 중요한 것이 없습니다. 신이 일찍이 유형원의 수록(隨綠)을 읽었는데 이에 의하면 부안의 눌제, 임피의 벽골제, 익산(益山)의 황등제는 호남의 삼대제(三大堤)라 일컬어 오는데 처음 쌓을 때는 온 나라의 힘을 다하여 만들어 놓았으나 중간에 내버려두었습니다. 불과 몇 개 고을의 힘만 동원하여 그전대로 수리해 놓으면 노령 이북은 흉년을 영영 모르게 되고 호남의 바닷가 고을들은 가이 중국의 소주(蘇州), 항주(抗州)와 같은 수향(水鄕)과도 비길 만하다고 말했습니다.

근세에 나라의 정사를 논의한 선비들 가운데서 유형원이 으뜸인데 그의 말이 이와 같으니 세 언제(堰堤)의 이득은 말하지 않아도 알 수 있습니다. 바라 건데 이 분야에 능숙한 조정의 관리를 잘 골라 봄이 된 다음에 공사를 시작하고 굶주린 백성들을 엄밀히 뽑아 그 공사를 시키되 관청에서 먹여주어야 합니다. 그렇게 하면 보리를 추수할 때까지는 이 언제들도 거의 완성되고 백성들의 먹을 식량도 넉넉해질 것입니다."라고 주청하였다. 요즈음 말하는 취로사업(就勞事業)을 제안했던 것이다. 이와 같이 정조임금 때에도 몇 차례 거론되었으나 벽골제 보수는 실현되지 못하고 폐제되고 말았다.

⌘

—

벽골제의 규모

1. 제방의 길이

삼국사기의 기록에는 제방 길이가 1,800보(步)라는 것밖에 없고 삼국유사에는 제방 둘레와 몽리 면적 등이 기록되어 있는데, 결자가 많아 알아볼 수가 없다. 벽골제 규모에 관하여 자세하게 기록되어 있는 것은 조선 태종 15년에 세워진 중수비문뿐이다. 기술한 바와 같이 태종 중수비의 비명(碑銘)은 닳아 없어지고 단 한자의 흔적도 남아있지 않은데 신증동국여지승람에 그 내용이 담겨있어 얼마나 다행스런 일인지 모른다.

벽골제는 첫 번째 증축이 신라 38대 원성왕 때이고 두 번째가 고려 8대 현종 때이고 세 번째 중수가 고려 17대 인종 때이다.

삼국사기가 구 삼국사기를 기초로 하였음이 여러 문집에서 나타나고 있기 때문에 구 삼국사기를 참고해 보면 많은 도움이 되겠는데 불행하게도 그 서책이 전해 오지 않고 있다. 구 삼국사기도 고려 초에서 인종 이전에 만들어진 것이 분명 할진대 이때에는 지척(指尺)을 사용할 때이다. 지척은 신라 초부터 사용된 것으로 표준 양전척(標準 量田尺)으로 1지척은 19.423cm이다. 지척은 장정 가운뎃손가락 가운데 마디를 한치(一寸)로 하여 10치를 1자로 한 길이이다. 지척, 고구려 척, 주척은 거의 비슷한 길이로 종내는 20cm로 통일하여 사용해 왔다. 중국에서 도량형 단위 1보는 주척으로 6자이다[43](『한·중 도량형 제도사』, 박흥수 저, 『단위어 사전』, 박성호 저). 주척 1자는 20cm이니 1보는 120cm이다(『조선 농업사』, 장국종 저, 『한·중 도량형 제도사』). 이 제도는 주나라 때부터 만들어 저 잠시 조금씩 변화가 있었으나 청나라 때까지 거의 일관되게 시행되어온 제도이다.

진나라 시 황제는 중국 대륙을 통일하고 제도를 정비하였다. 진나라 조상은 순 임금 때 우(禹)를 도와 치수사업을 성공시킨 대비(大費)이다. 대비의 조상은 전욱인데, 전욱은 북방 신으로 중국의 천재(天宰) 중 여섯 번째 신이다. 시황제는 관리들의 복색을 모두 북을 상징하는 검은색으로 통일하고 황제는 항상 북쪽에 앉도록 했다. 그리고 모든 것을 6으로 통일하여 가마의 넓이를 주척 6자로 하고, 치관(豸冠)의 넓이를 6치, 황제를 태운 마차는 여섯 마리의 말이 끌도록 하였으며, 1보를 주척 6자로 통일하였다. 이 도량형 제도는 수 천 년을 이어 지금까지 내려왔다.

그런데도 지금까지 단위 1보를 당척 6자로 하여 최초의 벽골제 제방 길이를 3.3km로 계산해 왔다. 당척 1자는 30cm 이기 때문에 1,800보×자=10,800자×30cm=3.24km로 하여 약 3.3km로 말해오고 있었다. 이것은 중대한 오류이다. 이것을 주척으로 계산하면 1,800보×(6자×20cm)=2.158km로, 약 2.2km가 된다. 우리는 50여 년 동안 3.3km의 벽에 갇혀 실록이나 증보문헌비고 등의 기록들을 오류 또는 억지 논리로 풀어 가려는 우를 범해 왔다. 벽골제를 중수하기 전 전라도 관찰사 박습이 올린 벽골제 실태 보고서에 제방 길이를 7,196척이라 했는데 척을 단위로 하였기 때문에 당시에 사용한 명(明) 척 중 영조척(31.24cm)을 적용하면 2.248km가 되어 당초의 길이와 일치한다. 사사오입하면 2.2km라고 말할 수 있다. 이 길이는 보수하기 전 고려 인종 때 파제한 후 270년 동안 방치한 상태이므로 최초의 벽골제 길이와 일치한다. 명금산에서 원평천 남쪽에 있는 구암잠관까지를 상정할 수 있다.

보(步)를 주나라에서 처음 제정할 때는 주척 8자(160cm)로 하였으나, 진시황제가 6자(120cm)로 고쳤다. 아무리 보폭이 긴 사람도 160cm에는 못 미치기 때문이다. 한나라 초에 잠시 1보를 주척 6.4자(125cm)로 하였다가 곧 다시 주척 6자로 환원하여 오늘에까지

이어 오고 있다.

그렇다면 증보문헌비고에 기록된 제장 2,600보는 어찌 된 것인가? 이것을 주척으로 계산하면 2,600보×120cm= 3.12km가 된다. 증보문헌비고는 영조 때부터 기록된 것이어서 태종의 중수 이후의 길이라고 보아야 한다. 이때 원평천을 가로막았기 때문에 900m가 늘어난 것이다.

✿ 벽골제 남북 쪽 접점과 여수토의 위치

그렇다면 당초 벽골제는 어디서부터 어디까지인가가 문제이다. 태종 때 원평천을 가로지른 사실은 중수비에 기록되어 있다.

첫 번째는 태종 때 전라도 관찰사 박습이 공사를 진행하면서 상주하기를 "… 벽골제의 수문을 만드는 공사에 석공 세 명만 보내준다면 신이 본도 각 고을의 군정들을 모아 … 제를 쌓기 시작하겠습니다."(『태종실록』 15년 10월 14일) 하는 기록에서 나타난다. 이렇게하여 수여거(여수토)가 태종 때 증설된 것이다.

두 번째는 태종의 벽골제 중수비에 "먼저 태극포의 파도가 극심한 곳에 축제하여 그 기세를 죽이고 …."라는 기록을 보면 파도가 거세어 방파제를 먼저 축조하고 제방을 막은 것으로 보인다.

여수토(餘水吐)는 저수지의 안전을 위하여 만수위가 되면 남은 물

을 넘치도록 하는 시설로 토목공학 용어이다. 벽골제의 제방을 원
평천을 가로질러 연장해야 하기 때문에 수문 한 개가 더 필요했던
것이다. 중수 후에 제방 길이는 2,600보(문헌비고)로 늘어났다. 미터
법으로 환산하면 3.12km에 해당한다. 그렇다면 이제 벽골제의 남
쪽 접점과 북쪽 접점을 어디로 보아야 할 것인가?

허수열 교수가 주장하는 벽골제 북단의 지형과 수여거와 유통거의 위치 추정

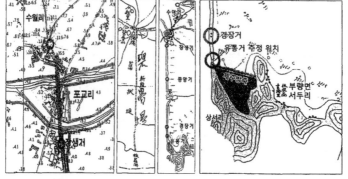

※ 주 : 가운데 그림의 경우 한자로 '水越里'로 표기되어 있다.
　　　 가운데 신용리도 '龍'이 들어가는 '新龍里'로 표기되어 있다.
※ 자료 : 국토지리정보원 1:5,000 수치지도, 도엽번호 35604095:MF 90-0741, 507쪽(東津
　　　 江水利組合豫定區域圖):MF90-0741, 518쪽(全羅北道碧骨堤內實測平面圖)

　유통거의 위치는 경장거와 벽골제 남쪽 제주 방죽 제방 접점 사
이에 존재한다. 이것은 누구나 어렵지 않게 예상할 수 있는 것인데
문제는 벽골제 북쪽 지점을 찾는 것이 더 중요하고 어렵다는 것이
다. 최초의 벽골제 모습도 남쪽 기점에서 알아보기가 용이하기 때
문에 남쪽 기점을 찾는 것은 여러 가지로 중요한 의미를 가진다. 충
남대학교 허수열 교수는 그의 저서 '일제 초기 조선의 농업'에서 유

통거의 위치를 표시하는 도면에 제주 방죽의 제방과 벽골제가 만나는 지점과 경장거 수문과의 사이에 있는 것으로 제시하고 있다. 이것은 토목공학상 의심의 여지가 없다.

북쪽 접점에 대하여는 허수열 교수는 그림과 같이 그동안 알려진 수월리가 아니고 그 앞마을 신덕리 뒤에 있는 덕산으로 확정하고 있다.

이 그림은 1925년 동진수리조합 인가 당시 그 신청서에 첨부된 '동진수리조합 예정구역도'이기 때문에 의심의 여지가 없는 도면이다.

『한국 땅이름 큰 사전』(한글학회발행)에는 벽골제가 붕괴되면 수월리가 제일 큰 피해를 입는다고 기록되어 있다. 저수지 제방이 붕괴되면 저수지 접점을 비롯하여 안쪽은 피해를 입지 않고 저수지 아래에 있는 지역이 많은 피해를 입는다는 것은 누구나 다 아는 상식이다. 이런 이유에서 필자는 마을 이름만 가지고 수월리를 북쪽 연결 지점이라 하는 데 동의하지 않는다. 수월리란 명칭은 어쩌다 큰 홍수가 났을 때 윗마을 물이 흘러 넘어가는 곳에 있는 마을에 부쳐진다.

그러므로 벽골제 수여거와 수월리 마을 명칭은 연관이 없다. 연관이 있다면 벽골제 상류에 있는 봉남면 월성동의 수월리는 어떻게 해석해야 할 것인가?

그리고 수월리라는 이름은 대부분 유서 깊은 마을이기 때문에 역사가 깊다. 봉남면 월성동의 수월리도 곽 씨 집성촌으로 오래된 마을이다. 벽골제 밑에 있는 수월리도 태종 이전부터 형성된 마을일 수도 있다.

이외에도 벽골제의 참모습을 찾기 위해서는 이번 발굴조사에서 마한 때 축조한 최초의 벽골제 규모를 밝히는 것이 가장 중요하고, 그다음이 수문제작 연도를 알아내는 일이다. 그 외 저수지의 둘레, 몽리 구역, 수문의 구조, 개폐방식 등 여러 가지 의문점들을 심도 있게 탐구 연구하여 벽골제의 참모습을 복원함으로써 조상들의 위업을 기려야 할 것이다. 그러기에 앞서 우리는 먼저 50여 년 동안 갇혀있는 철벽같은 고정 관념에서 벗어나야 한다.

2. 중수비에 기록된 제장과 둘레

그렇다면 중수비에 기록된 제장 60,843척, 제내 둘레 77,406보가 또 문제가 된다. "옛 문헌에 기록하기를(古籍) …." 이란 표현이 있는데 이것은 신라 원성왕 때 증축한 후의 규모이다.

벽골제 제방을 크게 증축하므로 인하여 원평천 제방의 보강은 필수였다. 그래서 벽골제 북쪽 끝인 구암잠관에서부터 김제시 백학동 두월천 상류까지 제방을 높이 쌓았고 제내를 가로질러 흐르는 원평천도 두월천과 합류하는 지점에서 차단한 것으로 보인다. 따라서 구암잠관에서 동쪽으로 50~100여 미터 지점에 유통거와 같은 여수토(餘水吐)가 있었을 것으로 추측할 수 있다. 벽골제의 규모로 보아서 그렇다.

최초의 길이는 물론 주척을 기준으로 해야 하고 신라 원성왕 때 잰 길이라 하더라도 1보는 주척 6자이다. 우리나라는 전통적으로 주척을 도량형의 기본단위로 사용해 왔음을 여러 측면에서 보여주고 있다. 불국사를 건축할 때 주척을 사용했고 백제 무령왕 능이 조성될 때 주척을 사용하였음이 확인되었다. 경복궁 옆에 있는 고궁 박물관에는 조선 시대 사용하던 표준척(약 20cm)이 전시되어 있다. 우리나라 각 박물관에는 대부분 주척이 보존되어 있다. 문헌비고 도량형조에도 주척을 기본단위로 하고 있다. 주척을 기준으로 할 때 제장은 12.16km(20cm×60,843척)인데 기존의 제방을 포함해서 두월천 상류까지의 길이라면 가능한 수치이다. 원성왕 때 제방을 크게 증축하면서 제 내 담수량이 많아지자 원평천 제방에 언(堰)을 높이 쌓은 것이다. 중국 사서에 보이는 최초의 언은 도강언(都江堰)이다. B.C. 251년경에 진(秦) 나라의 촉군(蜀郡) 군수 이빙(李氷)이 그의 아들을 데리고 사천성 민강(岷江)에 언을 쌓았는데 이것이 기록에 나타난 언의 최초이다. 이 언은 내강(內江)과 외강(外江)으로 분리하여 쌓았다. 내강은 관개용수(灌漑用水)로 주변 성도평원(成都平原)에 농업용수를 공급하고 외강은 홍수조절과 선박을 운행하는 해운용으로 활용했다.

원래 하천은 지표 아래로 흐르기 때문에 특히 상류 쪽 제방은 그리 높지 않은 것이 상식인데, 지금 남아있는 두월천 상류 쪽 제방은 필요 이상으로 높고 크다. 이것이 한때 저수지 둑이었음을 말해 준다.

다음은 저수지 둘레에 관한 문제이다.

박습이 태종 15년 8월에 올린 상계에는 저수지의 둘레를 1식(30

리: 12.6km)이라 했고 세종 초 2월에 우희열이 올린 상계에는 2식 (25.2km)이라 했다. 박습이 보고를 올린 때는 고려 인종 때 이후 방치된 상태인 데다, 농번기이기 때문에 수위가 최저인 상태를 헤아린 것이고 세종 때 우희열은 태종 때 중수한 후 농한기 만수위 시에 헤아린 것이기 때문에 차이가 난 것이다. 이 두 경우는 모두 담수된 물가를 잰 것이다. 여기서 잠시 당시 적용한 미터법을 상고해 보아야 한다. 1리(里)를 400m로 한 것은 일본강점기부터이다. 『증보 문헌비고』 91권 도량형 편에는 "1리는 주척 2,100(350보)척이고 30리는 1식, 1미터는 5자 …"라 했으니 1자는 20cm이므로 당시 미터법으로 환산하면 1리는 420m이다. 중국에서는 같은 시기에 1리를 360보로 하여 432m를 적용함으로써 우리나라보다 약간 길었다(正字通).

『증보 문헌비고』에는 '周80里'라 하였으니 이것은 만수위 때 물가를 잰 것으로 보인다. 이 수위에 달하면 수여거와 유통거의 수문이 넘치기 시작한다. 중수비문의 수치는 제 내 전술한 행정구역을 경계선으로 그 요철을 따라 잰 것이 아니고서는 그 해답을 찾을 수 없다.

인조 때 만든 갑술양안(토지대장)에는 제 내 상류 경작지 모두가 부재지주(不在地主)로 되어 있어 이것이 현종 때까지 내려온 기록이 있다(『현종실록』 3년 5월). 재내에서 경작하는 논은 모두 저수지에 포함된 땅이기 때문에 공유지로써 개인 소유가 될 수 없었던 것이다. 그러므로 저수지 둘레는 저수지에 속한 저수지 상류 국유지 논과 개인 소유로 등록된 논의 경계선을 따라 정할 수밖에 없다.

정읍시 감곡면 유정리를 기점으로 김제시 봉남면 용신리, 신응리, 평사리로 큰 원을 그려 대송리, 도장리를 거쳐 서정리를 지나면서 좁아지다, 양전동 복흥 부락에 이르러서는 병목처럼 좁아져 감곡면 유정리와 가까이 마주 보는 지형을 이룬다. 여기서부터 다시 봉황동 성서부락, 오정동 신응리, 강정리로 넓어지다가 난산리를 거쳐 김제시 백학동, 순동을 거치면서 다시 좁아진다. 이선을 요철을 따라 재어 본다면 중수 비에 기록된 수치와 비슷하지 않을까 생각된다.

동시에 저수지 둘레를 어림해 보는데 좋은 참고가 될 수 있다고 믿어지기 때문에 향토사학자 고두철 선생의 논문 중에서 저수지 주변 윤곽에 해당하는 부분을 옮겨 놓는다.

"벽골제로부터 동남간으로 약 6km 떨어진 지점에 정읍군 감곡면 오주리(五舟里)가 있는데 그 오주리는 '배가 들어온 곳'이라 하여 속칭 '배들이'라 불리고 10km쯤 떨어진 감곡면 방교리(芳橋里)에는 조락(潮落) 마을이 있어 '조수가 떨어지는 곳'이라는 뜻을 암시해 주고 있으며, 그 건너편에는 김제시 봉남면 용신리 내에 용지(龍池) 용문동(龍門洞)이 있고 동쪽으로 10km 떨어진 지점에는 봉남면 대송리 접주(接舟) 마을이 있어 '배가 닿는 곳'이라 하여 이러한 촌명(村名)이 불렸다고 하며 그 이웃에는 봉남면 내광리 내주평(內舟坪)이 있다.

이 밖에 재미있는 설화로는 동북으로 8km쯤 떨어진 황산(凰山) 기슭에서 만수위가 되면 낚시를 즐기고 손발을 씻었다고 하며 갯다리(浦橋)로부터 김제시 검산동(劍山洞: 소검산)까지 소금배가 드나들었다는 이야기도 전한다. 따라서 위에 열거한 모든 마을과 지명이 벽골제가 만수위에 달했을 때의 호안(湖岸) 마을이라는 점을 고려한다면 벽골제의 수위는 대개 짐작하고도 남음이 있을 것이다.

이러한 사실을 근거로 하여 벽골제의 둘레를 측정해 보면 동남방으로는 지금의 정읍시 감곡면 소재지에서 초처 초등학교에 이르는 도로까지, 동북으로는 김제시 신월동, 용동, 검산동 앞들을 지나 황산면 소재지에서 김제시 백학동 진관(津寬) 마을을 잇는 선까지 저수되었다고 볼 수 있다." 했다.

이 엄청나게 길고 요철이 심한 저수지 둘레를 당시의 기술로는 측량이 불가능했다. 그래서 사람이 직접 걸어서 걸음으로 환산했을 가능성이 크다. 본래 1보(步)는 한쪽 발이 한번 이동한 거리로 행보로는 두 걸음이다. 154,812걸음이 나왔을 때 그 2분의 1인 77,406보로 환산할 수 있다. 이것을 미터법으로 환산하면 93km가 나온다. 하지만 이 수치는 큰 의미가 없다. 보행자의 보폭에 따라 수치도 달라질 수 있기 때문이다.

3. 제방의 크기와 수문의 구조

중수비에는 '하광 70척 상광 30척 고 17척'으로 되어 있다. 실록에 나오는 광(廣) 50척은 상광인지 하광인지 분명하지 않으나 하광으로 보는 것이 타당한데 중수비와 상당한 차이를 보이고 있다.

태종대의 보수에는 역시 토목공사에 사용하는 명나라의 영조척(營造尺: 31.24cm)을 기준으로 한 것이라고 보아야 한다.

이미 설명한 바와 같이 조선 시대에 들어와서는 아예 당척은 사용하지 않았으며, 영조척은 조선 초에 명나라에서 도입된 것으로 건축공사나 토목공사에는 전부 영조척을 사용하였다. 명나라의 영조척으로 계산하면 벽골제의 '하광 21.86m, 상광 9.37m, 높이 5.31m'가 나온다.

거문의 넓이는 5개가 모두 13척으로 4.06m(13척×31.24)이고, 석주의 높이는 지상 15척으로 468.6cm(15척×31.24cm)인데, 지하로 5척이 묻혀있다 했으니 156.2cm(5척×31.24cm)가 지하에 묻힌 것이다. 수문턱에서 석주 끝까지의 길이는 312.4cm(10척×31.24cm)가 된다. 1975년 2월 충남대 윤무병 교수팀이 장생거 문과 경장거 문을 발굴·조사했는데 수문의 석주와 석주 사이의 길이가 420cm로 실측되었다. 그 후 2012년 3월 전북 문화재 연구원에서 중심거 수문을 발굴 조사했는데 수문 석주 간격이 앞의 두 수문과 같은 길이로 실측되었다. 수문 석주 간격은 벽골제 유적 중에서 당시 사용했던 영조척의 길이를 알 수 있는 유일한 단서이다. 그런데 실측값은 당시 사용했던 명 척으로 환산한 값보다 14cm가 길다. 이것은 석주의 이어진 부분의 수마 상태나 이완 정도를 감안하면 대명척을 사용했음이 거의 확실하다. 대명척으로 환산한 수치와 실측치 사이에 약 14cm(420~406cm) 차이가 나므로 한쪽에 7cm 정도 마모 또는 이완되었다고 보는 것이다.

4. 만수위와 사수위(死水位)

　　　　　만수위는 저수 용량의 최대 수위를 말하고, 사수위는 수문 턱을 넘지 못하는 최저 수위를 말한다. 그래서 만수위는 여수토의 문턱 높이와 일치하고 사수위는 용수로(장생거, 중심거, 경장거)의 수문 문턱 높이와 일치한다. 만수위는 수여거 여수토와 유통거 여수토의 유구가 남아 있지 않기 때문에 정확하게 알기 어려우나, 사수위는 태종의 중수비문만으로도 알 수 있다. 비문에 제방 높이 17척, 석주 높이 15척인데, 석주는 지하로 5척이 묻혀있다 했으니 지상높이는 10척이다. 석주 위 끝이 제방 상면부와 일치한다면 문턱에서 제방 높이도 10자이다. 결국, 문턱에서 제방 저변까지 7척이므로 명척으로 환산하면 사수위는 218cm(31.24cm×7척)이다. 제방 밑은 상당이 깊었다는 것을 알 수 있다.

　그 외에도 동원된 인력이라든가 제방에 쌓은 토사량 등을 산출해 보려는 연구자들도 있으나 주어진 일정한 조건을 전제로 하지 않는 한 파악이 어렵다.

제방의 총 체적(總 體積)을 계산하는 것은 어렵지 않으나 이것을 계산하여 동원인력을 산출해 보는 것은 큰 의미가 없다.

노력 동원은 토사의 운반 거리에 따라 다를 뿐 아니라 오늘날의 벽골제 제방이 처음부터 같은 크기로 축제된 것이 아니고 시축 후에 신라 원성왕 때 증축(增築) 공사를 7주의 백성들을 동원하여 대대적으로 한 후 고려 현종 때 보수, 인종 때 증수(增修), 그리고 조선 태종 때 거국적인 제방 보수공사를 실시하는 등 지금의 벽골제는 여러 차례의 증축 단계를 걸친 결과이기 때문이다.

❀ 도량형의 역사 개요

벽골제의 규모에 대하여 문헌마다 수치가 다르게 나타나고 있어 이에 대한 적용 척도(尺度)를 파악하기 위하여서는 잠시 우리나라 도량형의 발전과정을 살펴볼 필요가 있다. 우리나라는 옛날부터 중국과의 교류가 다방면으로 이루어져 왔으므로 중국의 제도와 무관할 수는 없다.

중국에서 최초로 계량법(計量法)을 사용한 것은 황제(黃帝) 때로 알려졌는데 한서 율력지(律歷志)에 황제가 영윤(伶倫)을 시켜 곤윤산(崑崙山) 해곡죽(嶰谷竹)을 꺾어 12 음율관(音律菅)을 만들게 하였다는 데에 근거를 둔 것으로 믿어지며 통일된 도량형 제도의 실시는 순전(舜典)에 「乃同律度量衡」이란 기록에 근거 하여 순임금 때부터로 보고 있다. 동율도량형 제도는 표준척(標準尺) 제정(制定)의 기본원칙으로 전수(傳受)되어 왔다.

척도의 제도적 기준은 악기의 제조에서부터 시작된 것이다. 최초의 악기는 속이 빈 대나무를 주로 이용하였는데, 같은 악기를 여러 개 만들기 위하여서는 길이나 굵기 그리고 구멍과 구멍의 간격 등이 일정하여야 하며, 그러기 위하여서는 일정한 기준을 설정하지 않을 수가 없었다.

그렇지 않으면 만드는 악기마다 전혀 다른 소리를 내기 때문이다. 그 후 통일된 도량형 제도는 주공 6년(周公六年) 기(記)에 제례작악반도량(制禮作樂頒渡量)이라는 기준척을 주의 관척(官尺)으로 제정하면서 그 길이를 임황종지장(林黃鍾之長: 악기의 이름)과 정확하게 일치되는 19.469㎝로 정하였다. 주(周)나라도 순 임금의 동율 도량형 제도라는 전래(傳來) 고법(古法)을 따른 것으로 보인다.

중국의 유흠(劉歆)은 이러한 율척(律尺)의 제작법을 길이는 19.469cm로 하고 굵기는 거서중자(秬黍中者: 검은 기장알 중 중간크기)의 알맹이를 기준으로 하여 황종율관(黃鍾律管) 속에 채웠을 때 그 알맹이 수가 1,200알이 되어야 이때의 황종율관이 내는 소리가 순제악(舜帝樂)의 황종음(黃鍾音)이 된다고 했다.

그래서 악기를 재는 자(尺)를 황종률 척이라 한다.

량형(量衡)의 시발은 길이를 표준으로 하여 정해졌으므로 도량형이라 하는데 도(度)를 기준으로 하여 제정된 것이 '제도(制度)'이지만 여기에는 양형까지를 포함하는 개념이다. 바꾸어 말하면 제도의 정비는 도량형의 정비를 뜻한다는 말이다.

비단 악기뿐만 아니라 그릇이나 농기구 기타 제기(祭器)나 생활도구에 이르기까지도 표준이 되는 어떤 기준에 의하지 않고서는 농경이라든가 조세 문제 등의 통치 기반을 확립하기가 어려웠을 것이다. 그러나 도량형의 표준이 되는 기준은 곡식 외에도 다른 것을 설정하기도 했다. 사마천의 『사기』 하본기(夏本紀)에서는 길이의 표준을 인체(人體)에 기준을 두고 정한 바도 있다.

장년 남자의 손을 기준으로 하여 가운뎃손가락 가운데 마디를 일촌(一寸)으로 하고 네 손가락을 붙여서 폈을 때의 사지폭(四指幅)을 일부(一扶)로, 십지 폭이나 한 뼘 길이를 일척(一尺)으로 하는 척도 기준을 지척(指尺)이라 하였다.

그리고 양팔을 벌렸을 때의 양 손가락 끝과 끝 사이의 길이를 1발(一尋)이라 하고 보행시의 한쪽 발이 한 번 움직인 거리를 1보(步)라 하였으며 장년 남자의 양손을 모아서 곡물 같은 것을 담았을 때 그 곡물 부피를 1국(一掬: 升)이라 하였다. 이렇게 원시적인 방법으로 정해진 도량형 기준이 여러 왕조를 거치면서 변화되고 발전되어 왔다.

영조척은 29.706cm이었는데 그 후 제도가 문란해지면서 1자가 30cm를 넘게 되었다. 영조척은 건축이나 토목공사에 사용되는 표준 자(尺)이다.

당의 초기에는 수(隋)의 문제(文帝)의 표준 도량형 제도를 그대로 적용해오다가 당척을 정비한 것은 지덕(至德: 당의 肅宗대 서기 756~8까지의 연호) 원년(元年)에 표준 양기척(量器尺)으로 29.576㎝를 확정한 바 있다.

대력(大歷) 11년(776)에 양기척은 30.38㎝가 되었는데 이때부터 신 양기척이 관척(官尺)으로 사용되었을 가능성이 크며 30㎝ 이상의 길이의 척도는 이때부터 생기게 되었던 것으로 생각된다.

통치력이 약화되면서 가장 먼저 문란해지는 것이 도량형의 표준이다. 당대종(代宗: 연호 大歷 773년) 11년 이후 30㎝를 넘기 시작하여 결국 당척은 31.35㎝까지 길어졌다(일본 白鶴 미술관 소장)

예기왕제편(禮記王制篇)에 보면 옛날에는 1보의 길이를 주척 8척으로 했으나 진(秦)나라 상앙(商鞅) 때부터 주척 6尺 4寸이 되었으며 진시왕 26년에는 주척 6척으로 정했다.

다시 한고조 때 주척 5척을 1보로 고쳤으나 당대에는 다시 1보를 주척 6척으로 했다. 여기에서 주목할 점은 당대에서도 1보를 6척으로 한 것은 주척을 기준으로 한 점이다.

우리나라의 도량형 제도는 고조선 때부터 있었는데 농경 생활이 발달함에 따라 우선 곡물의 양을 측정할 수 있는 일정한 단위가 필요하게 되었다. 우리 조상들도 장농부(將農夫) 손을 기준으로 하여 십지폭(十指幅)의 길이를 길이의 표준으로 하고, 용적은 건장한 농부의 양손을 모아 담은 곡물의 양을 부피의 표준으로 하여 한 되라 했다.

우리나라에서 옛날부터 장년 남자의 열 손가락을 길이의 표준으로 사용하였던 지척 제도는 삼국시대를 거쳐 신라 말기까지 계속하여 실시되고 있었던 양전법이었다. 그래서 지척은 우리나라 고유의 양전법이다.

중국에서 밝혀진 옛 주척의 길이는 19.54cm이었는데 이것이 진시황 26년에 와서는 그 길이가 더 늘어나 20.152cm로 되었으며 한나라 혜제(惠帝) 초에는 20.158cm로 되었다.

이에 비하여 세종 때의 기록에 의하면 고려 문종 때부터 제정되어 전해 오고 있던 30지(指: 장년 손가락 30개) 길이의 하전척(下田尺)이 세종 주척으로는 2척 8촌이 되었다 하였으니 여기서 계산된 10지폭의 지척 길이는 19.41cm가 되어 주나라의 주척보다는 더 짧았다.

하지만 이것은 중국 고대의 도량형 제도와 거의 일치하고 있어 상고 시대부터 비슷한 문화권을 형성하고 있었던 것으로 볼 수 있다. 중국 상고인들이 평상시에 사용했던 지척은 전술한 바와 같이 19.469cm, 우리나라 고대인들이 사용했던 지척 길이는 19.43cm로 밝혀졌다. 두 나라 원시 농경사회에서 이 정도 차이는 거의 비슷한 것으로 볼 수 있어 대부분이 20cm로 통일하여 사용해오고 있다.

우리나라에서는 고조선 시대부터 결부속파법(結負束把法)을 사용하였다. 구체적으로 표시하면 길이는 일지(一指)를 기준으로 하여 십지(十指: 19.43cm)를 1자로 정하고, 땅 넓이는 기준 한 줌(一把)을 사방 64지(1.5463㎡)로 하여, 한 단(一束)은 10줌, 한 짐(一負)은 100줌(10단), 한 결(一結)은 100짐(154.63㎡)으로 하였다.

사용은 그 전부터 했을지라도 결부속파(結負束把)란 단위명(單位名)은 결국 고구려인에 의하여 제정되었다고 보아야 한다.

백제에서는 초기의 묘지척(墓地尺)은 순제척(舜帝尺)으로 한(漢)대의 관척(官尺)인 왕망척(王莽尺)이 사용되어왔으나 무녕(武寧)왕릉에서는 주척(周尺)이 사용되었음이 확인되었다. 그러나 양전법(量田法)은 고구려나 신라에서와 마찬가지로 결부속파법이 사용된 것으로 보이며, 백제에서는 전래된 기전척 외에 지척(指尺)과 주척(周尺)이 병행된 것으로 보인다. 지척과 주척은 크기가 비슷하여 편의상 같이 사용되기도 했다.

신라 시대의 도량형 제도도 단군 조선 시대부터 실시되어 온 결부속파법이 통일신라를 거쳐 고려조로 전해졌으며, 기자에 의하여 통일 실시된 표준 양기척도 삼국과 통일신라를 거쳐 고려와 세종 때까지 전해졌다.

신라에서 당의 도량형이 도입된 것은 문무왕 21년(680) 전후한 시기로 본다. 이때 도입된 것은 당의 양기척(量器尺: 그릇 만들 때 사용하는 자)으로, 모두 29.592cm이었고, 영조척(營造尺)은 29.706cm이었다.

그러나 신라 시대의 사찰이나 왕릉에서 주척이 사용된 것이 여러 곳에서 확인되었다. 위와 같은 3국의 도량형 제도는 고려 문종 대까지 이어진다.

토지를 3등급으로 나누어 조세를 부과하기 시작한 것은 고려 문종 때부터이다. 처음 실시한 문종 23년에는 상전 1결은 1,998.9평,

중전이 3,136.5평, 하전이 4,529.2평으로 책정되어 조선 태종대까지 337년 동안 이 제도를 유지해 왔다. 태종대에 책정된 평수보다 약 200에서 500평의 여유를 준 것이다(별표 참조). 결국, 고려 때보다도 조선 태종 5년부터 조세 기준이 한층 강화된 셈이다.

문종대의 변화와 그 이후의 변천 과정은 별표의 비교표를 참조하면 이해가 더 빠를 것 같다.

조선 시대 양전법의 적용 단위 변화를 보면 세종 19년에서 인조 11년까지는 주척(周尺: 20.81㎝)을 사용하였고, 인조 12년부터는 갑술양전주척(甲戌量田周尺: 21.79㎝)을 사용하였다.

특히 태종 5년부터는 표준 양전척으로 정한 지척(19.423㎝)을 폐지하고 3등급의 양전척만 사용하였다. 포백척(布帛尺: 46.73㎝)은 세종 26년 이후부터 사용하였다.

우리나라 최초의 표준 척도는 중국, 은(殷)나라에서 도입된 기전척(箕田尺)이라 할 수 있는데, 그것이 바로 고구려 척이다.

나당연합군이 고구려, 백제를 멸망시킨 후에는 당나라에서 당대척(唐大尺)과 주척(周尺)이 도입되어 기전척과 같이 통용되었으나, 신라 말과 고려 초에는 지척으로 통일하였고 조선 시대부터는 명나라의 영조척(營造尺: 31.24㎝)이 도입되어 일찍부터 전래된 주척과 함께 사용되었으며, 오랫동안 전통 표준이었던 기전척은 물론 당대척도 사용되지 않게 되었다.

포백척은 민가에서 오래전부터 사용되어 왔으나 지역마다 그 길이가 다르고 심지어는 집집이 길이가 달라 통일되지 못하였는데, 세종 13년에 경시서(京市署: 조세부과기준이나 도량형을 관장하는 기관)에서 포백척의 표준척(46.73㎝)을 만들어 보급하였고, 주척과 함께 양전척의 표준척으로 사용한 것은 세종 26년부터이다.

이상에 열거한 자들은 처음부터 눈금이 새겨진 것이 아니고 발굴된 유물들을 대개 현재의 미터 자로 재어 얻어진 수치이므로 유물마다 미세한 차이가 난다.

황종률척 19.469cm, 주척 19.54cm, 지척(고구려척) 19.54cm 모두 20cm에 가까우므로 문헌 비고에서는 5자를 1m로 삼았다. 건축공사나 토목공사에는 대명척(31.24cm)이라는 자를 따로 썼다.

1874년에 프랑스가 주관하여 전 세계의 도량형 제도를 미터법으로 통일하였다. 대한제국(大韓帝國)에서는 국제조류에 동참하고자 1902년 국내부에 평식원(平式院)을 설치하고 이 미터법을 도입하였는데, 이 평식원은 1904년 농상공부에 편입되었다.

프랑스가 주관하여 전 세계의 도량형 제도를 미터법으로 통일한 것은 1669년 프랑스 천문학자 장파가르가 세계최초로, 지구의 지름 값을 알아냈기 때문이다.

※ 문헌비고 91권 도량형

六尺 爲一步 十尺 爲一間 一百尺 爲一鏈

二千 一百尺 爲一里 三十里 爲一息

泰西 米突 則 一米突 準我五尺

여섯 자는 일보라 하고 열 자는 일간이라 한다.

일백 척은 일연이라 하고 이천 일백 척은 일 리(420미터)이다.

삼십 리는 일 식이라 하고, 서양 미터, 즉 일 미터는 우리나라 5

자에 준한다.

▽ 조선 시대 척도표[44]

자 종 류	세종 때 척도		경국대전 척도		영조16년 척도(cm)	순조20년 척도(cm)
	황 종 척 단위(寸)	미터단위 (m)	황 종 척 단위(寸)	미터단위 (m)		
황 종 척	10.0000	34.72	10.00	34.72	−	34.74
주 척	5.9929	20.81	6.06	21.04	20.83	20.81
영 조 척	8.9969	31.24	8.99	31.21	31.25	−
조 례 기 척	8.2496	28.64	8.23	28.57	28.41	−
포 백 척	13.460	46.73	13.48	46.80	46.73	46.73
횡 서 척	7.6046	26.40	−	−	26.28	−
종 서 척	7.7064	26.76	−	−	27.17	−
일 등 양 전 척	28.6161	99.36	28.9365	100.47		−
갑 술 양 전 척	29.9619	104.03	−	−		104.03
갑술양전주척	6.2748	21.79	−	−		21.79
황 종 률 관 장	9.0000	31.25	−	−	31.25	−

단위어사전 705~708P

항	신라·고려 초기	문종 23년 이후		공양왕 원년	태종5년	세종10년
		기 록	실 제			
標準量田尺	指尺 (19.423cm)	量田尺	指尺 (19.423cm)	指尺 (19.423cm) (또는 量田尺)	量田尺	量田尺
量田尺 상	-	30指	3척 =58.270cm	30指 =58.27cm	30指 =58.27cm	30指 =58.27cm
量田尺 중	-	25指	2尺5寸 =48.558cm	25指 =48.49cm	25指 =48.49cm	25指 =48.49cm
量田尺 하		20指	2尺 =38.846cm	20指 =38.71cm	20指 =38.71cm	20指 =38.71cm
1보(步)	6尺4寸 124.31cm	6尺	6尺1寸 (量田尺)	6尺	6尺	6尺
1부(負)	方64尺 =4069尺² =154.5m² =46.7坪	-	方21尺 (3.5步) =441尺²	方3步3尺 =441尺²	方3步1尺 8寸 =392尺²	方3步3尺 441尺²
1결(結)	方100步= 15452.2m² =4674.3坪	方33步 =1089步² =39204尺²	方35步 =44100尺²	方33步 =39204尺² (實際=44100尺²)	方33步 =39204尺²	方35步 =44100尺²
상전(上田)1결	-	5915.9m² =1789.5坪	6608.2m² =1998.9坪	6608.2m² =1998.9坪	5915.9m² =1789.5坪	6608.2m² =1998.9坪 =152568 (周尺)²
중전(中田)1결	-	9243.8m² =2796.2坪	10369.1m² =3136.5坪	10369.1m² =3136.5坪	9243.8m² =2796.2坪	10369.1m² =3136.5坪 =239414 (周尺)²
하전(下田)1결	-	13311.3m² =4026.4坪	14973.7m² =4529.2坪 (또는 15452.2m² =4674.3坪)	14973.7m² =4529.2坪 (또는 15452.2m² =4674.3坪)	13311.3m² =4026.4坪	14973.7m² =4529.2坪 =345744 (周尺)²
1結租 水田	쌀30斗	쌀(26斗 2升5合)	쌀30斗	쌀30斗	쌀30斗	쌀30斗
1結租 旱田	잡곡30斗	쌀(13斗1升 2合2勺)	쌀15斗(또는 잡곡30斗)	콩30斗	콩30斗	콩30斗

세종 19년		세종 26년		인조 12년 이후	
항	수 치	항	수 치	항	수 치
標準尺 1步長	周尺(20.81cm) 5尺=104.05cm	標準尺	周尺(20.81cm) 布帛尺(46.73cm)	標準尺	布帛尺(46.73cm) 甲戌量田 周尺 (21.79cm)
1步積	25尺²+1.0826m² =0.3275坪	1等尺長	周尺=4.775尺 布帛尺=2.126尺 99.36cm		
1畝	240步=6000尺² =259.8336m² =78.6坪	2等尺長	周尺 5.176尺 =107.7cm	1等尺長	甲戌量田 周尺 4.775尺 布帛尺 2.226尺 104.02cm
1頃	100畝=600000尺² =25983m =7860坪	3等尺長	周尺5.703尺 =118.68cm		
上田尺	1.86尺=38.71cm	4等尺長	周尺6.434尺 =133.89cm	1頃	100尺²
中田尺	2.33尺=48.49cm	5等尺長	周尺7.550尺 =157.12cm		
下田尺	2.80尺=58.27cm	6等尺長	周尺9.550尺 198.74cm	1結	10000尺²=100負
上田結	25畝4分5步 =6608m² =1998.9坪	1 負	100尺²	1等田1結	10820m2=3273坪 =41.64畝 (世宗19年○基準)
中田結	39畝9分 =10369m² =3136.5坪	1 結	10000尺²		
下田結	57畝6分5步 =14974m² =4529.2坪	1等田1結	38畝 =9873.7m² =2986.6坪		
		6等田1結	152畝 =39494.7m² =11946.4坪	6等田1結	43303.3 =13098.7坪 =1頃66.6畝
		1結租 ┌水田 └旱田	쌀 20斗 콩 20斗	1結租 ┌水田 └旱田	쌀 20斗 콩 20斗

縱黍尺 橫黍尺見頒宮禮樂志律呂精義窒占以黃鍾尺較之則
七寸六分以營造尺較之則八寸五分以造禮器尺較之則九寸三
分以周尺較之則一尺二寸八分

正祖元年 傳曰同律度量衡志曰規矩準繩莫不用是萬
事之根本也其爲銅不重瞰試以我朝嘗之金尺鐵斛之敎載於
古象況在 先朝筋敎尤何等諄複而一味因循制各有異殊非經傳
之本意有闗民瘼之一端今以廟庫等處行用者嘗之庫各不同不特
錙銖之相差昨年旣有筵敎則該曹何不一齊取紫其不齊平旣已
聞之不可不申飭自內各處所用斛量衡尺自該曹一井收聚准式齎
改亦令以此內而該㕔外而諸道中明知奏同其制度俾無如前
之弊

增補文獻備考 【卷九十一】 五

國今

上光武六年設平式院改正度量衡

平式院總裁李載完奏度量衡乃物華之標準案應之信憑也四民
之學術技藝一國之文明富強莫不由是而進是以爲有國之最大
政急先務竊念本朝度量衡之制以菙黍水重爲本合平市署掌之
每歲秋令日平校烙印蓮附律文有犯必懲其制之精密其法之恨
重願何如而古久斃作奸諙厝生殆宇村村不同斗家家不同尺平
市署亦從以廢革莢殆者特設臣院命臣釐正臣臣以爲率由舊章未
始不善因時制宜尤以爲貴現與外國修好有年通商貿易日以益

黍當此時幣止其制若不與諸國略同其爲商權及公益之害不堪
設想且憿制與新式輕重量實不相懸行用之際保無眩擾之端
乃政益古酌今新定規則謹具擺本伏候 睿裁 制日可

度原器白金棒白棒面所記標線間攄氏溫度○ 位 以上十五度時

其長 二十三分之十爲尺尺爲基本

度之銅十毫爲釐十釐爲分十分爲寸十寸爲尺尺十爲丈一千三百
八十六尺爲一里 西尺法則 一美利米突爲我三毫十美利米
突爲先知米突準我三分二釐十先知米突爲大始米突準我三寸三
分十大始米突爲米突準我三尺三十十米突爲大可米突準我三十
三尺十大可米突爲米突準我三百三十尺十米突爲岐路

增補文獻備考 【卷九十一】 六

米突準爲三千三百尺

測量尺十繪爲分十分爲一周尺 六尺爲一步十尺爲一間一百
尺爲一鏈二千一百尺爲一里 三十里爲一息泰西米突爲一
米突準我五尺○地積十勺爲合十合爲把 十把爲束一束爲
負百負爲結泰西地積則先知爲當我一把百先知爲當我一
百爰爲赫爲當爰常我一結

布帛尺十分爲寸十寸爲尺 十尺爲丈

度器種類

直尺布帛尺進直形直尺 十尺爲丈 布帛尺 曲
尺直角形 鏈尺鏈狀分三種十六尺五寸 卷尺細帶狀

⌘

—

근황(近況)

　　벽골제는 세종 2년(1420)에 홍수로 인하여 결궤
된 뒤 몇 차례의 보수논의는 있었으나 결국 폐제되고 말았다. 그
후 일제 강점기에 들어와서 1925년 전국각지에서 저수지를 중심으
로 수리조합을 설립하였고, 섬진제 구 댐이 완공됨으로써 김제 지
역에 농업용수를 끌어들이기 위하여 수로를 만들었는데, 그때 벽골
제는 김제 간선 제방이 되고 말았다.

　벽골제는 시대의 변화에 따라 일찍이 폐제의 운명을 맞았지만, 우리의
귀중한 문화유산임에는 틀림없다. 그럼에도 불구하고 이것을 이용하여
수로를 만든 것은 일제의 잔악상이 여기에서도 여실히 드러난 것이다.

우리의 귀중한 문화유산을 고의로 파괴하면서 수로 공사의 경비도 절감하는 2중 효과를 노린 것이 분명하다. 그들의 문화유산이라면 당연히 피해 갈 값진 문화유산을 일개 간선 수로 제방으로 전락시킨 일제의 무자비한 만행에 새삼 경악하면서 너무도 큰 아쉬움에 전율을 느낀다.

일제 36년에 이어 남북 분단으로 인한 사상적 갈등과 6·25 동란, 걷잡을 수 없이 이어지는 혼돈과 전란 속에 벽골제는 더 참혹한 몰골이 되어갔다. 제방은 생활고에 다급해진 농민들이 모경(冒耕)을 시작하고 거처가 없는 사람들이 하나둘 집을 지어 하나의 부락이 형성되면서 제방의 모습은 그 원형을 잃어갔다. 무정부 상태와 다름없는 상황이 한동안 지속되어 벽골제는 이제 그 형체조차 사라져 버리는가 싶더니 6·25 동란이 끝나고 정부가 다소 안정을 찾으면서 1959년 4월 9일 벽골제와 중수비를 묶어 '사적 제111호'로 지정을 받게 되었다.

만시지탄은 있으나 그나마 다행한 일이었다. 그러나 사적으로 지정은 받았지만 정부의 재정지원도 없었을 뿐 아니라 당시만 해도 문화재에 관한 관심이 거의 없을 때라서 훼손은 더 심해만 갔다. 그러던 중 1967년에 동진농지개량조합(조합장 이동원)에서 뜻을 세워 매몰되어 있는 장생거 수문석주를 복원하면서 같은 해 11월 3일 새로이 사적비도 건립하였다. 이것이 벽골제에 대한 관련 기관의 가시적인 조치로서는 최초인 것이다.

미흡하나마 수문석주를 다시 복원하고 사적비를 세운 것은 그 자체의 가치보다는 주변에 벽골제에 대한 인식을 일깨우는 데 결정적인 계기가 된 것이 가장 큰 의미라고 볼 수 있다. 그러나 안타깝게도 "한문화재에 두 개의 사적비를 세울 수 없다."라는 납득하기 어려운 이유로 몇 년이 지난 후 어느 때인가 이 비석을 땅에 묻어 버렸다.

자고로 금석문(金石文)은 사서 못지않게 중요한 역사 자료가 되어왔다. 특히 비명은 우리나라처럼 역사기록이 빈약한 경우에는 부족한 사료(史料)를 보완해주는 데 중요한 자료가 되었다. 벽골제도 태종의 중수비가 아니었으면 우리는 그 윤곽조차도 파악하기 힘들었을 것이다.

한 개의 사적지 내에 사적비가 2개가 있으면 안 되는 이유를 모르겠다. 역사의식이 없는 사람들이 단편적인 지식을 가지고 문외한(門外漢)들에게 군림하여 전문가 행세를 하던 한동안의 세태가 오늘날과 같은 흉물스런 벽골제를 만들지 않았나 싶어 가슴 아플 뿐이다.

이 비문은 김상기(金庠基: 김제 백산면 출신) 박사가 지은 것으로써 당초 비문에 다소 오류가 있어 작고하기 얼마 전에 손수 수정 보완까지 하여 만들어진 것이다. 그때 필자가 직접 찾아가 수정해 왔는데, 중환으로 심히 불편한 몸임에도 불구하고 손수 친필로 적어 넣는 모습을 보고 김 박사의 철저하고 신중한 역사의식에 숙연한 마음이 들기까지 하였다.

이와 같이 귀중한 비석이 땅에 묻혔다면 기록으로라도 남겨야겠다는 사명감에서 사학자 고두철 선생 논문 중에서 이와 관련된 부분만 소개한다. "충남 웅천(忠南 熊川) 람포(藍佈) 산으로 오석(烏石: 길이 6척, 넓이 2척, 두께 1척)의 비신(碑身)에 좌대와 비수(碑首)를 갖춘 사적비는 전면에 큰 글씨로 '碧骨堤史蹟碑'라 각자(刻字)하고 양

측면과 후면에는 사적에 관한 비문을 기재하였다. 비문은 이 고장 백산면 출신이요 사학가인 東濱 金庠基 박사가 짓고 글씨는 역시 백산 출신인 서예가 藝谷 宋河英이 썼다."

　고두철 선생은 최초로 벽골제 자료를 수집하고 그 역사적 가치를 부각하는 데 선구자적 역할을 한 사학자이다.

❀ 벽골제 사적비(碧骨堤 史蹟碑)

　　　　　　金堤는 湖南平野의 中心部를 이루고 있어 우리 稻作文化의 搖籃地이며 米穀의 본고장이니 本郡의 옛 이름으로써 馬韓時節의 碧卑離와 百濟時代의 碧骨은 모두 稻鄕의 뜻인 것이다.

　여기에 또한 우리나라 最高最大의 水利 貯水池가 나타나게 되었으니 그것이 곧 碧骨堤이다. 史乘에 依하면 이 貯水池는 처음에 碧骨池라는 이름으로 距今一千六百三十六年前인 百濟 中葉에 이루어졌는데 當時 堤岸의 길이는 一千八百 步이었다. 그 뒤 統一新羅를 거쳐 高麗 顯宗時代에 이르러 옛 모습으로 修理되었으며, 仁宗 二十一年에 다시 大規模의 補修 增築役事가 있었더니 同 二十四 年에 王이 重患에 걸리매 土木의 빌미라는 무당의 말을 좇아 新築한 堤堰을 決潰한 結果로 本堤는 점점 荒廢하기에 이르렀다.

　다시 朝鮮太宗時代에 이르러 碧骨堤의 水利論이 일어나매 同十五 年 乙未春에 *'全羅道 觀察 黜陟使 朴習이 經歷 權專 敬差官 朴熙中

등과 더불어 …' 各郡의 壯丁 一万餘名을 動員하여 二個月에 걸쳐 大規模의 補修를 隨行하였다. 草鞋山에 屹然히 서 있는 當年의 碧骨堤 重修碑에 依하면 堤內의 둘레가 七七四〇六步요 堤堰의 길이가 六〇八四三尺에 水餘 長生 中心 經藏 流通等 五渠가 있는데 堤의 下廣七〇尺 上廣이 三〇尺 高가 十七尺이었다. 長生 中心 經藏의 세 渠門 石柱는 예전것이 그대로 쓰이어 졌으며 水餘 流通의 두 渠門은 汜濫時의 疏門用인 것임으로 돌을 깔아 基礎를 만들고 槐柱를 세웠던 것이다.

石柱의 高는 十五尺이요 地下에 박힌 것이 五尺인 바, 地面은 돌로 다지고 다시 鐵을 녹여 부어 굳혔으며 渠門의 廣은 十三尺으로 內外에 連環鐵索을 달아 오르내렸으며 渠門의 兩便에는 돌을 다듬어 발판을 만들고 槐板으로 다리를 놓아 通行케 하였다. 그리고 當時의 蒙利區域은 現今의 金堤一圓과 扶安 井邑의 一部에 걸쳐 九八四〇餘結에 達한 것으로써 傳說에도 堤內에 滿水가 될 때는 堤로부터 6km 거리에 있는 凰山 麓에서 손발을 씻었다 하는 만큼 그 規模의 雄大함은 실로 後人을 놀라게 하는 바가 있다.

그 뒤 世宗 二 年에 이르러 큰 風雨로 말미암아 堤堰이 決壞되고 堤 下 田畓의 被害도 매우 많았다. 爾後旱災가 있을 때마다 碧骨堤의 改修論이 일어났으나 庸劣한 地方官들의 姑息的 回避로 말미암아 그의 再建은 마침내 實現되지 못하였다. 本堤는 이처럼 放置됨에 따라 漸漸 廢堤化되고 開墾이 恣行되어 오더니 堤의 原形마저 完全히 사라진 시기는 서기 一九二五年에 東津水利組合의 創設로

金堤幹線이 開通되던 때로부터 서이다.

現今 碧骨堤의 遺地에는 오직 萬頃 西部一帶에 通水하던 長生
渠와 泰仁方面에 通水하던 經藏渠의 二大水門石柱와 堤堰의 一部
가 남아있는바, 이도 또한 世人의 忘却地帶에서 崩壞埋沒의 危機
에 놓여있다. 이에 國家에서는 千古에 이름 높은 이 碧骨堤의 遺蹟
을 永遠히 保存키 위하여 數年前에 이를 史蹟으로 指定하여 이제
東津 土地改良組合에서 그 保存의 施設을 갖추기에 이르렀다. 이
는 비록 晩時의 歎도 없지 아니하나 實로 國民의 慶賀할 만한 壯擧
인 것이니 이로 말미암아 三韓以來로 發達하여온 우리 稻作文化의
一大象徵인 碧骨堤는 이 편모(片貌)를 통하여 기리 이 땅에 천고(千
古)의 역사를 그대로 빛내 줄 것이다.

一九六七 年 十一 月 三 日

文學博士 金庠基撰

※ *" 부분이 수정 보완된 부분

1972년에 초혜산(草鞋山: 신털뫼)에 있던 태종 중수비는 장생거
근처에 비각(碑閣)을 세우고 그곳으로 옮겨 놓았다. 그리고 같은 해
10월 9일 제1회 벽골 문화 제전(祭典)을 개최하였다. 그 후 3년만인
1975년 2월 26일부터 3월 30일까지 충남대학교 윤무병(尹武丙) 교
수를 단장으로 하는 벽골제 발굴 조사단에 의하여 처음으로 발굴
조사가 이루어졌다(金堤 벽골제 발굴보고(發掘報告): 윤무병).

▽ 1950년경 사진 경장거 문

　이 발굴조사에서 가장 큰 성과라 하면 시축 연대에 관한 확신을 가질 수 있는 자료의 발견이다. 제방의 인공 축토 층(人工築土層) 하면에 깔린 갈대와 같은 저습성(低濕性)의 식물이 압축 탄화(炭火)된 것이 나왔는데 이를 방사선탄소 측정 방식에 의한 연대 측정 결과, 서기 330년경에 축조된 것으로 밝혀진 것이다. 2차 발굴 조사가 가을에 다시 실시하기로 되어 있었으나, 예산이 없어 1차 조사로 끝난 것이 몹시 아쉬웠다.

　그리고 1980년도에 문화재 정화(淨化)사업의 일환으로 벽골제와 국도 사이에 진입로를 낸다든가 모경 단속을 하는 등의 보호 사업은 지속적으로 해야겠으나 발굴 조사에 지장을 줄 수 있는 시설물 설치는 신중을 기해야 할 것이다. 아울러 정화사업 때 세워진 김제 벽골제 비와 벽골제 복원사업 때 참고가 될까 하여 1950년에 경장거 사진과 발굴조사 시 사진, 그리고 복원되었다는 현 장생거 사진을 대비(對比)해 둔다.

❖ 김제 벽골제 비(金堤 碧骨堤 碑)

　　김제읍에서 남으로 15리쯤 되는 곳에 큰 방죽이 있는데 이곳을 벽골제라 한다. 김제의 옛 이름이 벽골이므로 그에 따라 명칭을 붙인 것이요, 현재 군의 명칭도 이 방죽으로 인하여 고쳐진 것이다. 과거의 기록에 의하면 방죽의 길이는 60,843척(尺)이요, 방죽 안의 둘레가 77,406보(步)이다. 5개소의 도랑(水路)을 만들어서 물을 대는 논은 모두 9,840결(結) 95짐(卜)이라 하였다.

첫째가 수여도랑(水餘渠): 하천 하나를 넘어서 만경현(萬頃縣) 남쪽까지 흐른다.

둘째는 장생도랑(長生渠): 개천 두 곳을 넘어서 만경현 서쪽 부윤강(富潤江)의 근원으로 흐른다.

셋째는 중심도랑(中心渠): 하천 하나를 넘어서 고부의 북쪽과 부령(扶寧)의 동쪽 지역으로 흐른다.

넷째는 경장도랑(經藏渠)

다섯째는 유통도랑(流通渠), 모두 하천 하나씩을 넘어서 인의현(仁義縣)의 서쪽으로 흐른다. 이들 다섯 곳의 도랑이 낳는 토지는 모두 비옥하다.

이 방죽은 백제와 신라 때부터 있었던 곳으로 농민에게 주는 혜택이 많았고 고려 현종(顯宗) 때 다시 옛 제도에 따라 완전히 보수하였고, 인종(仁宗) 21년(1143)에 이르러 다시 수축하였으나, 마침내 폐기된 채 버려두어 지식 있는 사람들의 통탄을 금할 수 없었다.

조선왕조가 들어선 이래 임금들은 농업 행정에 대해 관심을 크게 기울였다. 1415년 봄에 판상주(判尙州) 이발(李發)을 도안무사(都按撫使)에 임명하였다. 이 공(公)이 처음에 이 벽골제를 수축하려 했으나 워낙 공사가 거창하고 복잡하므로 이루지 못하고 도관찰 출척사(都觀察 黜陟使) 박습(朴習)이 경력(經歷), 권전(權專), 경차관(敬差官), 박희중(朴熙中)과 함께 현지를 답사하고 공사의 난이도(難易度)를 검토하여 계획서를 올렸더니 마침내 인가를 내렸다.

각 군에서 인부 1만 명과 사무원 3백 명을 동원하여 옥구진 병마사(沃溝鎭 兵馬使) 김훈(金訓)과 지김제군사(知金堤郡事) 김방(金倣)에게 전체를 감독하게 하였다. 이해 9월 20일에 착공하여 10월 13일에 준공되었다.

방죽 북쪽에 위치한 대극포(大極浦)는 밀물의 충격이 심하고 남쪽에 있는 양지교는 밑에 물이 깊게 괴어 있어서 공사를 수행하기가 곤란한 곳이었다. 이번에는 밀물이 들이미는 대극포에 먼저 둑을 쌓아 물살을 막고 다음에 양지교의 밑에 있는 물이 차는 곳에 아름드리 기둥을 세우고 보를 걸치고 비계를 매서 다섯 개의 목책을 설치하고 거기에다 흙을 다져 넣었다.

또 방죽이 허물어진 곳에는 모두 흙을 올려 쌓았고 방죽 안팎에는 버들을 다섯 줄로 심어서 기반을 튼튼하게 하였다. 방죽 밑은 넓이가 70척, 위는 30척, 높이는 17척이요, 도랑의 수문은 바라보기에 높은 둔덕과 같았다. 또 장생(長生) 중심(中心) 경장(經藏) 등 세 도랑의 문은 과거부터 있던 돌기둥을 그대로 사용하였고, 수여(水餘)와 유통(流通) 두 도랑의 수문은 모두 내버려두기로 하고 물막이 둑을 설치하지 않았다. 도랑문은 양쪽에 돌을 다듬어서 기초를 만들고 위에 괴목판을 걸쳐서 사람이 통행하게 하였다. 이상이 시공의 개요다. 이때는 1415년이다.

원비 조선 태종 15년(1415) 지은이와 쓴 이는 알 수 없음

1980년 12월

문화재 위원 임창순 역술

송하영 쓰다

※ 지금 서 있는 이 비는 국비와 군비로 세워진 것이다.

이 번역은 오류가 심하다. 벽골제는 규모로 보아 방죽으로 번역해서는 안 된다. 방죽은 비교적 작은 못을 말하는 것이다. 거(渠)는 인공 수로를 말하기 때문에 '하천'이나 '개천'이란 용어를 쓰면 안 되고 과(跨)는 '타고 넘다'라는 뜻이므로 단순히 '하천 하나를 넘어서' 또는 '개천 두 곳을 넘어서' 등은 잘못된 번역이다. '통하여' 또는 '타고' 등으로 번역해야 적절한 표현이 될 것이다.

그리고 부윤현은 기록에 나오는데 부윤강은 존재하지 않는다. 태종 중수비의 번역도 오류가 심하다.

▽ 1975년 발굴 조사 당시의 경장거 수문

▽ 현재의 장생거 수문

발굴 당시의 사진이 없어 경장거의 사진과 대비했는데 같은 모습의 수문이라고 볼 때
너무도 사실과 거리가 먼 복원이다. 단지 돌기둥 2개를 보는 것 외에 아무 의미가 없다.

⌘

문제점과 연구과제

1. 문제점

　　　　※ 벽골제에 관한 역사기록을 바로 알고 벼농사
를 알고 관개용 물을 알고 난 후에야 벽골제를 말할 수 있다.

　기관의 담당자들이나 학자들이 이 세 가지를 모르고 수십 년 동
안 벽골제를 다루어 왔기 때문에 이제 벽골제는 일제보다 더 심한
훼손을 가하여 넝마조각이 되어 버렸다.

　첫째, 수문과 수로를 구분 없이 사용하고 있다.

　장생거 중심거 경장거 수여거 유통거는 모두 수로 이름이다. 인공

수로인 경우 거(渠) 자를 쓴다. 지금은 수문만 남아 있기 때문에 수로 이름을 그대로 부르고 있는데 뒤에 반드시 수문이란 말을 붙여야 한다.

중국에는 춘추전국시대에 4대 수리시설이 있는데, 그중에 섬서성의 낙수와 감숙성의 경수를 연결하여 만든 정국거와 하남성에 있는 장하거가 있다. 이들 수로는 길이가 100km가 넘고 중간에 수문이 많이 있어 각자 이름을 가지고 있다. 각자 이름을 가지고 있어야 유지관리를 할 수가 있다. 벽골제에도 각 수로에 몇 개씩 수문이 있었겠으나 유적이나 기록이 남아있지 않기 때문에 알 길이 없지만 그렇다고 수로와 수문을 혼동해서는 안 된다.

"벽골제를 모른다고 무식한 학자는 아니다."

김상기 박사가 한 말이다. 맞는 말이다. 그러나 모르면서 아는 척하는 것은 무식한 것보다 더 큰 문제다.

둘째, 벽골제가 방조제라는 설이다.

일본의 고야마다 고이찌로(小山田 宏一) 교수가 방조제 설을 들고 나왔다. 국내 몇몇 학자들이 이에 동조하고 나섰다.

고야마다 교수는 오사까에 있는 사야마 저수지를 유네스코에 등록하기 위해 준비하고 있었다. 밑에 부엽토를 깐 것이나 말 다섯 줄을 박아 토랑을 채워 거센 물결을 막은 것이나 제조 공법이 벽골제 축조방법과 사야마 저수지가 똑같은 것이 확인되었다. 하지만 벽골제 수문의 구조가 훨씬 더 과학적이고 정교하다. 벽골제가 방조제라는 설을 들고 나온 그 저의가 어데 있는지 도대체 알 수가 없다. 일언이 폐지하고 도대체 흙으로 방조제를 어떻게 쌓는 것이며, 세계 어느 나라에 흙으로 쌓은 방조제가 있는지 묻고 싶다.

셋째, 단위어의 올바른 사용이다.

도량형의 단위어는 서로 다른 규격이나 용량에 같은 단어나 같은 음을 사용해서는 안 된다.

卜 자는 점복자인데 단위어로 쓸 때는 짐으로 읽는다. 이것은 태종 때 우리나라에서 도량형에 도입하여 한양 천도할 때 한양 땅 500결을 가지고 사대부에는 35짐을 주고 신분에 따라 한 단계식 내려 줄 때마다 5짐씩을 줄였다. 당초 1짐은 3.5보였는데, 세종 10년 10월 1일 둘레 3.3보를 1짐(약 4m)으로 고쳤다. 그래서 40여 년 전에 조선왕조실록을 번역하면서 남북한 공히 짐으로 번역한 것이다.

어느 학자가 중국에서 '부'로 발음하므로 '부'로 읽어야 한다 하니까 담당기관에서도 '부'로 표기했다. '부'로 발음하면 우리나라에서 수천 년 동안 사용해오던 결부속파(結負束把)와 단위어가 겹친다. 중국 발음을 따른다면 부(負)는 '후'로 발음해야 옳다. 이런 문제는 특히 행정기관에서 신중을 기해야 할 문제이다.

심지어 장생거 수문을 갑문으로 표기하기도 했다.

한 제방에 갑문과 관개용 수문이 어떻게 같이 있을 수 있겠는가? 도대체 납득할 수 없는 일이 아무렇지 않게 벌어지고 있다.

벽골제를 복원하자고 시작된 일이 복원은커녕 중구난방으로 실체를 벗어나고 있어 안타까움을 금할 수가 없다.

❁ 규모에 대하여

기술한 바와 같이 제방의 규모를 짐작할 수 있는 최초의 기록이 『삼국사기』 흘해이사금 조에 나와 있는데 "21년 2월에 처음으로 벽골지(碧骨池)를 개착(開鑿)하니 언덕 길이가 1,800보이다."라 하여 제방 길이만 나와 있다. 앞에서 여러 차례 논의했지만 사안이 중대하여 한 번 더 강조한다.

우선 제방 길이만 살펴보면 삼국사기에 나타난 1,800보는 미터법으로 환산하면 2.16km(1,800×120cm)이다.

그러나 적용되는 자의 기준이 주척(周尺: 20.81cm)이냐 당척(唐尺: 29.576~31.35cm)이냐 또는 지척(指尺: 19.423cm)이냐에 따라서 실제 제방의 길이는 달라진다. 그동안 우리는 1보를 당척 6자를 적용하여 당척 1자를 어림잡아 30cm로 하여 환산하면 3,240m(1,800보×6자×30cm)가 나오므로 3.3km라고 과시해 왔다. 사사오입한다 해도 3.2km이다. 이런 오류를 수십 년 동안 공공 기관이나 시민들 사이에 무비판적으로 받아들여져 왔다. 정말 부끄러운 일이다.

적용되는 자(尺)도 어느 시대에 잰 것이냐에 따라 다를 수 있다. 『삼국사기』는 고려 인종 23년(1145)에 편찬하였다. 이 삼국사기는 고려 초에 기록한 구 삼국사기를 토대로 편찬하였기 때문에 삼국사기 기록 연대를 기준으로 할 수 없으며, 이 또한 그 이전의 어떤 사료를 가지고 기록하였다면 신라 원성왕 때 보수한 것을 잰 것일 수도 있고, 서기 330년 축조 당시의 제방 길이일 수도 있다.

초축 당시에는 당나라가 건국되기 이전이므로 당척을 사용할 여지가 없었을 것이고, 신라 38대 원성왕 6년(790)에 중수한 후 제방 길이라면 당척이 우리나라에 도입된 시기가 문무왕 21년(680)이므로 당척을 사용했을 수도 있다.

그러나 당척을 사용했다 하더라도 당척 1보는 주척 6자 이므로 1,800보를 자(尺)로 환산하면 10,800자인데 이를 주척으로 계산하면 2,160m이다. 주척과 지척은 길이가 비슷하므로 큰 차이가 나지 않는다. 진(秦)나라 시황제 이후 1보는 주척으로 6자가 일관된 기준치이므로 보(步)는 항상 주척으로 환산해야 한다. 아무튼, 지금 월촌면 수월리를 제방 북쪽 연결지로 비정한다면 어림도 없는 길이이다. 수월리를 연결지점으로 본 것도 기록이나 고고학적 검증 없이 '무너미 고을'이라는 지명만으로 속단해 버린 것이어서 합리적인 판단이라고 볼 수 없다. 기술한 바와 같이 무너미의 의미를 가진 지명이 전국에 320여 개나 된다. 그 외에도 수로(渠)와 수문(渠門)의 구분, 수문(장생거, 중심거, 경장거)과 여수토(수여거, 유통거)의 구분, 제방 북쪽 접점의 오류, 수문을 통과한 물이 수로에 연결되는 제방 밑의 취수구의 형태, 수문의 설치 연대와 모형 등 그 외에도 정리되어야 할 문제들이 산적해 있다. 적어도 역사기록에 나타난 부분만이라도 면밀히 탐구하여 가장 기본적인 기초 자료를 정확하게 정리해 놓는 것이 급선무이다. 그동안 깊은 연구도 없이 단편적인 몇 가지 잘못된 자료만을 가지고 문외한인 대중에 군림하여 벽골제를 오도하는 방식으로는 벽골제의 참모습을 찾기 어렵다.

❂ 수문의 현재 위치와 제방 높이

현재 벽골제 수문 3개는 벽골제 제방 뒤쪽으로 물러나 있다. 정확하게 말하면 제방이 앞으로 옮겨 간 것이다. 그 이유는 동쪽 수로 제방을 만들기 위하여 벽골제 제방 흙을 파 옮기다 보니 수문이 수로 한가운데로 노출될 수밖에 없었다. 육중한 돌을 옮기기도 어렵거니와 수로도 견고하게 유지될 수 있어 경비도 절약하는 이중의 효과를 기대했던 것으로 보인다. 이 사실은 필자가 『동진농조 50년사』를 편찬할 당시 정읍시 이평면에 사는 노인 한 분이 찾아오셨기에 수문의 위치가 궁금하여 여쭈어 보았는데 위와 같은 답변을 주셨다.[47] 그분은 조합을 설립할 당시 평의원이었다 했다. 바로 납득할 수 있는 내용이어서 무심코 넘어간 일이 있었다. 지금에 이르러 보니 이 사실도 역사적으로 중요한 의미를 담고 있음을 알게 된 것이다. 그러니 수문을 지금 위치에 두고 분석하면 올바른 답이 나오지 않는다. 동쪽 수로를 만들다 보니 벽골제 원래 높이도 1m 이상 낮아졌다. 1950년 촬영한 경장거 수문 석주가 제방에서 많이 솟아 있는 것을 볼 수 있다. 수문 석주의 원형이 비교적 덜 훼손된 것이 경장거 수문이다. 따라서 경장거 수문은 우리에게 몇 가지 지식을 일깨워 주고 있다. 첫째 수문석주 끝이 제방 상변과 일치한다는 사실이다. 그래야 사람이 다니며 수문 개폐가 용이하다. 그리고 석주 머리 부분에 홈이 깊게 패어있는데 그것은 수문을 끌어 올리는 장치를 만들기 위하여 지지 목을 끼우는 곳으로 볼 수 있다. 벽골제가 제 모습을 찾기 위하여 간과할 수 없는 부분이다.

❀ 수월리에 대하여

수월리라는 마을 이름은 원래 물 수(水) 자에 넘을 월(越) 자를 썼는데 세월이 지나면서 달 월(月) 자로 바뀌었다. 넘을 월 자 획이 복잡한 데다 허공에 뜬 달보다 물에 비친 달의 풍광이 아름다워 묵객들의 소재로 많이 등장하므로 자연스럽게 그리 된 것인지도 모른다. 평상시에는 아무 일 없다가 어쩌다 홍수가 나면 윗동네 또는 아랫동네 물이 넘나드는 곳에 이런 이름이 붙는다. 같은 벽골제 주변인 상류 봉남면 월성리에 또 하나의 수월리가 있다. 이곳 또한 큰물이 나면 내광리 들의 물이 수월리 마을을 지나 벽골제로 유입된 데서 붙은 이름이다.

늘 흐르는 내나 하천 또는 저수지 주변에 있는 부락이나 지명에는 대개 용(龍), 내(川), 하(河), 정(亭), 정(井) 등의 이름이 붙는다.

수월리란 이름 외에 수월골, 수월동, 수월들, 수월정, 수유리, 무너미골, 무내미골, 무네미, 무너미 등의 이름을 한글학회에서 발행한 『한국 땅이름 큰사전』을 찾아보았더니 320여 개나 있었다. 이것이 모두 여수토(餘水吐)가 있어서 붙여진 이름이라 볼 수 있겠는가?

큰 사전에 보면 벽골제가 무너지면 제일 많은 피해를 입은 곳이 월촌면에 있는 수월리라 했다.[48]

벽골제 제방이 맞닿은 곳이라면 제방이 무너져도 절대 큰 피해를 입지 않는다. 저수지 아래에 있는 마을이 많은 피해를 입게 되는 것이다.

이렇게 볼 때 벽골제의 북쪽 접점은 월촌면 신덕리에 있는 덕산으로 비정하는 것이 타당성이 있어 보인다. 충남 대학교 허수열 교수는 벽골제의 북쪽 접점을 덕산으로 확신하고 있다. 수월리라는 명칭은 벽골제의 여수토와는 관계없이 붙은 이름이라고 보아야 한다. 유통거 쪽에는 수월리라는 명칭조차 붙어 있지도 않다. 그런데도 부락 명칭만을 가지고 벽골제의 북쪽 접점이 수월리라고 수십 년간 속단해온 것은 단순논리에 빠져버린 무지의 소산이다.

❂ 벽골제가 방조제라는 설에 대하여

1993년 일본의 모리 고이치(森浩一)가 처음으로 벽골제가 농업용 저수지라는 것에 대하여 의문을 제기하더니 2003년에는 고야마다 고이치(小山田 宏一)는 아예 방조제라는 주장을 폈다. 그 후 2010년에 지질학자 곽종철 교수가 벽골제가 방조제라는 주장에 동조하고 나섰다. 이는 우리나라 국민들이 수천 년 동안 지녀온 통념을 깨는 것이어서 큰 충격과 파문을 일으켰다. 논리의 요지는 벽골제 일대의 지형, 하상구배와 해발고도 및 해 수위(海水位)로 볼 때 첫째 벽골제가 조석(潮汐)에 따라 수위가 변하는 감조하천(感潮河川)인 원평천과 동진강이 존재하는 간석지(干潟地) 또는 염생식물(鹽生植物)이 무성한 조석평야(潮汐平野)에 위치해 있는 점, 둘째 벽골제 일대의 원평천과 동진강 등의 하상흉배(河床勾配)가 완만하다는 점, 셋째 원평천의 하상고(河上高)가 -0.3m, 새만금 해안의 만조 위 +3.5m 만경강 하구의 최대 조위(潮位)가 +7m인 점 등으로 보아 조 수위가 상승했을 때 해수가 넘쳐 벽골제의 결궤 일류(溢流)로 수몰 가능성을 들었다. 거기에다 A.D. 3~5세기가 현재 수면보다 고해수면(高海水面)인 점 등을 들어 벽골제가 결단코 방조제라는 것이다. 도작 문화에서 설명한 바와 같이 신생대는 4차례의 빙기가 있었으며, 빙기와 빙기 사이에는 간빙기가 있는데, 이 시기는 기후가 온난하다. 마지막 빙기를 '뷔름 빙기'라 하는데 7만 년 전에서 1만4천 년까지다.

그 이후는 간빙기에 속하고 이때부터 지금까지를 후빙기라 한다. 1만 년 전부터 지금까지를 충적세라 하며 이 또한 후빙기에 속한다. 지금으로부터 6,000년 경에는 기후가 가장 온난화되었고 이때가 후빙기 중에서 해수면이 가장 높은 시기였다. 충적세 중기가 해면

상승의 극한이다.[49]

이 시기에 벽골제 저수지도 한동안 바다였을 가능성을 배제하지는 못한다. 그러나 서기 330년 당시에는 분명 육지였고, 농경을 위한 수리시설로 만들어진 것은 의심할 여지가 없다. 현존하는 역사적 유물에 대한 진실 규명은 실사구시(實事求是)의 정신에 입각하여 이루어져야 한다.

1975년 1차 발굴 조사에서 밝혀진 것이 두 가지가 있다.

제방 밑에 부엽토를 깐 것과 호안 석축을 제방 안쪽에 쌓은 것이다. 이것은 백제인의 전형적인 저수지 제방 축조 공법이다. 2012년부터 다시 발굴 조사에 들어가 제방지(堤防址)를 찾아가고 있는데 제방이 수 미터 또는 수십 미터 동쪽으로 이동되었음이 확인되었고 수문 구조도 방수(防水) 구조가 아닌 급수(給水) 구조로 되었음이 확인되었다.

처음에는 방조제였는데 점차 농지가 확대됨에 따라 조선 시대에 들어와서 저수지 기능으로 전환해 갔다는 논리로 설명하는 학자도 있으나, 경천동지할 만한 지각변동이 일어나지 않는 한 그렇게 짧은 기간에 벽해가 상전이 되는 이변은 일어나지 않는다. 세계사를 뒤져봐도 이런 사례는 없다.

발굴조사에서 나타난 여러 물증이 없더라도 벽골제가 방조제가 아니었음을 쉽게 알 수 있는 징후가 많다. 6·25 사변 직후 집에 땔감이 부족 할 때 벽골제 내에서 엄청난 양의 토탄을 캐내어 집집이 연료로 사용했던 시절이 있었다. 토탄이 나온다는 사실을 알게 된 것은 일제 때부터 벽골제 내에 많은 금광이 있었는데, 금을 채굴하는 과정에서 토탄이 매장된 사실을 알게 된 것이다. 이 사실은 60~70대의 연령층에서는 직접 경험했거나 알고 있는 사실이다. 그뿐만 아니라 경지 정리가 시행되기 전까지는 제 내의 논에 여기저기 수렁이 지천으로 널려 있었다. 이 지역이 늪지대였음을 증명해주는 또 하나의 증거이다. 또 하나의 사례를 더 들면 벽골제 상류인 황산면 오정리 현 농공단지 언덕에 있는 숙종의 전교비 너머에 민물에서만 서식하는 우렁의 거대한 무덤이 있었다. 필자가 어렸을 때 이것을 가지고 동내 아이들과 놀던 기억이 있다. 껍질이 하얗게 변해있고 손으로 문지르면 하얀 가루로 바스러졌다. 적어도 이천 년은 지나야 그렇게 된다는 속설이 당시에 나돌았다. 사실이 이와 같은데 이곳이 바다일 수는 없다. 당초에는 방조제였으나 후에 농업용 저수지로 전환했다는 주장은 논리적 비약에 불과하다. 벽골제 내 면적은 약 4,700정보, 14,100,000평이다. 십만 평도 넓은데 그 140배나 되는 해수면에 2.16km의 긴 제방을 쌓는 것은 A.D. 330년 당시 기술로는 불가능하다. 당초에는 방조제였다고 주장하는 입장에서는 이 긴 제방의 물막이 공사를 어떻게 해 냈을까를 같이 설명해야 한다. 당초의 제방은 지금의 4분의 1밖에 안되는데 어떻게 방조제 제방이 저수지 제방보다 작을 수 있는지도 같이 설명되어야 한다.

표토 1m 이하에 해수의 침입을 입증하는 갯벌층이 있다는 점을 들어 방조제라고 속단하는 입장에서는 벽골제가 충적평야라고 하는 데 이견이 없다면 그 갯벌이 언제부터 육지가 되었는지 그 한계가 어디까지인지 지표면의 변화 추이를 지질학적 측면에서 면밀히 조사해야 한다. 장님이 코끼리 만지는 식의 판단으로는 본질에서 크게 벗어나는 우를 범할 수도 있다.

하지만 벽골제가 방조제라고 주장하는 이영훈 교수나 농업용 저수지라고 주장하는 허수열 교수는 진위를 떠나 여러 학설과 그 많은 자료, 그리고 방대한 기록들을 섭렵하고 연구하여 벽골제를 깊이 천착(穿鑿)한 노고에 대하여는 진정으로 감사와 찬사를 드리지 않을 수 없다. 그리고 이영훈 교수의 "기록자는 시공상의 제약을 받는다."라는 부분에 대하여 아인슈타인의 시공 연속체로써의 사차원의 세계를 말하는 것인지, 아니면 단순한 당시 사회 분위기를 말하는 것인지 조금은 모호하여 언급한 부분을 삭제했음을 밝혀 둔다.

벽골제를 방조제라고 주장한 일본의 고야마다 고이치로는 몇 차례에 걸쳐 벽골제 발굴조사 내용물 들을 확인하고 저녁 식사 자리에서 "지금도 벽골제가 방조제라고 생각하느냐?"라는 필자의 질문에 웃음으로 화답했다. 마지막으로 벽골제가 펄을 막았다면 벽골제 하에 전개되는 평야는 모두 바다이었다는 말인데, 그곳이 모두 바다이고서는 만경 평야는 존재하지 않는다. 만경현은 백제 때는 두내산현(豆乃山縣)이었는데 통일 신라 때 만경현(萬頃縣)으로 바꾸고 김제군의 속현으로 했다. 만경이란 이름은 중국 초나라에서 유래했다. 기원전 7세기경 초나라 장왕(壯王: B.C. 614 ~ B.C. 591) 때 위오(蔿敖)라는 재상이 안휘성 수현(壽縣) 남쪽 육료(六蓼) 땅에 있는 작파(芍波)에 만경(萬頃)의 농경지를 조성하고 그 이름도 만경이라 했다. 1경이 100묘(畝: 약 40마지기)이니 얼마나 넓은 평야인가. 만경 평야는 넓은 들의 상징으로도 사용된다.

벽골제가 펄을 막았다면 벽골제 하에 전개되는 평야는 모두 바다이었다는 결론인데 그곳이 모두 바다이고서는 금 만경 평야는 존재하지 않았다는 말이다.

결론부터 말하면 벽골제는 처음 쌓을 때 소택식 영농을 위한 제방이었음은 쉽게 이해할 수 있으므로 이는 수리 시설이었음이 분명하고 세월이 지나면서 신라 원성왕 때부터 관개용수로 전환하기 위한 노력이 조선 현종 때까지 이어온 것으로 보는 것이 타당하다.

벽골이라는 말이 벼의 고을에서 유래된 말이라면 바다밖에 없는 곳에 과연 이 명칭이 부합될 수 있겠는가.

요약해서 부연하면 벽골제가 축조된 후 큰 보수공사는 신라 원성왕 대에 있었고, 그 후 고려 시대에는 두 차례 보수공사가 있었으나 구체적인 내용은 파악하기 어렵다. 고려왕조 말경에는 거의 방치되었던 벽골제는 조선 시대에 들어와 태종 15년에 대대적인 증축공사를 벌렸는데 공사 과정에서 박습이 올린 상계(上啓)에 의하면 수문한 개를 더 만든 것으로 되어있다.

중수비의 기록에 의하면 그 이전에는 4개의 수문이 있었다는 말이다. 진정 이것이 방조제였다면 4개의 수문이 왜 필요했겠는가? 방조제에는 강물이 바다에 맞닿는 강이나 하천 하구에 갑문을 만든다. 벽골제가 방조제라면 원평천 하구에 한개, 연포천 하구에 한개, 2개의 갑문만 있으면 된다.

벽골제를 관통해 흐르는 하천은 연포천뿐이다. 연포천에는 수문조차 달려 있지 않다.

그것이 아니라면 방조제가 중간에 저수지로 용도변경이 되었다는 가정을 전제로 따져 보자. 중간에 몇 차례 보수는 있었으나, 모두 신라 원성왕 때의 제방을 기준으로 수리 또는 증축한 것으로 되어있고, 조선 태종 때 보수한 것도 기존의 제방에 수문 한 개를 더 만들고 제방을 더욱 견고하게 쌓아 올린 것으로 되어 있다. 벽골제를 쌓은 시기는 서기 330년이고 원성왕 때 보수는 790년이다. 460년 사이에 방조제가 저수지로 변할 만큼 천재지변은 없었다. 지구의 변동 주기에 의한다면 너무도 짧은 기간이다.

정리해 보면 첫째 삼국사기 신라 본기에 "처음으로 벽골지(碧骨池)를 개착하였다." 하였는데 이 말은 벽골이라는 못을 파 올려 저수지를 만들었다는 말이므로 바다 안에 못(池)은 상상할 수 없다. 둘째 수문의 수(數)와 구조로 보아 농업용 제방임에 틀림없는데, 당초 방조제이었던 것이 저수지로 변경되었다는 것은 이치에 맞지 않는다. 초축 제방은 원성왕 때 증축한 규모에 비하여 4분의 1밖에 안되는

데 방조제가 저수지 제방보다 작은 것은 넌센스다. 잠시라도 생각하고 하는 말인지 정말 한심하기 짝이 없는 코미디 같은 발상이다.

셋째, 벽골제 축조 후 홍수로 인하여 제방이 터졌을 때 모든 사서의 기록은 제하의 피해를 기록하고 있다. 방조제라면 제내에서 피해를 입는다.

넷째, 기술한 바와 같이 제하의 땅이 비옥하다는 말이 여러 곳에 기록되어 있고 중수비에는 몽리 면적이 9,840결 95짐이라 했으므로 5,800정보라는 광활한 농토가 있었음을 알 수 있다. 혹 몽리 면적이 과다하다고 생각하는 견해도 있을지 모르나, 몽리 면적이란 저수지 담수량이 감당할 수 있는 가능한 면적을 말하는 경우가 많으므로 크게 괘념할 필요가 없다.

다섯째 당시의 장비와 기술로는 바다에 1,800보의 제방을 막는 것은 불가능하다. 조석으로 왕래하는 거센 조수의 유속을 감당할 수 없기 때문이다.

상식은 진리와 일치하는 경우가 많다. 특히 역사 탐구에 있어서는 논리적 비약은 금물이다.

1415년 8월 전라 감사 박습이 상계한 벽골제 실태 보고서는 고려 인종 때 파제 한 후 270년 동안 방치해 둔 상태를 보고 한 것이다. 그 보고서에 따르면 제장이 7,196척이고 수면 둘레가 1식(息: 30리)이라 했다. 담수된 물의 수면 둘레가 12km(30리)라면 수심 1m로만 잡아도 수량(水量)은 1천2백만 톤에 이른다. 이 많은 물이 조석으로 왕래하는데 어떤 방법으로 이 제방을 막을 수 있었겠는가? 더구나 1,700년 전에는 이보다 훨씬 더 깊은 자연 방죽이었을 것으로 예측할 수 있다. 표고 조사한 도면을 보면 1921년까지도 제 내의 표고가 제외보다 낮은 지역이 많음을 알 수 있다. 벽골제가 방조제라고 주장하는 사람은 당시의 기술로 이 거센 조류를 어떻게 차단할 수 있었느냐를 먼저 설명할 수 있어야 한다. 이것은 지극히 상식적인 문제이다.

일언이 폐지하고 흙으로 쌓는 방조제는 세계 어느 곳에서도 그 유례를 찾아볼 수 없거니와 마치 철도 레일을 나무로 깎아 만든다는 말과 같은 허황된 이론이다.

❈ 용수로 보전 문제

벽골제 복원과 용수로 보존은 양립할 수가 없다. 왜냐하면, 제방은 10~20미터 정도 동쪽으로 이동했으나 수문 세 개는 그 자리에 있어 수로 둑의 일부를 이루고 있기 때문이다.

일제가 벽골제를 파괴하여 용수로를 만든 데는 두 가지 목적이 있었다. 첫 번째는 벽골제는 농경 문화 유산으로는 그 가치가 뛰어났고, 두 번째는 벽골제를 헐어 수로를 만들면 공사비가 절반도 들지 않는다. 토목공사에는 토사운반이 가장 큰 비중을 차지하기 때문이다.

벽골제 원형을 찾아 복원하자는 뜻이 어디 있는지 알아야 한다. 우리 조상의 얼이 덕지덕지 묻어 있기 때문이다. 그것도 역사이니 용수로를 보존하자는 옹색한 역사관을 버리지 않고서는 벽골제를 온전히 보존할 수가 없다.

김제간선 수로 40km가 모두 일제가 만든 것이다. 사진이나 몇 장 찍어놓고 기록으로 몇 자 남겨 놓으면 그만이다.

당초 김제 간선에는 제수문이 경장거 남쪽에 하나 성덕면 접경지역에 하나 이렇게 두 개가 있었다.

일제는 1925년에 산미증산 계획의 하나로 농업 전용 댐인 섬진강 댐을 막았다. 그러나 시행착오를 일으켜 개간과 간척 등으로 늘어나는 농경지를 9천만 톤의 물로는 감당할 수가 없었다. 할 수 없이 진봉면 고사리에 인공 저수지를 만들고 만경면에 능제를 만들어 부족한 물을 충당하였다.

섬진제 물은 40km나 되는 김제 간선 수로를 통하여 진봉면 말단까지 급수하게 된다. 급수할 때는 단속 직원을 주야로 배치하여 성덕제 수문까지 지선 수문을 모두 잠그고 성덕 제수문 밑에 있는 지선수문만 열어 광활 진봉 만경청하 지역의 급수가 모두 끝나면 성덕 제수문을 닫아 김제읍 봉남면 황산면 부량면 죽산면 지역 급수에 들어간다. 마지막으로 경장거 밑에 있는 제수문을 닫아 정읍지역 급수를 하게 된다.

이러한 어려움을 극복하기 위하여 1944년에 남선 전기라는 일제의 전기 회사에서 구댐 앞 2km 지점에 신댐을 건설하기 시작했으나, 이듬해 해방이 되었고 6·25 동란, 4·19, 5·16 등의 국난을 거치면서 공사진행과 중단을 거듭하다가 1965년에 준공을 보았다. 다섯 배 가까운 물을 확보하게 되자 통제 없이도 말단급수가 가능하게 되므로 이 제수문은 쓸모가 없게 되었다. 수문만 열어놓으면 통수에는 별지장이 없으므로 별도의 철거공사를 하지 않았는데도 수문은 사라졌다. 필자가 떠난 1978년까지도 그 잔해가 남아있었던 것으로 기억된다. 능제 저수지와 진봉 고사 저수지도 파제하여 논으로 만들고 이 저수지에 물을 퍼 올리던 양수장도 철거해 버렸다.

2. 연구 과제

✿ 벽골제 지역의 벼 재배 역사

그간 우리나라 벼 재배 역사는 대개 청동기 시대부터였던 것으로 알려져 왔다. 대부분 집터에서 나온 벼 알 자국이나 패총 등에서 나온 탄화미를 조사하여 얻은 결론이다.

1990년대 초에 고양 일산 가와지 1지구 토탄층에서 발굴된 탄화미는 5,020bp이고 청원군 옥산면 소로리 토탄층에서 발굴된 탄화미는 13,010bp이었다. 이 시기는 구석기 시대에 속한다. 모두 터를 닦는 과정에서 얻어진 성과물들이다. 4대 신도시공사가 시작되면서 일산 가와지 제1지구 토탄층에서 5천 년 전의 볍씨가 발견되어 기염을 토하더니 청원군 소로리에서는 13,000년 전의 볍씨가 발견되어 세상을 놀라게 했다. 이 사실은 영국의 BBC 방송국에까지 소개되어 세계 벼 역사를 다시 써야 한다고 선언하기까지 했다.

벼 품종은 오늘날 재배되고 있는 오리자 사티바(Oryza Sativa) 중에서도 가장 우수한 자포니카(Zaponica type)라는데 더욱 경이로웠다. 이와 같은 성과는 도시개발 과정에서 충북대학교 이융조 교수팀이 얻어낸 정말 값진 개가였다.

우리나라 벼농사의 효시라 할 수 있는 벽골제 유적을 조사하면서 벼농사에 관한 역사를 도외시하는 것은 근본을 망각하는 모순에 직면하는 것이다.

제내의 토탄층을 조사하여 볍씨의 유물을 찾아 벽골제가 바다가 아니었음을 증명하고 벼 문화와 관련된 문화유적들을 찾아 벼농사 연구에 큰 족적을 남기고 싶은 욕심을 억제할 수가 없다.

❀ 전통농경 문화 소택식 영농

본래의 벼농사의 경작 방식은 물이 늘 흐르는 산간 곡저, 물을 쉽게 얻을 수 있는 강 하천의 배후 습지, 그다음이 한 단계 발전한 소택식 영농 방식이다. 이것은 인간이 발전시킨 벼농사에 관한 가장 초보적인 지혜의 소산이라고 볼 수 있다. 저수지의 시발이라고 할 수도 있고 또 벼농사를 평야 지대로 확대해가는 원동력이 되기도 했다.

우리나라는 4~5월경에는 비가 내리지 않고 7~8월에 비가 많이 내린다. 봄철인 4월부터 파종이 시작되는데 건기인지라 마른 땅에 씨를 뿌릴 수 없기 때문에 고안된 것이 소택식 영농 방법이다. 젖은 땅에 파종만 해 놓으면 곧 우기가 시작되므로 가을걷이는 쉽게 이루어졌다. 소택식 저수지는 대개 마을 주변 낮은 구릉 계곡에 만드는데 벽골제 주변 상류에 70여 개가 있었다. 이 둑은 논두렁보다는 다소 큰 규모인데 겨울철 농한기 때 물을 저장해 두었다가 다음 해 봄철 물꼬를 터 아래 논에 물을 대주고 그 사명을 다한다. 물을 저장했던 논은 물이 다 빠져야 파종을 할 수 있다. 이런 논을 답 형 저수지 또는 '물아리논'이라고도 한다. 아래 논에 물을 댈 때는 둑에 물꼬를 튼다. 대개 물꼬는 가볍게 뛰어넘을 정도이고 제방이 길면 다른 쪽 끝에 하나를 더 낸다. 규모가 좀 큰 저수지인 경우에는 제방도 크고 물꼬가 커 통행을 위해서는 둑에 널빤지를 깔아야 하는 경우도 있다. 이 경우 물꼬도 커 널판 지로 막게 된다. 그래서 두 널빤지의 길이는 거의 같다. 한반도 남쪽에서는 철기와 토기가 일찍부터 발달하여 농사에 편리한 농기구를 만들고 운반 용기와 저장 용기를 개발하여 농업 생산력을 크게 향상시켰다. 이들 일부는 일본으로 집단 이주하여 남쪽 지역인 북 규슈(北九州) 지역에서 야요이(彌生) 문화라고 하는 농경 문화를 발전시켰다. 이 농경문화는 몇 세기 동안에 일본 전역으로 확대되어 갔다.

　1943년에 시즈오까시(靜岡市)의 도로(登呂) 유적에서 논두렁으로 사용했던 널빤지를 찾아냈다.[50] 이로 인하여 그곳에서도 2천 년 전쯤에 소택식 벼농사가 이루어졌음을 밝혀냈다. 도로 유적은 아주 넓은 충적지의 다소 높은 지대에 형성되었으므로 초기의 습전에 비해 배수가 좋은 관계로 생산성이 높았다고 한다. 소택식 영농은 가장 기초적인 협력관계가 요구되는 작농이다. 파종기에 물꼬를 터 주어야 하는데 바로 아래 논의 사정이 허용되지 않을 경우 그다음 논에서는 난감해진다. 도리 없이 위 논에서는 수로를 한쪽으로 내주어 물을 통과시켜야 한다. 임시 수로가 여러 논을 거치거나 여러 논에서 한꺼번에 급수하거나 할 때도 협업이나 순서가 정해져야 한다. 복구할 때에도 마찬가지이다. 우순풍조하여 저수했던 물이 필요 없게 된 경우에는 저수했던 논의 농사를 위하여 물을 빼주어야 한다. 저수했던 논에 물을 뺄 때도 아래 논에서는 임시수로를 내어 통과시켜 주어야 한다. 그래서 논두렁을 잘라 물꼬를 내게 된다. 때로는 비가 많이 내려 제방이 넘칠 때도 있다. 소택식 제방은 비가 많이 오면 넘치도록 되어 있다. 이점이 저수지와 다르다. 범람이 한 해에 여러 번 일어나기도 한다. 이런 때에는 제방 여러 곳에 결궤가 심해진다. 농사가 끝나고는 위아래 경작자들은 모두 나와 제방 보수에 나서야 한다. 그래서 소택식 영농은 양보와 질서가 절대적으로 필요한 협업 영농이다. 이런 영농 방식을 통하여 하나의 수계(水系)를 단위로 일정한 지역을 통치하는 수장이 출현하게 된다. 도시국가와 부족국가의 중간 형태를 띠고 있는 마한 소국 중 벽비리국은 벽골제를 중심으로 통치기반을 형성하여 이어 간 것으로 보인다.

일본 규수 북쪽에 형성된 야요이 문화는 B.C. 3세기경에 형성된 농경 문화이다. 이것은 한국에서 건너간 소택식 영농 방식의 농경 문화로 밝혀졌기 때문에 우리나라 소택식 영농은 그보다 훨씬 먼저 운영되어 왔음을 보여 주고 있다.

이와 같이 소택식 경작은 우리나라의 기후 특성으로 인하여 수천 년간 우리 민족이 누려온 영농문화인 것이다.

최초의 벽골제는 길이가 1,800보이니 2.16km라는 당시로써는 아주 긴 제방이었다. 따라서 물꼬도 네 곳에 만들었고 규모도 커 널빤지를 사용했을 것이다. 제방 위로는 사람이 왕래할 수 있도록 널빤지도 깔았을 것으로 보인다. 그 네 곳이 장생거 수문, 중심거 수문, 경장거 수문, 유통거 수문으로 볼 수 있다. 최초의 벽골제는 수위를 조금 높여 제 내의 경지면적을 늘리고 제하에 물을 공급하는 이중의 효과를 기대하고 만들었기 때문에 당시로써는 획기적인 발상이었지만 노동력의 부족으로 규모가 지금보다 훨씬 작았을 것이므로 큰비가 내리면 제방 위로 물이 넘쳐흘렀기 때문에 수여거문, 유통거문과 같은 여수토(餘水吐)는 필요 없었을 것으로 생각된다. 아무튼, 이 벽골제는 충적작용을 가속화하여 460년 동안 제내외에 많은 농경지를 조성했다. 이제 기존의 규모로는 수요를 충족할 수 없었으므로 원성왕은 거국적으로 백성들을 동원하여 벽골제 증축 공사를 단행하게 된 것이다.

혹자는 사람의 왕래를 위하여 뻘땅에 길을 내다보니 소택식 영농을 위한 제방 역할을 하게 된 것이라고 주장하는 사람도 있다. 너무도 터무니없는 주장이다.

태인현의 치소는 이평에 있는 거산역이다. 거산역은 백제 시대에 중방에 위치하고 있어 태인 고부 부안 만경 김제로 통하는 교통의 중심지임에는 틀림이 없다.

백제가 망한 후에는 중국의 선박들이 동진강 하구를 많이 이용하였으므로 교역의 관문이 되기도 하였으니 거산역은 국내외적으로 교통의 요충지 일 수밖에 없었다.

그래서 벽골제가 큰길이 된 것은 사실이나. 큰길을 내고 보니 소택식 저수처가 된 것이 아니고 소택식 영농을 위한 제방을 만들고 보니 큰길로 활용하게 된 것이다.

비단 벽골제뿐만 아니라 모든 언제나 수로는 만들어 놓으면 길로 활용하게 된다. 필자가 전국을 돌며 확인 한 바로는 밀양 수산제, 영천 청제, 상주 공검지, 당진 합덕지 등은 모두 소택식 저수지임이 분명하고, 관개용 저수지는 제천 의림지가 유일했다. 그래서 제천 의림지의 수문 구조가 다른 저수지에 비해 특이하다.

❂ 부윤현 관개(灌漑)의 미스터리

부윤현(富潤縣)은 백제 때 무근촌현(武斤村縣) 이었는데, 신라 경덕왕 때 무읍(武邑)으로 하여 김제군 영현이었다. 고려 때 부윤현으로 고쳐 임피에 붙였다가 현종 때 만경현에 귀속시켰다. 『동국여지승람』에 의하면 조선 시대에 폐현(廢縣)하여 김제군에 귀속시켰는데 만경현의 남쪽 13리에 있다고 했다. 이곳은 1914년 일제가 전국 행정 구역을 개편하면서 만경현과 금구현이 김제군에 통합되고 부윤현 자리는 성덕면에 속하게 되었다. 무근이나 무읍은 성읍(城邑)의 뜻을 가지고 있으므로 삼한 시대부터 상당히 발달된 취락으로 보고 있으나 확실한 지역을 단정하기는 어렵다. 다만 벽골제 위치에서 볼 때 신평천(新坪川)을 건너에 있음은 분명하다. 중수비의 기록에는 장생거가 부윤현까지 관개하는 것으로 되어 있다. 장생거 수문에서 부윤현까지 급수하려면 이 수로는 벽골제 제방 밑으로 원평천을 건너야 한다. 원평천을 건너고 나면 다시 신평천을 건너야 부윤현의 급수가 가능하다. 그런 흔적도 없거니와 당시로써는 가능한 일도 아니다. 물이 산이나 언덕을 넘는 일은 가능하나 물이 물을 넘는 일은 불가능했다. 정말 불가사의 한 일이어서 덕산 너머 낮은 곳에 있는 수여거로 비정되는 지형을 살펴보았다. 행 길을 중심으로 동서 삭토(削土) 구간의 폭이 같고 표고도 눈대중이기는 하지만 같아 보였다. 수여거 자리라고 확신할 만한 지형을 갖추고 있었다. 그런데 '왜 이런 곳에 여수토를 만들었을까?' 하는 의심이 들었다. 저수지의 여수토는 직접 하천에 방류할 수 있는 위치에 두는 것이 가장 이상적인데, 굳이 상당한 거리를 북쪽으로 올라가 둔덕을 깎아 여수토를 만든 이유가 모호했다. 이 자리는 원평천 북쪽 제방과도 약 500여 미터 떨어진 덕산이란 곳에 있어서 벽골제 제방에 있는 시설물이 아니다. 수여거문은 저수지 시설물이라 할 수는 있으나 제방 시설물이라 할 수도 없는 시설이다. 그래서 이 수여거가 혹 이중구조가 아닌가 하는 생각이 문득 떠올랐다. 중수비의 기록이 맞다면 부윤현의 행정 구역이 동진강 남쪽에까지 미쳤거나 수여거 수문의 이중 구조를 가정해 볼 수밖에 없다. 만경현 남쪽 13리라면 5km가 넘는 거리인데 행정 구역이 원평천을 넘고 신평천을 넘는 거리일 수도 있고, 이중 구조란 여수토인 수여거 수문을 필요시에는 급수 할 수 있도록 밑에 취수구를 내어 홍수 시에 무넘이 기능을, 갈수기에는 용수를 공급할 수 있는 개폐식 수문 기능을 하도록 만들었을 가능성도 있다. 길에 올라서서 바라보았을 때 저 멀리 벽골제에서 이곳까지 이어지는 좁은 구간이 인수로처럼 보였고, 반대쪽에도 같은 넓이의 삭토 구간이 용수로처럼 보였다. 이 가정이 맞다 해도 만경현 남쪽 일부는 급수가 가능하나 신평천

너머까지는 불가능했을 것으로 보인다. 수여거가 신평천을 넘을 수 없기 때문이다. 아무튼, 수여거에 관한 정밀 조사가 이루어지기 전까지는 어느 것도 속단하기 어렵다. 벽골제 복원을 위해서나 문화재로써의 가치평가를 위해서도 심도 있는 조사 연구가 절실히 요구되는 사안이다.

✿ 수여거 유통거 2거문

수여거와 유통거 두 수문은 만수위가 되면 물이 넘칠 수 있도록 설치해 놓은 여수토(餘水吐)이다.

유통거 수문은 벽골제와 제주 방죽이 이어지는 지점과 경장거 사이에 존재하나 그 위치를 찾는 것은 불가능하다.

첫째는 벽골제 제방이 본래의 위치에서 10~20미터쯤 동쪽으로 이동했기 때문에 완전히 파괴되어 버렸다.

둘째, 여수토는 구조물이 제방 위에 설치되기 때문에 제방을 옮기면 그 흔적을 찾을 수가 없다.

셋째 유통거 수문 지역은 1934년에 우리나라 최초의 경지 정리 지역이어서 1미터 또는 1.5미터 정도의 지표를 높이는 과정에서 공정이 어떻게 진행되었는지 알 수가 없다.

2022년도에 발굴조사를 했다는데 위치도 모호하거니와 내용도 이해하기 어렵다.

가장 미스터리한 수문이 수여거 수문이다. 수문의 위치가 원평천 북쪽 제방에서 약 500미터쯤 떨어진 덕산에 있다. 제방 위에 있는 것이 아니고 제방에서 벗어난 언덕에 존재하며 언덕을 깎아 벽골제 물을 끌어들이는 인수로를 만들고 반대쪽에도 언덕을 깎아 수로를 내었다.

수여거 수문이 단순한 무넘이 역할만 한다면 벽골제의 북쪽 접점인 원평천 제방에 내면 공사도 쉽고 넘치는 물이 원평천에 바로 유입되어 편리한데 구태여 이렇게 어렵게 만든 이유가 미스터리다. 장생거 수문이 부윤현까지 미친다 한 것은 부윤현의 영역이 원평천 남쪽에까지 미쳤다고 볼 수 있겠지만 수여거 수문이 벽골제 제방을 이토록 멀리 벗어난 것은 이해하기 힘들다. 다만 수문의 구조가 여수토와 급수라는 이중 기능을 가졌다면 이해할 수 있는 구조다. 수로의 형태를 보면 용수로를 방불케 하는 점이 많아 심도 있는 연구가 필요한 부분이다.

두 여수토 중간에 괴목을 받친 것은 그렇지 않으면 농촌에서는 무거운 우마차가 자주 통행하고 등짐을 하는 경우가 많은데 그럴 경우 부러질 염려가 있기 때문이다.

▽ 수여거 유통거 수문 구조

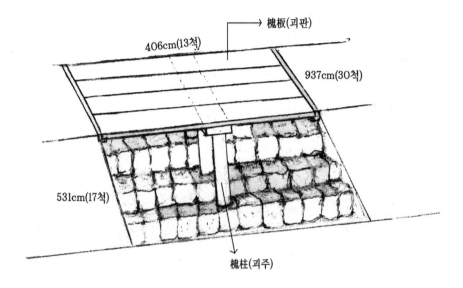

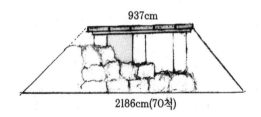

斲石作礎 立槐柱 水若汎濫於此

渠門兩傍 練石作礎 上施槐板作橋 (중수비)

▽ 영천 청제 여수토(餘水吐)

이것은 옛 모습 그대로라 한다. 원성왕 때 벽골제를 증축한 예작부에서 만든 것이라 벽골제의 수여거 수문, 유통거 수문에 참고할 만하다. 제방은 산과 산을 연결하여 길이 없기 때문에 널빤지를 깔지 않은 것이 다르다.

✿ 호안 석축

        벽골제 2.16 km 제방에도 호안 석축을 쌓았음이 필자가 동진농조 50년사를 편집하면서 정읍군 이평면에 사시는 한 노인분께 들었다. 그런 증언이 아니더라도 토제는 호안 석축 없이 보존이 어렵다. 전국 모든 고대 저수지는 다 호안 석축을 했다. 밀양 수산제도 제방이 2km가 넘는데 호안석축을 한 것으로 밝혀졌다.

  영천 청제도 원성왕 때에 같은 예작부에서 크게 수리하였으므로 여수토와 함께 제방 모습도 거의 비슷하였을 것으로 추측한다.

  벽골제도 호안 석축을 했다면 그 돌들을 어디서 가져왔을까? 김제 군지에 보면 초혜산과 구암잠관 사이에 석산지가 있다고 기록하고 있다. 이 돌들을 벽골제 공사에 써서 산 하나가 모두 사라질 수도 있다. 그뿐만 아니라 옛날 벽골제 아래로 초혜산과의 사이에 비교적 지형이 높았을 가능성이 있음을 지금의 지세로도 미루어 생각해 볼 수 있다.

  역사적 자료가 모두 수집되면 가장 먼저 해야 할 일이 지형학적 검토와 지질학적 검토가 있어야 하는데 일의 순서가 바뀌니 시행착오가 자주 일어날 수밖에 없다.

  발굴조사가 시작되기 전에 가장 먼저 해야 할 일은 초축 벽골제의 규모, 명금산과 구암잠관과의 거리, 원성왕 때 증축한 원평천 언의 실측, 태종 때 중수한 원평천 폭의 넓이, 각 수문과의 간격 등이 가장 먼저 실측되어야 한다.

우리나라 고대 저수지는 예외 없이 호안 석축을 하였다.

❀ 지질학적 검토

　　　　사학자 신규호는 김제 벽골제는 원래 뻘이었는데 교통의 편의를 위하여 뻘 땅에 흙을 돋아 길을 만들었다는 주장을 한다. 길을 만들다 보니 이 길은 자연히 제방이 되어 우리나라 전통 영농 방식인 소택식 영농을 위한 저수지 제방 역할도 하게 되었다는 것이다.

　벽골제 남쪽 가까이에 있는 거산역은 태인현의 치소로써 교통의 중심지였고 동진강은 백제 시대부터 배가 드나들어 국내외 사람들이 출입하는 교통의 중심지인 것만은 틀림없다. 하지만 뻘이란 바닷물이 드나드는 곳이다. 바닷물이 드나들지 않으면 뻘이 형성되지 않는다. 1,700년 전에 흙으로 2킬로가 넘는 바다를 막는 방법은 없었다. 우리나라 영농은 오래전부터 소택식 영농을 해온 것으로 드러났다. B.C. 3세기경 일본의 야요이 농경문화가 우리나라에서 건너갔음을 부인하는 사람은 없다.

우리나라는 4~5월이 건기이고 6~7월이 우기이다. 겨울 동안 물을 담아 두었다가 파종기가 되면 아래 논에 물을 대 주어 볍씨를 파종하게 하고 위 논의 사명을 다한다. 젖은 논에 파종만 하게 되면 6~7월 비에 벼는 자라게 된다. 이렇게 하여 위아래 논이 모두 농사를 짓게 된다. 이 경우 저수지 논을 '물아리' 또는 '무살미'라고도 부른다. 무살미는 물꼬의 옛말이다.

벽골제가 뻘이 아니었다는 확실한 증거는 제내를 조금만 파보면 토탄층이 나온다. 이것은 이곳이 늪지대이었다는 증거다. 지질학적 조사가 반드시 필요하다. 그리고 수렁이 온 들에 지천으로 널려 있었다. 벽골제 터에서 발견된 토랑도 이와 같은 수렁을 메꾼 것으로 보인다.

강이나 하천의 하구에는 내륙에서 밀려오는 퇴적물로 표고가 높아진다. 얼마만큼이 하천이나 바다이었는지, 또는 퇴적현상이 몇 세기 동안에 진행되었는지 지질학적 조사가 요구된다. 공연히 몇 군데 파보고 갯벌이 나온다 하여 벽골제가 바다였다는 경솔한 결론을 내리지 말고, 당초의 바다와 육지의 한계를 찾는 노력이 벽골제 연구를 위해서도 꼭 필요하다.

❂ 토랑에 대하여

벽골제 초축지에서 토랑이 발굴되었다. 이 지역이 늪지대이었으므로 제방 축조과정에서 수렁이나 웅덩이를 메운 것으로 보인다. 흙 주머니는 인류가 원시시대부터 사용했을 지도 모를 비교적 단순한 지혜의 산물이다. 토성을 쌓을 때나 적진을 함락하기 위하여 해자를 메우고 성을 오르기 위하여 토랑을 쌓아 올려 적진을 공격하는 데 가장 많이 사용했다.

그래서 토랑은 고금을 통하여 특별히 보존할 가치나 의미를 가질 필요가 없었다. 주머니의 재질이 옛날에는 식물성이어서 쉽게 부식되어 없어지므로 보존되지도 않았다.

그렇기 때문에 1,700년 전의 토랑은 그 의미가 큰 것이다. 이토록 오래된 토랑이 발견되었으면 주머니의 재질이 무엇인지 직조방법은 어떠한 것인지 조사해 볼 필요가 있다. 그것은 당시의 농경 문화와 생활을 편린이나마 엿볼 수 있는 좋은 자료가 되기도 하기 때문이다.

육안으로 보기에도 지금의 가마니와는 직조방법이 확연히 달랐다. 그런 가치를 찾아내야 전시의 의미도 커진다.

역사 기록과 발굴 조사로 밝혀진 수문의 구조

1. 장생거, 중심거, 경장거 3거문

　　　　　　 1975년 2월 1차 발굴조사에 이어 30년이 지난 2012년부터 다시 발굴조사에 들어갔으나 수문에 관하여는 이렇다 할 성과를 얻지 못하였으므로 윤무병 팀이 조사한 1차 발굴 조사를 중심으로 그 원형을 그려 보았다. 경장거 수문이 비교적 원형에 가까웠고 발굴조사 보고서도 충실하여 이를 근거로 본래의 모습을 찾기가 쉽다.[51]

　윤무병 교수는 서쪽에서 발굴 조사를 했기 때문에 서쪽을 전면부라 하고 동쪽을 후면부라 하여 자칫 혼동을 일으킬 수 있으므로 이점만 유의하면 이해가 용이할 것이다.

벽골제 수문은 우리나라뿐만 아니라 세계에서도 유례를 찾아볼 수 없는 특이한 구조를 가지고 있어 더 깊은 연구가 필요한 걸작품이다.

우선 취입구가 63cm이고, 출구가 110cm이니 중간에 47cm의 낙차가 있다는 것이다. 석주로부터 약 6m 지점에서 폭이 1.3m가량의 양 날개가 7~8m가량 좌우로 나 있어 십 년 이상 물관리를 해온 필자도 이해하기 어려운 구조다. 취입구로부터 완만한 경사를 이루고 있다 하니 낙차는 47cm에 못 미치는 것이 분명하다.

낙차와 양 날개는 일차적으로는 유속이나 수압을 줄이는 효과는 분명히 있는 것으로 보이나 양 날개를 7미터 이상 만든 것은 그 이외의 어떤 목적이 있어 보인다.

그 미스터리를 풀어야 한다. 출구를 높인 것은 내부 결궤나 포락이 있을 경우 수리의 편의를 위하여 그리 한 것으로 보인다. 조선 태종 때는 기록으로 보면 수여거 한 개 더 만든 것뿐 기존에 있는 수문 석주를 수리하였다 하니 짧게 잡아 이 구조는 고려 인종 때 이전부터 있었다는 결론이다. 고려 인종 때 지금의 구조로 만들어졌다면 900년 전의 우리나라 농경문화가 얼마나 획기적인 발전을 했는지 보여주는 걸작품이다. 국보급 문화재를 일인들이 파괴해 버린 것이다.

다만 한가지 가운데에 천장을 받쳐주는 받침돌 한 줄이 있었느냐 하는 것이 숙제로 남는다. 제천 의림지는 폭이 2미터쯤 되는데도 받침석이 가운데 한 줄 있다고 당국자가 설명해 주었다.

벽골제는 폭이 4미터가 넘는다. 당연히 가운데에 받침석이 있었을 것으로 추측하고 있다.

수문은 두께가 20cm에 가깝고 폭이 63cm에 길이가 4m가 넘는 거대한 널빤지 인지라 무게가 무겁다. 그래서 쇠고리로 이어진 줄(內外着 連環鐵索: 중수비문)로 들어 올려 통수하는 것으로 기록했다. 그러나 두 줄인지 한 줄인지는 기록이 없다. 하지만 한 줄로는 물리적으로 들어 올리기 어렵다. 아무리 양쪽 균형을 잘 맞추어 끼운다 해도 물을 먹으면 좌우 균형이 깨진다. 같은 나무라 해도 위아래 밀도가 다르기 때문이다. 균형이 깨지면 양쪽 홈에 끼어 사람의 힘으로는 움직일 수가 없다. 시에서 만들어 놓은 모형에는 케이블 선을 사용했는데 우리나라에 케이블 선이 들어 온 것은 100년도 안된다.

도르레는 정약용이 수원의 화성을 쌓을 때 거중기(擧重器)를 고안했는데 거기서 처음 사용했다. 그 이전에는 우리나라에서 녹로(轆轤)라는 중기를 사용했지만 도르레가 아니고 자새(얼레)를 사용했다. 자새도 지렛대 원리를 이용한 것은 도르레와 같다.

녹노라는 중기도 거중기보다 불과 60여 년 정도 차이밖에 나지 않는다. 하지만 자새는 아주 오래전부터 사용해오던 줄을 감는 도구이다. 무거운 물건도 자새를 이용하여 들어 올리거나 운반하는 도구로 이용되었음은 여러 유적에서 유추할 수 있다. 자새는 그 모형이 다양하므로 수문을 들어 올리는 자새는 어떤 모형인지는 모르나, 필자는 실을 뽑는 문래를 상상해보았다. 수문 출구는 제천 의림지를 참조했다.

▽ 수문 평면도

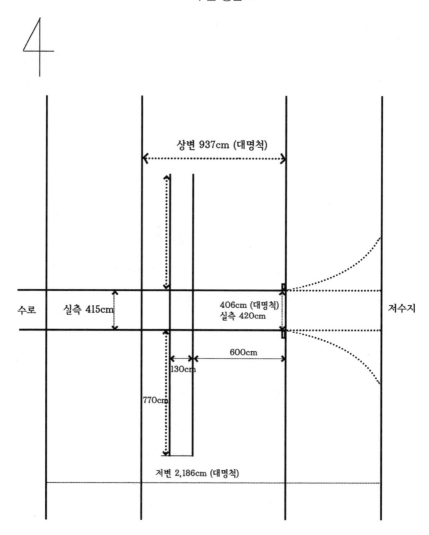

상변 937cm (대명척)

수로 　실측 415cm

406cm (대명척)
실측 420cm

저수지

600cm

130cm

770cm

저변 2,186cm (대명척)

(장생거 중심거 경장거 3거문 평면도)
7~8미터 남북으로 낸 양 날개는 길이가 같았을 것으로 보인다.

▽ 수문짝

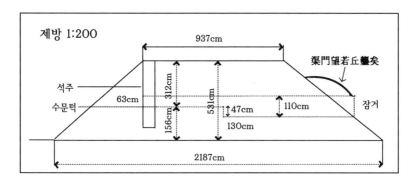

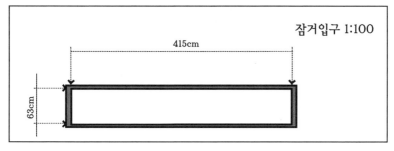

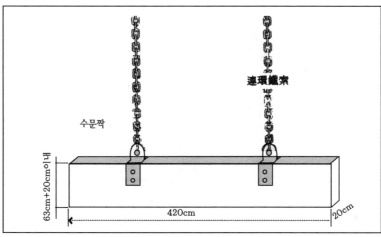

제방의 규모와 잠거

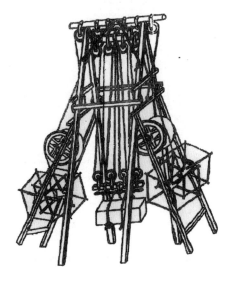

거 중 기

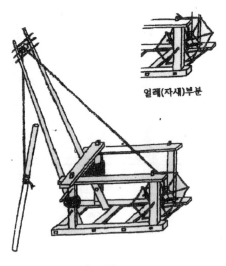

얼래(자새)부분

녹 로

2. 장생거 중심거 경장거 3거문 모형도

태종 때 벽골제를 중수하고 세운 중수비문에 장생거 중심거 경장거 3거문은 같다고 기록되어 있다. 이 수문은 세계에서도 그 유례를 찾아볼 수 없는 과학적이고 아름다운 수문임이 기록이나 발굴조사로 확인되었다.

수문의 구체적인 구조에 대하여는 중수비에 수문 짝을 들어 올리는 줄이 쇠고리 줄(連環 鐵索)이라는 것 외에 아무것도 없다. 한 줄인지 두 줄인지는 알 수 없다. 하지만 두께가 20cm에 가깝고 길이가 4m가 넘고 높이가 63cm가 넘는 수문 짝을 한 줄로 들어 올리기는 역학적으로 어렵다.

한 줄로 매달 경우 제작과정에서 균형을 맞추어 중심에 줄을 맨다 하더라도 나무가 물에 젖으면 균형이 깨진다. 나무의 위아래 밀도가 다르기 때문이다. 균형이 깨지면 수평유지가 어려워 수문 짝이 양 석주 홈에 끼어 사람의 힘으로는 들어 올릴 수가 없게 된다.

두 줄로 매달아야 이런 문제가 해결된다. 줄은 쇠고리 줄이든 식물성 새끼 줄이든 모든 줄을 감아올리는 기구는 자고로 자새밖에 없다. 얼레라고도 한다. 자새는 실을 뽑는 물레처럼 질긴 끈을 사용하여 만든 것도 있고 연 자새처럼 나무로 만든 것도 있다. 그 형태도 사각형을 비롯하여 여러 종류의 다각형을 만들기 때문에 기록이나 유물이 남아 있지 않는 한 그 형태를 알기는 불가능하다.

그래서 저자는 일반적으로 많이 사용하고 그리기 쉬운 원통형 자새를 임의로 그려 넣었다. 자세 받침대는 남아있는 석주의 모형을 보고 목공에 대한 몇 가지 참고자료를 참조하여 그렸다. 무모한 도전인 줄 알면서 수문의 모형을 그려 본 것은 벽골제의 복원을 함에는 수문 다섯 개는 핵심 요체이기 때문에 누군가는 반드시 해야 할 일이기에 저자가 먼저 시작한 것뿐이다.

필자는 수십 년 전에 벽골제 저수지 연구를 위하여 유서 깊은 저수지를 찾아 전국을 몇 차례 돈 일이 있었다. 대부분 유적지들은 파제되어 제 모습을 찾아보기 어려웠지만, 영천 청제와 제천 의림지가 일부 옛 모습을 지니고 있어 큰 보람을 느꼈다. 특히 영천 청제는 여수토의 모습이 의구하게 남아있어 엄청난 보물을 얻은 만큼이나 환호했다.

영천 청제는 벽골제와 같이 원성왕 때 같은 예작부에서 증축하였기 때문에 8년의 시차는 있지만 그 모습이 같을 것으로 보이는 데다 태종의 중수비에 벽골제의 수여거 유통거 두 여수토의 모습이 비교적 상세하게 기록되어 있어 쉽게 복원해 볼 수 있었다.

미천한 실력으로 과감한 도전을 시도한 것은 후학들의 더 깊은 연구를 촉진하고 더 큰 성과를 기대하는 조바심에서 그리한 것이니 저자의 무모함을 너무 탓하지 말아 주었으면 한다.

▽ 관개용 수문 모형도

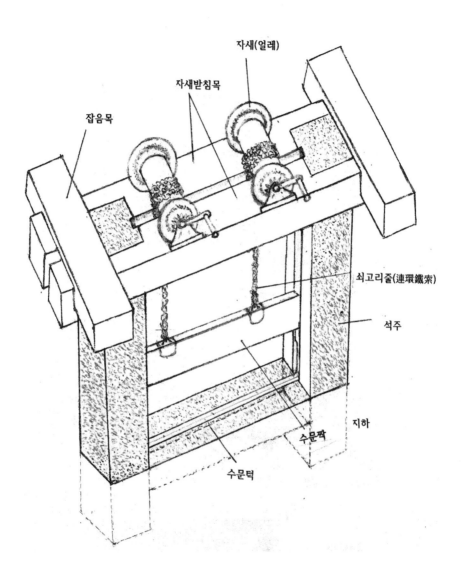

자새(얼레)

자새받침목

잡음목

쇠고리줄(連環鐵索)

석주

지하

수문짝

수문턱

⌘

─

맺는말

벽골제는 그 규모로 보나 역사성에 있어서나 귀중한 문화유산임에는 틀림없다. 농경문화에 있어서 우리 조상들의 진취적이고 선구적인 발상이 정말 돋보이는 국보급 문화재이다. 『사서(史書)』의 빈곤에도 불구하고 『삼국사기』와 『삼국유사』에 그 기록이 있고, 관찬(官撰)이나 사찬(私撰)의 문헌이나 문집에도 농경에 관한 한 빠짐없이 등장하는 것만 보아도 벽골제의 역사적 비중을 짐작하고도 남음이 있다.

그러나 벽골제의 규모나 연대 그리고 시축국(始築國)에 대하여는 문헌마다 조금씩 다른 것은 왕 세계가 분명하지 않은 마한에서 축조했기 때문이지만 수치가 다른 것은 증축을 거듭했기 때문에 규모에 변동이 생긴 탓이다. 그러므로 기록을 잘 음미해 보면 수치에는 크게 오류가 없어 보인다. 단제(丹齊) 신채호(申采浩)는 그의 『조선사연구초(朝鮮史研究草)』에서 "『력옹패설(櫟翁稗說: 고려 제26대 충선왕 때 이제현 지음)』에 '신라 진흥대왕(眞興大王)이 벽골제(俗稱金堤 외 밤이들)를 짓고 도(稻)를 종(種)하므로 후인이 그 은덕을 사(思)하여 도(稻)를 나록(羅祿)이라 한다.' 하였으니 나록의 해(解)도 고린 한문 장이의 해석 이어니와 완산(完山)에 그친 진흥의 족적(足跡)이 어찌 김제의 벽골제에 가서 도(稻)를 종(種)하리오. 백제(삼국사기) 지리지(地理志)에 거(據)하면 벽골은 김제 고호(古號)요 백제의 군(郡)이고, 벽골은 베골(稻邑)이니 백제가 이 제(堤)를 쌓아 도전(稻田)을 작(作)하고 그 이익이 다대함을 기념하여 '배골'이라는 군명(郡名)을 냄이 명백하다. 백제 본기에 도전(稻田)을 기(記)한 자가 이(二)이니 일(一)은 다루왕 6년 「始作稻田」이 시(是)요 이(二)는 고이왕 9년의 「開稻田於南澤」이 시(是)니 벽골은 곧 이(二)에 속한 남택(南澤)의 도전(稻田)이 될지라."[52]라고 하여 벽골제의 시축을 삼국시대 초로 보고 있다. 마한의 멸망도 삼국사기의 기록을 그대로 받아들여 온조왕대로 보기 때문에 고이왕 9년에 기록된 남택도 벽골제로 보고 있다.

그러므로 단제(丹齊)는 벽골제 시축을 삼국시대 초 백제왕조로 본다. 이에 대하여 이병도는 벽골제의 시축 연대를 삼국 시대 초기 또는 그 이전이 될 수도 있다 하여 시기는 거의 비슷한 입장이나, 마한의 멸망을 근초고왕 24년으로 보고 있기 때문에 벽골제는 마한에서 축조한 것으로 보는 것이다. 다행히 축조 시기에 대하여는 1975년 벽골제 제1차 발굴 조사에서 그 윤곽이 드러나 이론(異論)을 좁힐 수 있는 중요한 단서가 밝혀진 것 같다.

비록 ±100년의 오차 범위를 두고 있지만, 그 축조 연대가 서기 330년경에 축조된 것으로 밝혀져 삼국사기의 기록과 일치함을 보여준 것이다. 이제 남은 문제는 서기 330년대에 김제 벽골군이 백제왕조에 속하였느냐 마한의 소국 연맹체에 속해 있었느냐 하는 것이다. 처음에는 김제가 벽골제 축조 당시 백제의 영역이었다는 것에 대하여 의심의 여지를 두지 않았다. 이도학 교수는 벽골제 축조를 아예 근초고왕 때로 단정한다.

그러나 고고학이 발달됨에 따라 토기라든가 생활 도구 등이 속속 발굴되어 백제 문화권과 마한의 문화권의 한계가 드러남에 따라 백제의 마한 공략에 대한 편년에 차츰 의구심을 가지게 되었다. 물론 점령과 동시에 문화의 전이(轉移)가 동시에 이루어지는 것이 아니기 때문에 백제문화의 전이 시점을 가지고 병탄 시기를 가늠하기는 어렵다. 다시 한 번 상기해 보면 마한은 진과 교류가 있었던 서기 290년에서 진(晉)이 멸망한 420년 사이에 멸망한 것이 틀림없으므로 백제의 마한 공략에 대한 편년을 가늠하기 위하여 여기서부터 다시 한번 검토해 볼 필요가 있다. 이 기간은 백제 왕조를 기준으로 하면 9대 책계왕(責稽王: 286~298)대부터 제18대 전지왕(腆支王:

405~420)대까지 해당된다.

이병도는 주서(周書)의 백제전 기록을 근거로 하여 백제의 건국을 아예 제8대 고이왕(234~286)대로 보고 있다. 그뿐만 아니라 많은 내외 학자들도 4세기 이전의 삼한(三韓)을 국가 차원의 조직체로 인정하기를 주저한다. 그렇다고 볼 때 백제는 고이왕 때부터 왕권이 신장되어 비류왕 때에는 중앙집권적 통치체제가 어느 정도 확립된 시기로 보는 것은 무방한 것 같다.

그러나 중국 등 이웃 나라들의 사서(史書)를 종합해 볼 때 비류왕 때까지도 국가 연맹체의 틀을 크게 벗어난 것으로 보기는 어렵다. 비류왕의 즉위 당시만 해도 7대 책계왕과 10대 분서왕이 외적에 살해당하는 등의 허술한 안보 상황이었기 때문에 인접 국가의 정벌 보다는 내치(內治)에 더 많은 역점을 둔 것으로 보인다. 따라서 마한 과의 경계를 비류왕 때까지는 금강 이북으로 보는 것이 최근 학계 의 지배적인 견해이다. 결국, 백제의 남쪽 경계는 천안, 진천, 청주 를 연결하는 선에서 상당히 오랫동안 정체되었던 것으로 고고학계 에서는 보고 있다.

금강 이남은 적어도 4세기 이후부터 백제 문화권으로 전환되었다 고 보는 것이 학계의 견해이다. 결국, 근초고왕 때에야 비로소 금강 이남을 공략하여 노령산맥까지 지배영역을 확대해 간 것으로 본다. 이에 대하여는 더 깊은 연구가 필요하기 때문에 속단하기는 어렵지 만 그렇다면 벽골제는 백제왕조에서 축조한 것이 아니라 마한제국

(馬韓諸國) 중 벽비리국(辟卑離國)에서 축조한 것이다. 마한은 소국 연합체로서 공동 방위 체제는 어느 정도 확립되었다고 볼 수는 있으나 역사(役事)에 인력 동원은 어려운 체제이기 때문에 한마디로 말하면 결국 김제 시민의 지혜와 노력만으로 축조되었기 때문에 규모가 지금보다는 훨씬 적었을 것으로 본다. 그러나 제장은 현 구암 잠관까지인 것만은 분명하다.

이러한 역사적 또는 시대적 상황을 차치(且置)하더라도 삼국사기에서 제장 1,800보라는 기록만을 가지고도 우리가 검토해야 할 많은 문제점을 안고 있다. 우선 시축 당시의 기록인지 증축 후의 기록인지가 명확하지 않다. 삼국사기는 벽골제가 시축된 지 800여 년이 지난 고려 인종(1122~1146) 때의 기록이다.

서기 330년대에 당척(唐尺)은 없었다. 삼국사기를 편찬할 당시(고려인종)에는 지척(指尺)을 사용하였다. 지척은 우리 고유의 척도로 오래전부터 사용해 온 것이다.

제장 1,800보를 당척으로 계산해야 하느냐 주척으로 계산해야 하느냐는 것은 논의의 대상이 될 수 없다. 중국 진 나라 시황제 이후 지금까지 1보(步)는 주척(20cm) 6자로 일관되어 왔기 때문이다.

당초의 벽골제는 규모가 작았지만, 이 규모도 벽비리국(辟卑離國: 김제)의 힘만으로 만든 것이라면 당시로써는 엄청난 대역사(大役事)인 것이다.

그 후 신라 38대 원성왕 때의 기록은 증축(增築)이다. 단순한 수리 보수라는 개념과는 사뭇 다른 규모의 확대를 의미한다. 기존의 제방을 더 크게 쌓았고 원평천에 언을 쌓아 둑을 두월천 상류까지 늘렸다. 고려 8대 현종 때에는 옛 모습 그대로 복원(修完舊制)했고 고려 인종 21년에는 증수(增修)라 했는데, 이것은 증축과 수선의 의미를 함께 내표한 것이다. 조선 태종 때 중수(重修)는 크게 훼손되어 대수리를 했다는 의미로 보아야 한다. 12km에 달하는 원평천변에 쌓은 언제(堰堤)를 그냥 두고 원평천을 가로 질렀기 때문에 제장은 2,600보(3.12km: 문헌비고)로 오히려 짧아졌다.

따라서, 현재 규모의 저수지는 시축 당시부터 된 것이 아니고 여러 차례의 증축을 통해서 지금과 같은 규모가 된 것이다. 그러므로 현재의 규모를 가지고 용적률을 계산해 보는 것은 어렵지 않으나 이것을 가지고 동원된 인력이라든가 공사 기간을 따져보는 것은 큰 의미가 없다.

벽골제의 제장 1,800보를 주척(周尺)이나 지척(指尺)으로 계산했을 경우 기술한 바와 같이 2.16km의 길이가 나오는데 이 거리라면 초승부락 명금산에서 원평천 남쪽 제방(구암잠관)까지의 길이이다.

시축 당시의 벽골제가 명금산에서 출발한 벽골제 제방과 원평천 남쪽 제방에 잇대어지는 경우를 가정해 보면 기술한 바와 같이 저수 답(소택식 저수지)과 저수지의 복합형 수리시설로 볼 수 있으며 주척(20cm)이나 지척으로 환산한 제방 길이가 거의 일치하게 된다. 이 같은 규모로도 당시의 국력으로써는 엄청난 규모이며, 김제 시민들의 지혜와 선구적 발상이 돋보이는 훌륭한 문화유산임에는 틀림이 없다. 이와 같이 우리 민족에게 귀중한 문화유산이 일제의 만행으로 그 원형마저 잃어버리게 되었다.

그들의 문화유산이라면 어떠한 일이 있어도 피해 갔을 우리의 귀중한 문화유산을 무참하게 파괴해 버린 것이다. 그 후 뜻있는 몇 사람들의 움직임이 있어 1975년 장생거 수문과 경장거 수문을 발굴 조사한 데 이어 2012년 3월에 중심거 수문을 발굴 조사함으로써 여러 가지 유익한 자료를 얻는 성과를 거두었으나 원형을 복원하기 위하여서는 연구 과제가 너무 산적해 있다. 사진에서 보는 것과 같이 1950년에 찍은 경장거 수문의 모습과 발굴 당시의 사진 그리고 현재의 모습을 보면 너무도 차이가 커 보인다.

그 후 장생거 수문 주변 정화사업을 연차적으로 시행해 왔는데 안타깝게도 벽골제의 참모습은 사라져 가고 불필요한 조형물만 난무하는 흉물로 변모해 가고 있는 것이다. 소중하게 보존해야 할 사적지에 문화비를 만들어 놓는가 하면 전대미문의 단야 각을 지어놓고 단야 초상까지 그려 놓았으니 흉물치고는 이런 흉물이 또 어디 있겠는가? 귀중한 문화유산을 관련 없는 내용물로 치장하는 것은 파괴행위보다 더한 훼손인 것이다.

우리의 귀중한 문화유산은 벽골제이다. 그렇기 때문에 가장 먼저 선행해야 할 일은 철저한 발굴 조사이다. 벽골제 전체 모습이 너무도 많이 훼손되어 있기 때문에 원형을 복구하기 위하여서는 사계의 권위자들을 총동원하여 원형을 추적해야 한다. 그다음에 벽골제 전체모습을 복원해야 한다. 설화에도 없는 단야 같은 가공인물로 벽골제를 미화하려는 것은 벽골제를 만든 조상들의 넋을 망령되게 하는 것이다. 조상들이 피땀 흘려 만든 벽골제가 용왕에게 처녀 하나 바쳐 만든 것이라면 우리는 조상들을 얼마나 욕되게 하는 것인가를 알아야 한다. 그간의 기록을 간략하게 정리해 보자.

당초 벽골제는 소택식 저수지로써 길이는 2.16km(1,800보)이었으나 제방의 크기는 비교적 작았다. 그래서 큰 비가 내리면 제방이 넘치고 유실된 부분도 있어 비가 그치면 제 내외 경작자들이 모두 합심하여 제방 보수에 나선다. 초축 후 460년이 지난 신라 원성왕 때 지금과 같은 규모로 제방을 증축하여 원평천에 언제(堰)을 막음으로써 제방 길이가 60,843척이 되었다. 이때부터 벽골제는 관개용 저수지의 기능도 같이하게 되어 개폐식 수문이 필요하게 된 것으로 생각된다. 이것은 고려 현종 때 수선을 거쳐 인종 때까지 이르렀는데 이때 수문의 구조가 지금과 같이 발전된 형태로 완성되었을 것으로 보인다. 그러나 불행하게도 무당의 첨사에 의하여 제방이 헐리는 비운을 맞게 된다. 이 상태로 270여 년 동안 방치해 오다가 조선왕조에 들어와서 1415년 8월에 왕명에 의하여 전라도 관찰출척사 박습이 보고서를 태종에게 올렸는데 제방길이 7,196척(영조척 1척 31.24cm), 둘레 1식(30리: 12km)으로 올렸다. 제방 길이는 2.2km로 삼국사기의 1,800보와 같음을 알 수 있고, 둘레는 물가를 잰 것이어서 여기서 당초의 벽골제 규모를 알 수 있는 중요한 단서를 찾을 수 있다. 제방을 터 버리고 수백 년 동안 방치된 상태라면 이것이 본래의 자연 저수지 규모로 보아야 한다. 1,000년이 넘는 세월 동안 충적 작용을 감안한다면 최초 자연 상태의 방죽의 규모는 이보다 더 컸을 것으로 추측된다. 태종 때 보수로 원평천을 막았기 때문에 제방의 길이는 2,600보(문헌비고: 3.12km)가 되고 물 가둘레가 80리(32km)가 되었다. 필자의 추측으로는 만수위 둘레 80리는 여수토인 수여거 수문과 유통거 수문의 높이와 같은 수위로 보는데, 이 경우 제 내 상류 지역의 몽리 사각 지역이 완전히 해소될 수 있는지 여부는 불확실하다. 그리고 이 길이는 제방의 북쪽 접점이 덕산임을 말해주고 있다. 수월리는 명금산에서 4.5km가 넘는다. 당초의 제방 크기는 훼손이 너무 심하여 알 길이 없으나 저변의 부엽토 층에서 그 실마리는 찾을 수 있을 것 같다.

이제 기록에 나와 있는 자료들을 바르게 정리하고 이를 토대로 수로를 만들고 수문 다섯 개의 위치를 찾아 복원한 뒤 이에 부합하는 조형물을 만들어야 한다.

벽골제의 발굴조사와 더불어 원형을 하루 속히 복원하는 것이 김제 시민의 필수 과제임을 깊이 명심하여야 한다. 벽골제는 김제 시민뿐 아니라 우리 민족의 영원한 자존심이기 때문이다.

⌘

벽골제에 얽힌 이야기

1. 초혜산(草鞋山: 신털뫼)

　　　　　전라도 방언으로는 신털미 산이다.

　김제시 부량면 용성리 갯다리(浦橋) 마을에 위치하고 있는데 면적은 약 1정보쯤 된다고 한다. 신털미 산은 벽골제를 시축할 당시부터 여러 차례 보수할 때마다 이곳에서 인부들이 쉬기도 하고 식사도 하면서 신발을 고쳐 매고 흙을 털기도 하며 헤진 짚신을 버리기도 하여 만들어진 산이라고 한다. 특히 조선 태종 때에는 전국에서 1만여 명의 장정들이 동원되어 1개월여 동안 일하면서 더 높아진 것으로 전해지는데 해발 30여m의 상당히 높은 언덕이 되었다.

태종 때 벽골제 중수 후에 중수비가 이곳 남단에 세워졌는데, 어느 때부터인가 동래 정씨(東萊 鄭氏)의 종중산(宗中山)으로 되어 이 비마저 장생거 수문 옆으로 옮겨지고 최근에 세워놓은 안내문만 숲속에 남겨져 있다. 중국 강소성(江蘇省)의 오현(吳縣)에 초혜산(草鞋山)이 있는데, 여기의 초혜산은 어떤 유래가 있어 지어진 명칭인지 알 수 없으나, 이곳에서 자포니카형 벼의 탄화미(炭化米)가 다량 출토되어 중국의 재배벼 역사의 연구에 많은 자료를 제공해 주고 있다. 벼 문화와 초혜산의 지명은 자연스럽게 이어지는 것 같다.

2. 승답(升畓: 되배미)

신털미 산 동쪽에 위치하고 있는데 벽골제 시축 당시부터 많은 인부들이 동원되어 일일이 수를 세기 어려우므로 곡식을 헤아릴 때 되를 사용하듯이 일정한 면적의 땅을 이용하여 인부들을 헤아렸다. 이 되 배미의 면적은 논두럭 18평을 포함하여 518평이라 한다. 한사람이 지게를 진 채 서면 1평 남짓한 공간이 필요하다. 한 번에 500명을 셀 수 있는 면적이다. 이렇게 하여 인원점검은 물론 작업배치에도 활용했던 것으로 추측된다. 그 후 이 땅이 논으로 이용되면서 됫 배미, 또는 승답(升畓)이라 부르게 되었다.

❂ 용

        옛날부터 우리나라에는 바다나 큰 강, 큰 저수지 부근에는 용에 관한 전설이 덕지덕지 묻어있다. 벽골제에도 예외 없이 용에 관한 전설이나 지명이 많이 있다. 저수지 주변에 용골, 용동, 용신, 용두 등 용자가 들어있는 부락이 많이 있고 쌍용추(雙龍湫)에 관한 전설이 그것이다. 그동안 전설이나 지명유래 등이 문자로 이어지면서 어느 것은 오기(誤記)가 그대로 답습되는 것도 있고 아무 생각 없이 짧은 생각들을 덧붙이는 바람에 원래의 의미가 변질되기까지 하고 있으므로 용에 관한 문화사적(文化史的) 의미부터 간략하게 설명하고 용추를 비롯한 민속 등의 오류를 바로잡고자 한다.

  용은 우리 고유어로 '미르'인데 '미르'의 어근(語根)은 '밀'로서 '물'의 어원과 같다고 볼 수 있다. 용은 못이나 강, 바다와 같은 물속에 살며 비나 바람을 일으키거나 몰고 다닌다고 여겨 왔다. 용과 물의 상관성은 용정(龍井), 용호(龍湖), 용지(龍池), 용추(龍湫), 용택(龍澤), 용소(龍沼), 용강(龍江) 등의 지명을 보아서도 알 수 있다. 용은 바람과 비를 몰고 다닌다고 믿기 때문에 농경을 위주로 살았던 고대사회에서 절대적인 신앙의 대상이 되기도 했다. 바다의 별신굿도 그것이다.

  용은 변화무쌍하다. 아주 작은 지렁이도 되었다가 우주를 덮을 듯한 형태의 태산으로 변하기도 하고 하늘을 나는가 하면 지하에 스며들기도 한다. 용의 모습은 사슴의 뿔, 토끼의 눈, 뱀의 목, 개구리의 배, 잉어의 비늘, 매의 발톱, 범의 발바닥처럼 생겼다(삼정구사설: 三停九似說).

용은 다섯 가지 색으로 구분되며 사방과 중앙을 상징한다. 청룡 (靑龍)은 동(東)쪽, 적룡(赤龍)은 남(南)쪽, 백룡(白龍)은 서(西)쪽, 현룡(玄龍)은 북(北)쪽, 황룡(黃龍)은 중앙(中央)을 의미한다.[53]

중앙의 황룡은 힘과 선의 수호신이다. 중국에서는 황제를 상징하고 황색은 황제만이 사용하는 색이다. 이러한 용의 개념은 중국에서 형성되어 우리나라와 일본으로 전래되었다. 용을 신격화하고 초월적인 존재로 만들어 모든 살아있는 동물의 근본이요, 조(祖)라는 중국의 태종(太宗)사상은 우리나라에 그대로 전해져 오래전부터 왕권을 상징해 왔다.

황룡은 왕권을 상징하는 반면 청룡은 수호신이다. 애당초 중국의 용은 중국 동방의 수호성신인 청룡 관념에서부터 출발하였다. 중국에서 동방은 모든 하천이 흘러드는 방향이고 넓은 바다이다. 또 해가 떠오르는 양기가 충천한 곳이다. 산과 물이 만나 생기가 나고 해와 양기가 합해지니 동방의 기운이 생동한다. 그래서 우리나라 서해 바다를 중국에서는 황해(黃海)라고 했다.

그러한 기운이 동방의 용과 같다고 하여, 그리고 변화무쌍한 기운이 용과 같다고 하여 풍수지리에 이를 적용, 산(山)의 형태에 따라 간룡(幹龍), 지룡(枝龍), 평룡(平龍) 등으로 구분하면서 좌청룡(左靑龍) 우백호(右白虎)의 명지(名地)를 찾는다.

이러한 중국의 청룡 사상이 일찍이 신라에 도입되어 신라의 미륵불교 문화와 융화되면서 용은 불교의 팔부중(八部衆)의 하나로 수용되었다.

즉, 호법(護法)불교와 더불어 불법을 보호하고 국가를 수호하는 신장(神將)으로 부각되어 호법용이자 호국용으로 믿어졌다(『삼국유사』 권2, 권3).

신라의 불교신앙은 미륵신앙이다. 불교에서는 과거불을 비바시불(毘婆尸佛) 현세불을 석가모니불 그리고 미래불을 미륵불(彌勒佛)이라 하는데, 용은 미래를 예시해 주는 신비로운 동물로 숭앙되어 왔다.

미래에 대한 기대와 두려움으로 신라의 미륵 불교와 청룡 신앙이 부합된 것이다. 문헌비고에 보면 신라 시조 원년으로부터 조선조 숙종 40년(1714) 사이에 무려 29차례나 용의 출현에 관한 기록이 있다.

그런데 그런 용이 나타난 뒤에는 반드시 태평성대, 성인의 탄생, 군주의 승하, 큰 인물의 죽음, 농사의 풍흉, 군사의 동태, 민심의 흉흉 등의 거국적인 큰 사건이 뒤따르고 있다. 여기에서 공통되는 것은 나쁜 일이 일어날 징조에는 반드시 흑룡이 나타난다. 『삼국사기』 백제 본기 제20대 비유왕(毗有王) 조에 "흑룡이 한강에 나타났는데 잠깐 동안에 구름과 안개가 끼어 캄캄하더니 날아가 버렸다. 이어 왕이 죽었다."라고 했다. 『삼국사기』 열전 궁예 조에 보면 왕창근(王昌瑾)이 한 백발노인에게서 옛 거울 하나를 샀다. 그 거울 속에 글자가 써 있었다. "사년중(巳年中)에 두 용이 나타나는데 하나는 청목중(靑木中)에 몸을 감추고 다른 용은 흑금(黑金)의 동쪽에 모습을 드러낼 것이다."

이 참어(讖語) 속의 두 용은 고려 태조와 태봉왕 궁예를 가리킨다. 청룡은 송악(松岳)을 흑금(黑金)은 철원(鐵原)을 말하며 청룡과 흑룡으로 상징되기도 한다. 문무왕도 죽어서 나라를 지키는 호국용 청룡이 되고자 동해 바다에 묻혔다. 이와 같이 청룡사상은 중국에서 신라로 받아들여져 호법(護法), 호국(護國)의 영물로 민간신앙에 천 년 이상을 뿌리 깊게 파고들어 있었다. 반면에 악룡을 대표하는 것이 흑룡이다. 궁예를 흑룡으로 비유했을 뿐 아니라 『용비어천가』 권4 22장에도 흑룡 이야기가 나온다.

우리나라 설화 속에 등장하는 용은 거의 청룡, 백룡, 흑룡이다. 청룡은 나라의 수호신으로 숭앙받고 있는 용이고, 백룡은 언제나 선한 용으로 흑룡은 언제나 악한 용, 또는 장래 흉조(凶兆)로 나타난다. 청룡이 나쁜 용으로 등장하는 것은 천사의 자리에 마귀를 데려다 놓은 것과 같은 것이다. 뒤에 설명할 설화나 민속에 대한 그간의 왜곡된 오류를 바로잡기 위하여 비교적 장황한 설명을 해 놓은 것이다.

3. 김제 조씨(趙氏) 조연벽(趙連璧) 장군의 설화

용추는 원래 폭포수 아래 움푹 파인 웅덩이를 말한다. 강이나 하천 등지의 다른 곳보다 깊은 곳을 용소(龍沼)라 하기 때문에 여기서도 원칙적으로는 소라 해야 맞을 것이나 요즈음은 함께 사용하는 경향이 있다. 전설에 의하면 신털미산 북단, 원평천에 용추가 하나 있는데 여기에는 백룡이 살고 있었고 부량면 용골

부락 남단을 흐르고 있는 연포천(連浦川)에는 흑룡이 살고 있었다.

고려 고종 때 이곳에 무술이 뛰어난 조연벽(趙連壁)이라는 이가 살고 있었다. 그가 젊었을 때 어느 날 밤 꿈에 한 백의의 노인이 나타나서 말하기를 "나는 벽골제를 지키는 백룡인데 내일 아침에 흑룡이 내습하여 내가 사는 못을 뺏고자 할 터이니 나를 도와줄 사람은 장군뿐이다."라면서 도움을 청하였다. 꿈이 하도 이상하여 그가 다음날 일찍 활과 전통(箭筒)을 메고 벽골제에 나갔더니 간밤에 노인이 일러준 대로 남쪽 하늘에서 먹구름이 일기 시작하여 북쪽으로 움직이면서 풍우가 일고 뇌성이 진동하였다.

그리고 벽골제 안의 물결이 하늘로 솟구치면서 백룡과 흑룡이 일대 혈투를 벌이므로 때를 놓칠세라 활을 당겨 단 한발로 흑룡을 명중시키니 조 장군의 화살 하나로 싸움은 백룡이 승리하고 부상당한 흑룡은 자취를 감추어 버렸다. 이때 조 장군이 쏜 화살에 맞아 지름이 약 2척이나 되는 거대한 흑룡의 비늘이 떨어졌는데, 장군은 이것을 조정에 진상하여 임금이 용상에 깔고 앉는 방석으로 사용하였다고 한다.

그날 밤 꿈에 또 그 백룡이 나타나서 말하기를 "장군의 은덕으로 영원히 이 벽골제에 살게 되었습니다." 하면서 장군과 장군의 후손들이 반드시 부귀영화를 누리도록 할 것임을 언약하였다. 그가 태어난 김제읍 옥산리의 명칭을 고려 때에 용두동(龍頭洞)이라 한 것도 여기서 비롯된 것이라고 한다.

그 후 과연 조연벽 장군은 고려 고종 19년(1232) 9월에 강화도 천도에 대한 구실로 몽고의 적장 살례탑(撒禮塔)이 한강을 건너 차인성(경기도 용인군)에 내습하자 왕은 공을 대장군으로 삼고 승려 김윤후(金允侯)를 부장으로 임명하여 출전하였는데 이 전투에서 살례탑을 사살하고 잔적을 소탕, 평정하였다.

고종은 공의 공적을 기려 상장군 익조공(上將軍翊祚功)으로 벽성군(碧城君)에 봉하고 그 후 좌의정(左議政)에 추증하였다.

장군의 슬하에는 기(岐), 서(瑞), 간(簡), 이렇게 세 아들이 있었는데 모두 고위 관작을 받았으며 특히 셋째아들 간(簡)은 태어날 때 두상이 수려하고 등에는 용 비늘 같은 모양의 무늬가 북두칠성처럼 7개가 박혀 있었으며, 어깨에는 인갑(鱗甲)이 달려 있었으므로 벽골제의 정기를 받고 태어났다고 했다. 과연 고려 25대 충렬왕 때 초시, 중시(重試) 모두 장원급제하여 마침내는 경상도 안렴사(按廉使), 밀직제학(密直提學), 찬성사(贊成事), 문하시중(門下侍中), 우의정(右議政)을 역임하고 벼슬길에서 물러났다. 죽은 후에는 문양공(文良公)이라는 시호를 받았다.

이와 비슷한 설화가 『용비어천가』제22장에 나오는데 이성계의 할아버지 도조(度祖)의 꿈에 어떤 사람이 아뢰기를 "나는 백룡인데 지금은 모처에 있습니다. 흑룡이 나의 거처를 빼앗으려 하니 청컨데 구해주십시오."라고 하고는 사라졌다. 도조가 깨어나서 그저 꿈일 뿐이라 생각하고 대수롭지 않게 여겼는데 또다시 꿈에 나타나 간청하여 말하기를 "공은 어째서 나의 말을 중요하게 생각하지 않으십니까? 날짜를 알려드리겠습니다." 하니 도조가 드디어 예삿일이 아니라 생각하고 알려준 날짜가 되자 활과 화살을 준비하여 꿈에 나타난 장소로 갔다. 과연 사방이 구름과 안개로 어두운데 흑룡, 백룡이 연못에서 싸우고 있었다. 도조가 흑룡을 향하여 화살을 날려 한 발에 죽이니 연못에 잠겼다. 그날 밤 꿈에 백룡이 다시 나타나 사례하며 말하기를 "공의 큰 경사는 장차 자손에게 있을 것입니다." 하고 사라졌다.[54]

과연 도조의 손자 이성계는 고려를 멸망시키고 조선을 건국하였다. 도조는 고려 28대 충혜왕 때 인물이고 조연벽 장군은 고려 고종(1213~1259) 초의 인물이어서 조연벽 설화는 도조의 설화보다 80여 년이 앞선다.

※ 김제 지역에서 발간되는 여러 가지 문헌에서 백룡, 흑룡, 청룡이 뒤범벅이 되어 나오는데 지금부터라도 이를 바로 잡아야 한다. 청룡은 신라 초부터 민족의 수호신으로 섬겨왔으며 악룡으로 표현해서는 절대 안 된다.

❂ 벽골제에 단야(丹野)의 전설은 없다

　　　　　단야의 이야기가 나오게 된 경위와 배경의 설명이 있어야 이 설화가 얼마나 허황된 것인지를 알 수 있을 것이다.

필자는 1975년 1월부터 『동진 농지개량조합 50년사』의 편찬위원으로서 6개월에 걸친 집필을 마치고 동진 농지개량조합 창립 50주년 (1975. 8. 19.) 기념일에 책을 발간하고 난 후 서고를 정리하다 우연히 농토(農土)라는 책을 발견하게 되었다. 농토는 토지개량조합 연합회에서 발행하는 기관지였다. 필자가 이 책을 발견한 1975년도에는 토지개량 연합회가 농업진흥공사에 이미 합병되어 없어진 뒤이었다.

그리고 그 책을 발견한 것은 발행된(1969. 8. 31.) 후 6년이 지난 시점이었다. 그 책의 내용을 훑어보던 중에 한찬석이 투고한 「비련에 얽힌 벽골제」라는 제하의 단편소설을 발견하게 되었다. 벽골제에 관한 소설이어서 평소에 관심을 많이 가지고 있던 필자는 호기심을 가지고 읽어 보았다. 그 내용은 다음과 같은 것이었다.

시대적 배경은 신라 46대 문성왕 때이다. 당시 벽골제 보수공사 시행은 김제 태수 유품(由品)의 책임하에 진행되었으며 조정에서는 전문 토목기사 예작부사례(例作府司例) 원덕랑(元德郎)이 파견되었다. 김제 태수 유품에게는 단야(丹野)라는 외동딸이 있었다. 그녀는 남몰래 원덕랑을 사모하게 된다. 세월이 지나면서 유품 내외도 이 사실을 넌지시 짐작하게 되었는데 그런 줄도 모르고 원덕랑은 오로지 제방 보수공사에만 전념한다.

기실 원덕랑에게는 경주에 두고 온 혼약한 여인이 있었다. 그녀의 이름이 월내(月乃) 낭자이다. 어느 날 월내는 기다리다 못해 원덕랑을 만나려고 태수 유품 집에 찾아든다. 마침 공사가 거의 마무리되어 갈 무렵이었는데 갑자기 폭우가 쏟아져 애써 쌓은 둑이 무너져 버렸다. 실의에 빠진 인부들과 인근 주민들은 낙담한 나머지 인간의 능력에 한계를 느끼면서 보이지 않는 힘에 의존해 보려는 습속이 표출되기 시작했다.

노한 신을 달래기 위해서는 산 제물이 필요하다는 무속이 고개를 든 것이다. 딸의 마음을 짐작하고 있는 유품 내외는 이렇게 찾아온 월내를 마음으로 반길 수는 없지만 들어 내놓고 냉대할 수도 없는 입장 이어서 별실 하나를 내주어 숙식하도록 해 놓고 있는 중이었다. 어렵게 완성되어 가던 벽골제마저 무너지는 난감한 사태에 직면하여 입과 입으로 번져가는 무속의 힘에 유품의 마음도 흔들리고 있었다. 때마침 찾아든 월내는 유품이 결심하는 좋은 빌미가 된 것이다. 제물로 월내를 희생하면 벽골제 보수와 딸의 고민을 한꺼번에 해결하는 가장 좋은 방책이라는 생각이 결심을 부추긴다.

한편 단야는 연적인 월내에 대하여 무척 호기심이 발동한다. 몰래 월내가 투숙하고 있는 방을 훔쳐보게 된 단야는 월내 낭자의 단정하고 우아한 모습에 넋을 잃고 만다. 아버지 유품의 계획과 거사 날짜를 알게 된 단야는 선과 악의 갈등 속에 번민이 시작되었다. 오랜 번민 끝에 단야는 결단을 내리고 거사 날짜에 월내와 잠자리를 바꾼다.

그런 줄도 모르고 인부들은 월내의 방에 들어가 다짜고짜 보쌈하여 터진 제방에 제물로 바친다. 영문도 모른 채 단야의 간청으로 잠자리를 바꾼 월내는 다음 날 아침에야 전말을 알게 된다. 자기 대신 단야가 재물로 바쳐진 것이다. 이렇게 하여 벽골제 보수가 완성되었다는 것이 이 단편 소설의 내용이다.

이 책을 읽고 난 후 시대적 배경이나 등장한 인물 원덕랑의 직첩 등으로 보아 어느 문헌에라도 근거가 있을 것 같은 생각에서 『농토』라는 책을 근무하는 책상 위에 두고 며칠 동안 궁리를 짜 보고 있었다. 그러던 중 이 지역에서 활동하던 J모씨가 우연히 들려 이 책을 보았다. 내용을 대충 검토하던 그는 큰 보물을 얻은 양 반기면서 며칠만 빌려보자는 것이었다. 할 수 없이 빌려주게 되었는데 며칠이 아니라 몇 달이 되어도 책은 돌아오지 않고 어느 날 『단야』라는 소설이 각 기관에 수 백부씩 배부되고 급기야는 '쌍용놀이'라는 해괴한 민속놀이가 단야를 소재로 하여 출품되는 등 어처구니없는 상황이 벌어졌다. 당시 이것이 잘못되었다는 것을 항변하려 해도 근거가 되는 자료(책)가 없어졌으니 항변할 방법이 없었던 것이다.

필자는 당시 직장인(동진 농지개량조합 근무)으로서 시간에 한계가 있기 때문에 다시 『농토』라는 책을 구하기가 무척 어려운 실정에 있었다. 틈틈이 전화로 같은 계통의 기관들에 문의해 보았으나 발간된 지 몇 년이 지난 후 인지라 이 책을 보관하고 있는 곳이 없었다. 기회 있을 때마다 이 책을 구하느라 마음을 쓰면서 어언 25년이 흘렀는데 1999년 어느 날 친구의 도움을 얻어 농업진흥공사(현 농촌공사: 경기도 의왕시 소재)도서관을 방문하여 책을 열람할 수 있었다. 요행이 『농토』라는 책 다섯 권을 한 권으로 묶은 책 묶음 속에서 이 단편 소설이 들어 있는 월간지를 발견하게 된 것이다. 그 순

간 얼마나 가슴이 벅찼는지 모른다. 이제야 그 전모를 밝힐 수 있는 입장이 되어 이 책의 집필을 시작했고, 이 단편소설의 전문을 그대로 이 책에 실을 수 있게 되었다.

민속이란 오랜 세월 동안 우리 민족이 생활 속에 누려왔던 생활습속이다. 개인 생활이건 집단생활이건 생활 속에서 오랫동안 행해오던 우리 민족의 습속이 민속이다. 설화가 무엇인가. 오래전부터 입으로 전해 내려오던 우리 민족의 애환이 서린 옛이야기이다.

1969년도에 발표되어(1969. 8. 31. 발행된 농토) 필자의 손으로 1975년도에 나타난 단야 이야기는 설화도 전설도 아닌 한찬석이 쓴 단편 소설의 줄거리이다. 필자도 수십 년 동안 이에 대한 근거 자료를 찾아보았지만 헛수고였다. 현재 내린 결론은 한찬석의 머릿속에서 구성(構成)된 단순한 단편 소설 외에 아무것도 아니다.

그런데 지금 벽골제 사적지에 단야 각이 세워지고 단야 초상까지 만들어진 것은 너무나도 어처구니없는 일이다. 우리의 문화유산은 벽골제이다. 근거도 없는 조형물로 귀중한 문화유산의 참모습을 가리는 것은 또 하나의 문화재 파괴인 것이다.

❀ 표절된 단야 소설과 원작의 오류

필자의 손에서 벗어난 후 나타난 표절된 단야 소설은 주인공이나 줄거리가 전혀 바뀌지 않은 채 시대적 배경만 신라 46대 문성왕(839~857) 대에서 38대 원성왕(785~798) 대로 바꾸어 놓았다. 원성왕 때의 벽골제 보수는 왕명에 의하여 거국적으로 이루어진 공사로 조정에서 주관하였다. 여기에 군현의 방백인 김제 태수 유품이 관여할 수 있는 여지는 전혀 없는 것이다. 그럼에도 불구하고 시대 배경을 원성왕대로 바꾸어 놓은 것은 너무도 무모하고 황당한 발상인 것이다.

단야라는 이름이 최초로 등장한 것은 1965년에 발행한 『애정의 5천 년』이란 책에 수록된 한찬석이 쓴 「비련에 얽힌 벽골제」라는 제하의 단편소설이다. 이 소설은 그대로 1969년 토지개량연합회에서 발간하는 『토지』(한국농어촌공사 도서관 소장)라는 정기 간행물에 소개되어 필자의 손에는 1975년 7월에 들어왔다. 소설은 픽션이지만 시간과 공간을 설정하면 그 시대와 그 사회에 맞는 실상을 정확하게 묘사하고 그 속에서 작가의 상상력을 동원하여 이야기를 전개해 나가야 하는 것이다. 이러한 큰 틀에서만 보아도 이 소설은 설화는 말할 것도 없고 소설로써도 가치를 인정하기 힘들다. 첫째 서두에 등장하는 청룡이다. 청룡 사상은 중국에서 비롯되어 신라로 건너와 미륵 신앙과 결합하여 민족 수호신으로 섬겨왔다. 문무왕이 동해의 청룡이 되어 나라를 수호하고자 동해 바다에 수장을 원한 것도 같은 맥락이다. 청룡이 악룡으로 등장해서는 안 된다는 말이다. 이 부분은 필자가 한국학 중앙연구소에 질의하여 "흑룡이 맞다."라는 답변을 얻었고(부록참조), 그 내용을 각 기관 및 학교 그리고 김제시 출신의 지도층 인사들에게 알린 바 있다. 그다음이 토목 기사 원덕랑의 관직이다. 예작부사례(例作府司例)라 했는데 예작부는 영선업무를 맡아 하는 중앙관서의 하나로서 예작전(例作典)이라고도 한다.

사례란 예작전에 소속된 관료로 경덕왕 때 잠시 주부(主簿) 또는 사례로 사용한 일이 있었으나, 경덕왕 자신이 바로 사지(舍知)로 고쳐 신라 말까지 사용해왔다. 사지는 신라 시대 17등급 중 13등급에 해당하는 벼슬이다.

원성왕 때나 100년이 지난 문성왕 때도 관직에도 없는 사례란 이름을 사용해서는 안 된다. 2012년을 시대적 배경으로 소설을 쓸 때 김제 시장을 김제 군수로 표현해서는 안 된다는 말과 같은 이치이다. 그다음에 중요한 것은 김제 태수가 전주 백성을 동원했다는 대목이다. 행정 체계상 왕명이나 도백이 주관하는 공사라면 몰라도 13등급인 김제 태수가 주관하는 공사에 5등급이 다스리는 전주 백성들을 동원하기는 불가능하다. 당시 노력동원은 노임을 지불하고 하는 사역이 아니라 부역 형태로 동원되기 때문에 더욱 그렇다.

문학적인 가치는 말할 것도 없거니와 구성 자체가 너무도 작품성이 결여된 단편 소설이다. 더욱 가관인 것은 이 소설을 가지고 시대를 원성왕 대로 바꾸어 놓고 '단야(丹野)'를 '단야(丹若)'로 바꾸어 표절이라기보다 복사나 다름없는 『단야』라는 소설이 1975년 말경에 발행되어 시내 각 기관에 배포된 일이 있었다. 필자는 설화를 소재로 하여 쓴 소설작품은 보았으나 소설을 설화로 만든 것은 세계의 어느 곳에서도 그 유례를 찾아볼 수가 없다. 문화재 파괴보다 더한 수치이다.

❀ 아리랑과 수문모형

또 하나 이해하기 힘든 것이 아리랑과 벽골제의 연관성이다. 벽골제와 아리랑은 그 가치 영역과 기준이 아주 다른 테마이다. 벽골제는 우리 조상들이 지혜와 담력을 모아 만든 자주적 창출물이다. 아리랑은 벽골제를 파괴한 일제가 한국 농민들을 착취한 치욕의 역사를 금만경 평야를 무대로 소설화한 것이지만 벽골제와는 전혀 연관이 없는 테마이다.

두 가지는 이질적인 가치체계를 가지고 있다. 각기 독자적인 가치 영역을 가지고 있다는 것이다. 그래서 아리랑 문학관과 관련되는 모든 것은 저자의 고향으로 보내야 한다는 여론이 높다.

거중기는 다산 정약용 선생이 발명하여 화성을 쌓을 때 투입했던 무거운 것을 들어 올릴 수 있는 기계다. 어느 날 벽골제를 찾아 갔을 때 수문모형을 만들어 놓았는데 거기에 부서진 거중기 모형을 모방하여 설치한 것을 볼 수 있었다. 정말 기절초풍할 것 같은 충격을 받았다. 누가 지적을 해주었는지 지금은 그것을 없애고 다른 모형을 만들어 놓았다. 그러나 지금도 실제와는 너무도 거리가 멀다. 케이블 선이 발명된 시기는 100년도 되지 않았으며 도르래를 사용한 때 또한 정약용이 만든 거중기부터로 보인다. 거중기는 중국의 기중도설을 가져다 참조하여 정조 때 발명한 것이다. 그 전에는 녹로(轆轤)라는 것이 있었는데, 줄을 감는 장치는 물래식이다. 사실 녹로가 발명된 시기도 영조 무렵으로 보고 있기 때문에 시대 차이가 많이 나지는 않는다. 적어도 태종 중수비를 한 번쯤 읽어 보았어도 지금 같은 모형을 만들지는 않았을 것이다. 중수비에는 수문을 끌어올리는 줄을 연환 철삭(連圜鐵索)이라 했다. 쇠고리를 연결하여 만든 줄이라는 뜻이다. 옛날에는 쇠줄이라 함은 연환 철삭밖에 없었다. 더욱 세밀한 자료의 검토 없이 시설물을 함부로 만드는 것은 시민들의 혈세만 낭비하는 것이므로 신중을 기해야 한다.

벽골제에 벽골제의 진정한 가치나 제 모습을 탐구해 볼 수 있는 시설물은 별로 없다. 그만큼 벽골제에 군더더기가 많이 붙어 있다는 말도 된다. 이것이 벽골제의 현재 모습이다. 지금부터라도 벽골제의 발굴조사가 끝나고 제 모습을 찾을 때까지 모든 부가시설을 중지해야 한다.

❀ 김제에 쌍용놀이 민속은 없다

쌍용놀이는 1975년 9월 제16회 전국 민속 예술 경연대회에서 민속놀이 부문에서 최우수상인 문공부장관상을 받은 바 있다. 심술 사나운 청룡은 벽골제를 무너뜨리고 백용은 이 심술을 막는 과정에서 싸움이 일어나고 결국 힘이 모자란 백룡이 물러나고 청룡은 계속 심술을 부리는데, 결국 단야의 희생으로 이에 감복한 청룡이 물러나는 것을 줄거리로 한 신파극이다. 단야 소설에는 쌍용이 없고 청룡만 등장한다.

쌍용추의 전설과 한찬석의 단편 소설을 결합한 각본이다. 민속이라면 전통적으로 내려오던 우리 고장의 풍습이다. 민속은 대개는 제사와 연결되어 제전(祭典)으로 치러진다.

첫 번째로 잘못된 것은 청룡이 악룡(惡龍)으로 등장하는 것이다. 앞에서 설명한 바와 같이 흑룡의 자리에 청룡을 등장시키는 것은 전통적인 우리 민속의 정서와 부합되지 않는 발상인 것이다. 또 쌍용추 전설에는 분명히 벽골제에 백룡과 흑룡이 살았다고 했다.

그런데 여기에 청룡이 등장하는 것은 상식에 벗어난 극본이다. 청룡은 삼국 시대부터 우리 민족이 수호신으로 추앙해온 상상의 영물이다. 더구나 여기에 단야가 등장하는 것은 어불성설이다. 한마디로 말하자면 쌍용놀이는 신파극은 될지언정 오래전부터 내려오는 민속은 아니다. 쌍용 놀이의 무대가 된 용골부락은 1925년 이전에는 존재하지도 않았다. 그 자리는 일제가 무너뜨린 벽골제 제방이었다. 너무도 유치한 각본이다. 1970년대 이전에는 단야의 설화라든가 쌍용놀이의 민속은 어느 문헌에도 보이지 않았다. 당시 정부에서 해마다 민속 예술 경연대회를 개최한 것은 아름다운 우리의 고유문화와 전통을 발굴하여 조상들의 지혜와 슬기를 이어받자고 열린 것이다.

그런데 상만을 염두에 두고 그럴싸한 각본을 만들어 출연하는 것은 이 대회의 본질을 망각한 것이다. 그 후 이러한 문제점들이 노출되어 이 경연대회는 중단되었다. 만화 같은 이러한 민속이 지방문화재 제10호로 지정되었는데, 이 또한 취소해야 마땅한 것이다. 김제에는 오직 입석 줄다리기라는 민속이 있다. 이 민속은 농악과 연결되어 흥겹고 구성지다.

4. 제주 방죽

부량면 소재지에서 동남쪽으로 약 2km 떨어진 명금산 아래에 있었던 옛 연못을 말하는데, 이 방죽은 1925년 일제 강점기에 동진 수리조합이 창설되면서 수리시설의 개선으로 폐제되어 개답되었다. 제주 방죽이라 이름한 것에는 두 가지 이야기가 있다. 하나는 태종 때 벽골제 보수공사에 제주도민까지 동원되었는데 당시의 교통수단으로는 먼 바다를 건너야 하기 때문에 현장까지 당도하는 데 많은 시간이 걸렸다.

결국, 보수 공사가 끝난 시점에 도착하여 몹시 허탈감에 빠진 제주 장정들은 기왕에 왔으니 기념으로 남겨 두어야겠다고 생각하여 처음 배정받은 남쪽 명금산 밑에 방죽을 하나 파놓고 떠났다고 하는데, 이 방죽이 제주 방죽이라는 것이다. 또 하나는 태종 때 보수공사 시 제주도 장정들은 아예 여기에 배정받아 벽골제 보수와 동시에 이 방죽을 파게 되었다. 이로 인해 제주 방죽이라 했다는 것이다. 후자가 설득력이 있는 내용이다. 제주 방죽은 기념으로 파놓은 것도 아니고 쓸모없이 그냥 만들어 놓은 저수지가 아니다. 벽골제 내 태인읍과 부량면 일대에 속한 제 내 경작지에 물을 공급하기 위하여 절대적으로 필요한 용수원이었다. 영농기에 벽골제 물이 빠지면 제 내 상류 지역은 모두 농사를 짓게 되는데 당시만 해도 물이 필요한 갈수기에 아래에 있는 물을 끌어 올릴 수 있는 기계 시설이 없었기 때문에 부락마다 골짜기에 소택식 저수지를 만들어 대비했다. 김제시 관내에 구한말까지 존재했던 제언은 모두 186개였는데, 이 가운데 벽골제 내에만 70개 이상이 있었다. 그중에서 규모가 가장 큰 것이 제주 방죽이다. 벽골제 내 소택식 저수지들은 조선 현종 때 전라감사 이태연이 재임 1년 4개월 동안 신축 또는 개축하여 크게 정비한 일이 있었다.

5. 호남(湖南) 호서(湖西)의 호칭

문헌비고 여지고 산천 조(文獻備考 輿地考 山川條)에 "此與古阜郡 訥堤 益山郡 黃登堤 通稱三湖 忠淸 全羅 之稱 湖西 湖南 以此."라는 기록이 있다. 이 벽골제는 고부 눌제 익산 황

등제와 더불어 삼호라 부르고 충청도를 호서 전라도를 호남이라 부르는 것은 이로 인함이라 했다.

우리나라 지방행정조직은 신라 때는 9주였고 '도'라는 명칭이 사용된 것은 고려 성종(999) 때부터이다. 성종은 전국을 10개 도로 나누어 관내도(關內道), 중원도(中原道), 하남도(河南道), 강남도(江南道), 해양도(海陽道), 영남도(嶺南道), 영동도(嶺東道), 산남도(山南道), 삭방도(朔方道), 패서도(浿西道)로 하였다.

이것을 고려 현종 때 다시 5도 양계(五道兩界)로 개편하여 양광도(楊廣道), 경상도, 전라도, 교주도, 서해도로 변경하였으며 조선 태종 13년(1413)에 8도로 다시 개편한 것이다. 이렇게 볼 때 호남, 호서의 호칭은 조선 태종 이후부터인 것으로 보인다. 충북 제천군사에는 의림지를 기준으로 충청도를 호서라 했다 한다. 하지만 호남은 벽골제를 기준으로 붙은 이름이다. 영남이 추풍령 남쪽 영동이 대관령 동쪽인 것과 같은 이치이다.

6. 김제(金堤)의 지명

김제시의 옛 이름은 벽골군(碧骨郡)이다.

벽골은 '볏골', 곧 벼(禾)의 고을이라는 뜻으로 붙여진 이름이다. 벽골제 역시 이러한 뜻에서 붙여진 이름인데 벽골군도 벽골제가 있으므로 붙여진 이름이다. 벽골군은 신라 경덕왕 때 김제군(金堤郡)으로 바뀌었다. 김제의 제(堤)는 벽골제가 있으므로 해서 붙여졌다(『신증동국여지승람』). 그리고 김(金) 자는 김제에서 금이 많이 생산된 것에서 연유된 것으로 본다.

어느 곳을 보나 '황금 같은 벼를 캐는 뚝'이라는 뜻으로 김제라했다 했는데 이것은 근거 없는 논리의 비약이다. 차라리 가을에 누렇게 익은 황금벌판을 상징하는 것이라 한다면 그래도 좀 합리성이 있겠다. 이 또한 설득력 없는 이야기이다. 김제는 금이 많이 생산되는 곳이다. 1970년대까지만 해도 저수지 준설 공사나 사리 채취 시에 사금을 일구어 내느라 거기에 정신이 팔려 공사가 지연되는 경우가 종종 있었다.

일본 강점기에는 물론 한국 전쟁 직후에도 황산면 강정리, 오정리 앞들이 농한기마다 모두 금광으로 파헤쳐졌다. 지금부터 1,300여 년 전인 신라 경덕왕 때라면 하천에서나 제방 보수 과정에서 땅을 파다 보면 금이 지천으로 나왔을 법한 금의 도시다.

지명유래 전문가인 김기빈도 그의 저서에서 '황금 같은 벼를 캐내는 둑'이라는 풀이에 대하여 의문을 제기하면서 금천(金川: 금구면 대하리)은 마을 앞내에서 금이 나와 이름 한 것이며, 금암(金岩: 금산면 성계리) 역시 마을 주변에서 사금이 많이 생산된 곳이라 이름한 것이고, 금강(金江), 금신(金新), 금평(金平), 금동(金洞), 금옥(金玉), 금산(金山) 등이 황금 같은 벼라는 의미와는 너무 거리가 먼 것으로 보고 있다. 이렇게 볼 때 김제는 금이 많이 생산되어 김(金)이고 벽골제가 있어 제(堤)가 붙은 것으로 봄이 타당하다.

7. 용두동(龍頭洞)

　　　　　　『신증동국여지승람』에 이렇게 적고 있다.

　군의 남쪽 2리에 있는데 조간(趙簡)이 살던 곳이다. 전하는 말에 "조간은 태어나면서 양쪽 어깨에 용의 비늘이 있었는데 바로 벽골제에 있는 용의 정기라고 하였다. 그가 군의 낮은 관리가 되었는데 하루는 괴목 나무에 올라갔더니 읍재(邑宰: 읍의 관리책임자)가 낮잠을 자다 꿈에 나무 위에 쌍용이 얽혀있는 것을 보았다. 꿈을 깬 뒤 사람을 시켜 사실을 알아 보니 조간이 나무에서 낮잠을 자고 있는 것을 보고 즉시 그를 불러 공부를 시켰는데, 후에 과거시험에 장원급제하여 크게 출세하였으므로 그가 살던 곳을 용두동이라 했다." 한다.

　이곡(李穀)의 시에 "장원이 난 곳을 우연히 향하니 옛집 추녀 앞에 석양이 비꼈네, 매번 과장(科場)에서 군용(群龍)이 다투지만 남다른 재주 뭇 새 중에 일악(一鶚)이네, 세상을 싫다 하던 공은 일찍 하늘로 돌아갔네, 이웃에 자리 잡은 나는 황정(黃精: 약재)을 다듬고자 하네, 땅의 영험에서 인걸 난다는 말을 믿을만하구나, 공경(公卿)이 연이어 나는 것을 보라." 하였다.[55]

8. 석산지(石山址)

포교 신털미산 동쪽으로 100m쯤 되는 곳에 제방이 위치하는데 이 뚝 아래에 석산지가 있다. 이 부근 일대에 암석의 지맥이 뻗어 있는 것이다. 언뜻 보기에 평지 같지만 밑에 석질이 좋은 암반이 있어 벽골제를 축조할 때 이 돌을 사용하지 않았을까 하는 생각이 든다. 이 석산은 1950년대에만 해도 도로사리 부설을 하기 위하여 사용되었다고 하는데 이제는 산이 아니라 평지에 묻혀 있어 구분하기조차 힘들다. 신털미 산도 반쯤 암반이라는 말이 있는데 조사해 볼 만한 가치가 있을 것으로 본다.

필자는 기회 있을 때마다 전국 유서 깊은 저수지 유적지를 돌아보았는데 저수지 규모와는 상관없이 모두 호안 석축을 했음이 확인되었다. 벽골제도 틀림없이 제방 안쪽에 호안용 석축을 쌓았을 것으로 확신한다. 여기에 필요한 돌들은 모두 이 석산에서 조달했을 것으로 보인다.

9. 명금산(鳴琴山)

부량면 초승리 벽골제 제방이 시작되는 곳에 명금산이 있다. 이 지명의 유래가 단야와 연결된 것은 앞에서 설명한 바와 같이 아주 잘못된 것이다.

우리나라에서 우리 지도를 최초로 제작한 것은 18세기에 만든 해동지도(海東地圖: 작자 미상)라 할 수 있는데 여기에는 명금산을 엄지산(嚴之山)으로 분명하게 표시되어 있다. 그뿐만 아니라 19세기에 만들어진 여지도(輿地圖)나 광여도(廣輿圖)에도 역시 엄지산으로 표시되어 있다. 순조 때 김정호가 만든 청구도(靑邱圖)에는 암광산(嚴光山)이 이 부근에 표시되어 있다. 이것은 엄지산을 이름인지 아니면 엄지산 부근에 있는 다른 산을 표시한 것인지 모호하여 분별하기 어렵다. 그 후 철종 년간에 만들어진 동여도(東輿圖)나 철종 12년(1861) 김정호가 만든 대동여지도(大東輿地圖)에는 암광산으로 기록되어있다. 이와 같은 역사 기록물로 볼 때, 시기는 명확하게 알 수 없으나, 명금산은 그 후에 붙여진 이름으로 보인다. 단야 이야기를 여기에 연결하는 것은 너무도 황당한 발상이다.

⌘

벽골제 발굴조사

　　김제시에서는 1975년 2월 26일부터 3월 20일
까지 윤무병(尹武炳: 충남 대학교 교수)을 조사단장으로 하여 벽골제
제1차 발굴 조사를 실시하였다. 그 결과, 제1차 조사 부분에 대한
윤 교수의 발굴조사 보고서가 발표되었는데, 우선 보고서의 핵심내
용부터 파악하기 위하여 주요 골자를 전제한다. 이하는 윤무병 교
수의 발굴조사 보고서 내용이다.[56]

1. 發掘經過

조사는 2차에 걸쳐 실시할 예정이었으나 군의 예산사정으로 75. 2. 26. ~ 3. 30.까지 1차 발굴만 하였다. 발굴 실시에 있어서는 군 당국의 요청에 따라 水門 構造의 復元工事 設計에 필요한 자료의 수집에 그 목적을 두게 되었다. 따라서 발굴 범위는 남·북 2개의 수문지와 그에 인접된 제방 일부에 국한해서 조사를 실시하도록 하였으며, 북단 수문지(長生渠)를 A지구, 남단 수문지(經臧渠)를 B지구로 부르기로 하고 동시에 조사를 착수하였다.

그런데 앞에서도 말한 바와 같이 이 제방은 현재 東津農地改良組合의 幹線水路로 사용되어 있어서 春夏農耕期에는 送水가 계속되므로 사전에 아무런 대책 없이 제방에 대한 발굴을 임의로 진행시킬 수 없기 때문에 1차 조사에서는 주로 수문 석주들이 위치한 제방의 서쪽 경사면에 대한 발굴을 먼저 실시킬로 하였다. 제2차 조사는 가을에 施工이 예정되었던 水門 復元工事의 실시를 기다려 그 기간 중에 조사를 함께 병행토록 사전 양해가 이루어졌으나 복원공사에 대한 사업계획이 변경되어 아직까지 그 실현을 보지 못하고 있다.

❀ A 지구

A1에서 A8에 이르는 8개 發掘區劃을 설정하였
다(第2圖 發掘區域圖 참조). A1및 A2는 수로에 면한 안쪽(동쪽) 경사
면에 설정하였으나 堤防構築土의 土層關係는 명료하지 않았다. A1
은 수문의 반대쪽 위치에 해당되며 현재 수로의 바닥으로 된 제방
의 基底部에서 大小의 石塊들이 깔려 있는 층이 나타났는데, 그것
이 水門 內面의 基礎部分에 대한 補强工事의 일부를 形成하고 있
는지의 與否에 관해서는 확인할 수 없었다.

A3와 A4는 수문 남쪽을 따라 제방의 둑 위에서부터 서쪽 경사
면 아래까지 계속해서 일직선으로 팠으며, 여기에서는 주로 제방의
구축 과정과 토층 관계를 밝히는 것에 주력하였는데 성과는 비교적
양호하였다.

A5는 수문 석주의 전면에 구축된 護岸石築이 원래 通過한 위치
를 찾아내려고 시도하였으나, 이미 이 부문은 지난 1961년에 실시된
공사로 말미암아 완전히 파괴되어 아무런 성과도 얻지 못하였다.

A6에 대한 발굴에서는 수문 전면에서 시작된 導水路가 구조적으
로 어떤 시설을 갖추어 실시되었는지 알아 둘 필요가 있었기 때문
에 몇 차례 걸쳐 조사범위를 확장하였으나 별무성과였다. 계속해서
A7, A8을 발굴하여 導水路의 통과지점을 부분적으로 파악하는 데
에는 일단 성공하였으나, 예정된 발굴 일정을 고려하여 이에 대한
상세한 조사는 2차 조사로 미루기로 하였다.

❀ B 지구

이곳에 현재 水門의 두 石柱 사이에 시멘트로 만들어진 取水口가 시설되었고, 또 그로부터 시작된 新造導水路가 있었기 때문에 作業은 먼저 이 도수로를 헐어서 除去한 후 B1부터 B6에 이르는 여섯 구획으로 나누어 조사를 진행하였다.

B1: 堤防에 대한 土層調査를 목적으로 하였다. 構築土의 層序關係는 비교적 명백하였으며 最下層에 이르러 低濕地에서 자란 갈대 등으로 짐작되는 식물들이 압축되어 검게 炭火된 층이 나타났다. 放射性炭素 C14에 의한 年代測定을 위한 試料를 채취하였다.

B6: 수문에 위치한 거대한 두 개의 石柱로부터 시작된 兩岸의 護岸石築 중 남쪽의 것을 B6으로 부르기로 하였다. 堅齒石으로 만든 新造導水路를 헐고 그 후면의 埋沒土를 除去한 결과 南岸의 護岸石築이 대략 원형대로 노출되었다.

B2: 上記한 바, 석주 向右 편(南岸)의 호안석축은 6m의 거리를 연장된 후 直角을 이루고 南折되어 다시 7.7m 계속되었다. B2는 이 부분을 노출시키기 위하여 발굴되었다.

B5: 石柱 向左(北岸)에 위치한 호안석축의 부분이다. B6에 대한 작업과 병행되었으며 석축의 잔존상태는 전자에 비교하자면 과히 좋지 못하였으나 復元에 대한 檢討는 가능하였다.

B4: 向左 편의 호안석축이 前面 西端에서 직각으로 꺾어져 北折된 부분을 발굴한 것이다. 즉 B2의 반대편이 되는 부분이다. 이들은 말하자면 水門 앞에 마련된 호안석축이 전방에서 左右로 꺾어져 날개처럼 전개된 兩翼 부분에 해당하는데, 石材의 잔존상태는 유적 중에서 가장 양호한 편이었다.

B3: B4 구획의 남단으로부터 서쪽으로 향하여 土層調査用의 보조적인 트렌치를 팠다. 이것을 끝으로 하고 그 전면은 현재 사용되고 있는 농업 수로가 남북으로 지나가고 있었기 때문에 1차 발굴의 범위를 그 이상 확대하지 않았다.

2. 遺蹟의 構造

◎ 水門 石柱

水門址에 잔존한 가장 특이한 구조는 門柱처럼 우뚝 선 大石柱들이다.

이 거대한 석주의 한 개의 크기는 높이 5.5m, 폭 75㎝, 두께 50~60㎝이며, 약 4.2m의 간격을 두고 좌우로 對立되었다. 안쪽 면에 각각 폭이 20㎝, 깊이 12㎝ 홈(凹溝)을 위에서 아래까지 팠는데 最下端에 이르러 길이 63㎝, 폭 30㎝의 壙大部를 만들었다. 木製의 둑판을 凹溝에 嵌入하여 그것을 상하로 이동시키면서 放水量을 조절한 것으로 짐작된다. 石柱 頭部에는 上段에서 약 25㎝ 아래의 兩側面(東·西面)에 폭이 30㎝, 깊이 5㎝의 홈을 水平으로 만들었다.

다시 그보다 55㎝ 아래의 위치에 직경 12㎝, 깊이 7~8㎝의 圓孔을 하나씩, 그리고 또 약간 내려간 후면에 또 한 개의 원공을 만들었다. 이러한 頭部의 水平홈과 圓孔들은 둑판을 操作하기 위한 裝置를 가설하는 데 필요한 構造로 가공된 것으로 추측된다. A지구 수문의 석주 頭部는 水平홈을 만드는 대신 그 형태를 凸 형으로 만들었는데 그 아래에 있는 圓孔들의 위치는 대략 비슷하다.

수문 石柱가 세워진 위치 즉 수문과 제방과의 위치관계에 대하여는 A3 및 B1의 트렌치에서 밝혀진 제방의 通過地點을 기준으로 하여 비교 검토한 결과 斷面이 사다리꼴을 이룬 제방의 上邊 外面(西面)에 맞추어 石柱를 세운 것이 거의 틀림없었다.

이 수문 석주가 세워진 곳에서부터 제방 내부에 걸쳐 마련된 取水口의 구조에 대해서는 가장 궁금하게 여겨지던 부분이었으나, 그 발굴은 2차 조사 시로 미루어 둘 수밖에 없었다.

❖ 水門 前面 護岸石築(B地點)

水門 밖으로 마련된 放水路는 그 양편에 護岸을 목적으로 하여 大規模의 石築을 구축하였다. 이 석축에 사용된 石材들은 길이 1.4~1.75m, 폭 54cm, 높이 50cm 정도의 크기로 가공된 長方形의 큰 石塊를 사용하였다. 한 個의 石塊를 그 長邊이 水路 쪽을 面하게 배치한다면 다음 석괴는 短邊이 수로에 면하도록 하여 交互로 方向을 바꾸면서 上下 2段 또는 3段으로 구축하였다.

구축방법이 정연하고 매우 견고하다. 石築의 全長은 左右 편 모두가 약 6m씩인데 前端部는 2단으로 구축된 형태가 원형대로 잘 유지되어 있었으며 그 부분의 石築 높이는 1.1m가 되었다. 한편 이 호안석축의 後段은 각각 수문 좌우의 석주에 접속된 것이 분명하였으나, 部分的인 石材의 喪失로 말미암아 원래의 높이를 밝힐 수 없었다.

그러나 호안석축의 후면을 補強한 積心石들의 殘存高와 石柱에서 엿볼 수 있는 흔적들을 근거로 삼아 검토한 결과 이 접속 부분의 석축은 3단 또는 그 이상으로 구축한 것으로 판단되었으며 그 높이는 약 1.9m에 달하고 있었던 것으로 추정되었다.

즉 後半部와 前半部에서 석축의 높이에 高低差가 있었으며 階段狀을 이루고 앞으로 경사된 형태를 보이고 있었던 것이다. 좌우로 병행된 호안석축 사이의 간격, 즉 다시 말해서 水路의 너비는 약 4.15m이며 水門石柱의 간격과 대략 동일하다.

이 수로의 바닥에는 大盤石과 같은 큰 石塊들을 깔았으므로 웬만한 放水量에는 능히 견디어 낼 수 있게 되어 있다. 한편 이 호안 석축은 수문 석주로부터 시작되어 각각 6.05m의 거리로 연장된 후 좌우로 直角을 이루고 꺾어졌으며 양편으로 제방의 기슭에 따라 兩翼처럼 전개되었다.

그 중 向左 쪽(北 쪽)의 석축이 좀 길게 만들어져서 8.5m에 달하였고 향우 쪽은 그보다 짧게 7.7m의 길이를 이루고 있다. 石材는 역시 비슷한 장방형 석재를 사용하여 2단으로 구축하였으나, 좌우의 양단 부분은 각각 가공이 덜된 長大한 석재를 배열하였다. 이 가공이 덜 된 석재는 크기가 一定치 않았으므로 向左端에서는 석축의 높이는 1.4m가 되어 다른 부분보다 더욱 높아졌다.

이 兩翼 石築 부분의 아래 地表面에는 鋪道를 깐 것처럼 넓은 판돌들을 敷石하였는데 그 너비는 약 1.3m이다.

이상 말한 護岸石築들은 그 이면을 보강하기 위한 積心工事로써 큰 石塊들을 약 1m 또는 1.5m 넘는 두께로 채워서 견고하게 구축하였다.

✪ 堤防構築土

堤防의 규모에 대하여 「與地勝覽」에 실린 重修碑文에는 그 높이가 17尺이며 너비는 上邊이 30尺, 下底가 70尺으로써

全長은 60.843尺에 달한다고 하였다. 현재 이 제방은 평탄한 平地에 대략 남북으로 一直線을 이루고 잔존하였는데 水門이 위치한 지점에서는 제방의 폭이 半圓形을 이루고 바깥쪽으로 확대되었다. 수문 밖으로 放水路 양편에 護岸石築을 구축하였기 때문에 그것에 접속시키기 위해서는 제방의 폭을 그만큼 넓히지 않을 수 없는 것이다.

제방 구축 도에 대한 土層調査用의 A3, A4와 B1 트렌치들은 모두가 이 水門 擴大部에서 발굴되었다. 확대부가 아닌 곳에서는 제방 둑이 얇아서 幹線水路의 水壓으로 말미암아 붕괴될 염려가 없지 않아 있었다. A3와 A4는 A地區 水門石柱에서 南쪽으로 9m의 거리를 두고 東西로 일직선으로 팠다. A3 트렌치의 길이는 6m이며 그 서쪽에 50cm의 간격을 두고 한층 낮은 곳에 9.25m 길이의 A4 트렌치를 팠는데 양자의 길이를 합하면 15.25cm가 된다. B1트렌치는 B地區 水門石柱에서 南쪽으로 5.5m 지점에 東西로 7.5m 길이에 걸쳐 팠다.

A, B 지구에서 트렌치의 길이에 서로 차이가 있었던 것은 A지구의 제방 확대 부분이 더 면적이 넓었기 때문이며 또 이것은 제방의 경사면이 上下 2단으로 階段狀을 이루고 있었다.

堤防構築土는 대략 세 번에 나누어 築造된 것을 알 수 있었다. 이 3차에 걸친 構築土의 형성과정은 A지구에서 더욱 뚜렷이 파악되었다(第7圖土層圖參照). 제방의 하부를 형성한 1次 構築土는 黃褐色의 均質한 粘土를 사용하였으며, 여기에는 石塊를 비롯하여 기타 불순물은 거의 포함되어 있지 않았다. A지구에서 黃褐色粘土層의 두께는 약 2.5m이다.

그 위에 구축된 2次 築土도 역시 황갈색의 점토를 사용하였으나 균질하지 못하고 층이 얼룩졌으며, 군데군데 흑회색 점토가 혼입되었다. 이 황갈색 縞狀粘土層의 두께는 약 85㎝인데 제방 하단에 판 A4 트렌치에서는 이 2차 축토는 東端部를 제외하면 존재하지 않았다. 다시 그 위에 축조된 3次 築土는 粘土層이 아닌 褐色土層으로서 그 퇴적은 제방 중심부 가까운 곳에서 70~80㎝의 두께를 이루었다.

이 土層은 A3에서 A4 트렌치에 걸쳐 존재하였으나 다만 上下段의 경계 지점에서 일단 중단되었다가 다시 그 아래의 A4 트렌치로 연장되었다. 이러한 上層構造의 부자연한 변화로 미루어 보아 제방의 경사면이 上, 下 2단으로 구분된 것은 원형이 아니며 후세에 경작 등으로 인하여 지형이 변경된 것임이 분명하다.

이상과 같이 3차에 걸쳐 형성된 人工堤防土는 그 下部의 自然層과는 쉽게 구분되었다. 그것은 人工堤防土의 下面에 깔려서 생긴 두께가 1~2㎝가량 되는 黑色의 植物炭化層이 그들 사이에 介在하여 있었기 때문이다. 이 식물들은 低濕地에서 自生하는 갈대 등으로 識別되었는데, 상당히 두꺼운 炭化層을 형성한 것으로 미루어 보아 늪가에 무성하게 群落하고 있었던 것을 능히 상상할 수 있다.

黑色炭化層 밑에 있는 自然層은 黑灰色의 粘土層(下部는 黃褐色)이지만 黑灰色은 상부에 있는 炭化層의 黑色에 의하여 물든 것으로 생각된다.

한편 B지구의 堤防構築土는 A지구보다 약간 복잡한 양상을 띠고 있으므로 아래에 兩地區의 土層對比表를 먼저 적어보기로 하겠다.

〈B1 트렌치〉

제1층 黑灰色粘土層	(自然層)
제2층 植物炭化層	(炭化層)
제3층 石塊混入赤色山土層	
제4층 靑灰色混入黃色粘土層	(基礎層) 55cm
제5층 黑·靑灰色混入黃褐色粘土層	
제6층 黃褐色粘土層 (1次築土)	90cm
제7층 灰褐色粘土層	10cm
제8층 赤色山土層	40cm
제9층 黃褐色粘土層	25cm
제10층 褐色粘質土層	15cm
제11층 暗赤褐色土層	85cm
제12층 褐色土層	15cm

〈A3, 4 트렌치〉

黑灰色粘土層	(自然層)
植物炭化層	(炭化層)
黃褐色粘土層	(1次築土)250cm

黃褐色縞狀粘土層	85㎝
褐色土層	70~80㎝
褐色表土層	20㎝

(土層의 두께는 水門石柱와 並行된 堤防位置)

위의 표에서 보다시피 B 트렌치에서도 黑灰色粘土의 自然層위에서 植物炭化層이 발견되었는데 그 두께는 2~3㎝로써 층이 두껍다. 이 炭化層 위에 쌓인 人工堤防土는 表土層까지 합하여 10층으로 구분되었으나 그중에서 중요한 것은 제6, 8, 11의 3개 층이다(以下第8圖 土層圖 참조). 제6층은 A지구 제방의 1차 축토인 황갈색 점토와 동일한 土層으로 두께도 제일 두꺼웠다(90㎝).

제8층은 산에서 取土한 것임이 분명한 짙은 색의 '赤色土層'이며, 그 두께는 약 40㎝에 불과하였지만 그것이 퇴적된 범위는 제6층의 그것과 마찬가지로 水門 확대부의 전면에 미치고 있었다. 제11층의 暗赤褐土層은 그 土質이 赤色山土를 많이 포함한 것 같으며, 두께는 약 85㎝로서 제6층과 비슷한 두께를 이루었다. 그러나 이 土層은 제방 상부를 구축하는 데만 사용되었으므로 퇴적된 범위는 그리 넓지 않았다. 나머지 제9, 10층은 각각 25㎝와 15㎝의 얇은 土層인데 역시 구축 범위는 제방 상부에 한정되었다. 제7층은 B1 트렌치의 北壁에 대한 斷面土層圖에서 보다시피 그 일단은 제8층의 토층 속에서 소멸되고 말았다. 이것은 제7층과 제8층이 동시에 구축되었다는 것을 말해주는 것이다.

한편 3, 4, 5층을 기초 층으로 본 이유는 이들, 특히 제3층(赤色山土層)에 다량의 石塊를 포함하고 있었기 때문이다. 이곳 제방의 下面에 깔려 있는 植物炭化層이 A지구보다 훨씬 두껍게 쌓여 있는 것으로 미루어 보아 地盤이 한층 더 물렀다고도 볼 수 있는 것이다. B1 트렌치의 斷面에서 觀察된 바로는 제5층이 축조된 후 기초공사는 일단 완료되었으며 그 상면이 한때 지표면으로 사용된 흔적을 엿볼 수 있었다.

즉, 거기에는 재와 함께 타다 남은 검은 숯 부스러기들이 깔려 있었으며 또 그곳에서 土器片 1개가 채집되었다. 이 제5층 밑에 있는 또 하나의 土層인 제4층은 퇴적된 범위가 좁고 그 존재는 일부분에 불과하였다. B1 트렌치의 北壁 斷面 土層圖(第8圖)에서는 이 제4층은 이미 볼 수 없으며 그에 대신하여 제3층의 石塊 混合 土層이 확장되어 있었고, 트렌치의 전체 길이를 차지하고 있다.

이상과 같은 土層으로 構築된 堤防의 總高는 A지구의 그것이 4.3m, B지구는 3.3m이며, 양자 사이에 약 1m의 차이가 있었다. 이것은 全長이 3km를 넘는 제방이 平地에 구축되기는 하였으나, 양 지점의 제방이 축조된 地表面 사이에는 원래 標高上으로 약 1m의 레벨 차가 있었던 것으로 생각할 수 있는 것이다.

❋ 도수로

導水路에 대한 조사는 A지구에서 시도되었으며 수문 石柱로부터 서쪽으로 18m와 27m 떨어진 두 지점에 남북 방향으로 A7 및 A8 트렌치를 팠으나 그중 후자에서는 아무런 遺構도 발견되지 않았다. 전자의 A7 트렌치에서는 地面下에 큰 石塊들이 깔린 것이 나타나고 또 트렌치의 단면에서 도수로의 존재를 예상할 수 있는 토층의 변화를 엿볼 수 있었으므로 발굴 범위를 서쪽으로 확대하였다.

그러나 예기한 바와는 달리 이곳에서는 폭이 120cm이고 깊이는 60cm에 불과한 마치 도랑처럼 생긴 소규모의 수로가 서쪽으로 연장된 것을 파악하는 데 그치고 말았다. 수문의 규모로 보더라도 방출된 상당한 양의 水量을 처리할 수 있는 導水路가 있었음이 틀림없겠으며, 그것이 A7 트렌치의 위치에 도달되기 전에 이미 그 방향을 다른 곳으로 돌린 것으로 짐작되었으나 그에 대한 조사는 후일로 미루기로 하였다.

3. 제방의 構築過程에 대한 검토

제방의 인공 構築土는 A지구에서는 3층으로 구분되었다. 그중 아래의 두 층 (제3, 4층)은 토층이 서로 밀착되고 또 사용된 토질이 비슷한 것으로 보아 시기적으로 동시에 축조된 것으로 추측된다. 두 개의 토층을 합한 두께는 3.35m인데 이것을 수문 석주의 높이(5.5m)와 비교해 보더라도 제방의 높이를 그보다 낮게 할 수는 없었을 것이다.

이에 대하여 제방 상부를 형성한 갈색토층(제5층)은 전자들과는 토질이 다르며 또 A4 트렌치 서반부에서 관찰된 바로는 하부의 황 갈색 점토층(제3층)과의 사이에 遺棄된 古瓦片들이 깔려 있는 것으로 보아 이들은 구축의 시기를 달리 하였다고 판단된다. 즉 A지구 의 제방 구축토는 3층으로 구분되지만 제방 축조 공사의 횟수는 두 번에 걸쳐 시공된 것을 알 수 있다.

한편 B지구에서는 수문에 인접된 확대부에서 우선 기초 整地 공 사가 실시되었으며, 이 기초층 상면(제5층 상면)이 한때 지표면으로 사용되었다. 즉 기초 정지공사가 일단 완료된 단계에서 수문과 護 岸石築 공사가 진행된 것으로 해석된다. 갈대와 같은 低濕地 植物 이 무성했던 지역에서 大石塊를 운반하고 가공하며, 그것을 구축하 기 위해서는 그에 앞서 무른 지반을 다져 整地하는 공사가 필수의 일이었을 것이다.

그런데 A지구에서 이러한 기초 공사층을 볼 수 없었던 것은 土層 調査를 위하여 판 트렌치의 위치가 B지구와 서로 동일하지 않았기 때문인지도 모른다. 이상과 같은 기초토층 위에 퇴적된 1次 築土는 A지구에서 사용된 것과 동일한 황갈색 점토를 사용하였다. 즉 全長 이 3km를 넘는 제방에 대한 첫 번째 築土공사는 전 지역에 걸쳐 정 연한 秩序와 계획하에서 首尾一貫해서 진행된 것을 알 수 있겠다.

이 1次 築土(제6층)의 두께는 약 90㎝이며, 그 아래의 기초 층을 합하면 1.45m가 되는데 이것을 A지구의 1次 築土의 두께인 1.5m에 비교하면 약 1m가 미달이 된다. 그러나 앞에서 말한 바와 같이 B지구의 지면 標高가 A지구보다 약 1m 높았다는 것에 기인하였다고 볼 수 있으므로 그 레벨 差인 1m를 가산한다면 A, B지구 모두가 1차 축토의 상면레벨은 똑같이 수평이 되도록 축조되었다는 것을 알 수 있는 것이다.

B지구에서 1次 築土(제6층)의 상부에 퇴적된 7, 8층은 토질이 각각 상이하지만 이 6, 7, 8의 3개 층은 동시에 축조된 것으로 믿어진다. 그 이유는 이들 3개의 토층들은 수문에 있는 護岸 石築의 裏面에 퇴적되어 서로 石材와 밀착되었다는 것을 근거로 하여 그와 같이 추정할 수 있는 것이다. 하기는 이 토층들과 호안석축과의 밀착관계에 대해서는 이번 조사에서는 트렌치의 위치가 적당치 못하여 약간 미흡한 점이 있었으므로 앞으로 재확인되어야 할 필요가 없지 않아 있다. 그러나 이곳에서도 역시 水門 石柱의 높이 등과 관련하여 생각할 때 始築 제방의 높이는 제8층 이상의 높이로 구축되어 있어야만 했다고 생각된다.

제8층보다 상부에는 4개의 토층이 있는데 그중에서 가장 규모가 큰 築土는 제11층의 暗赤褐色 土層이다. 이것은 A지구에 있어서의 제2차 공사 때의 褐色 土層과 對應되는 축토로 짐작되지만 확실하지는 못하다. 그 下部에 있는 제9, 10층에 대하여서는 그것을 소규모의 개수 공사에 따르는 土層으로 본다면 B지구에서는 전후 4회에 걸쳐 제방 공사가 실시되었다는 것이 된다. 이는 오랜 세월을 경과하는 동안에 부분에 따라 제방이 파손되었을 것이므로 그때마다 개수공사가 이루어졌다면 이와 같이 제방의 토층이 부분에 따라 변화를 가져올 수 있는 것이 당연한 일이다.

그러나 앞에서 말한 바와 같이 문헌에는 始築 이후 세 번에 걸쳐 增·修築工事가 있었던 사실을 전하고 있는데 그중에서 어떤 토층이 어느 공사 때의 것에 해당되는지 규명하려면 앞으로 좀 더 제방의 여러 지점에 대한 조사가 실시되기 전에는 전모를 파악하기가 매우 어려운 것으로 짐작된다.

끝으로 水門과 護岸石築에 대하여 「輿地勝覽」 金堤郡 古蹟條에 실린 重修碑文(永樂 十三年, 太宗 十五年, 서기 1415)에 의하면 長生, 中心, 經藏의 三個渠門(水門)은 仍修舊 石柱하였고 또 內面 遮水岸 (護岸石築)도 仍修한 사실이 기록되고 있다.

B지구의 호안석축에 사용된 장방형 石材 중에는 약간 규격을 달리한 것이 混用된 것을 보면 이때 어느 정도의 개수가 있었던 것이 틀림없겠다. 그러나 제방의 下部를 형성한 始築당시의 築土는 이 護岸 石築들과 대체로 밀착된 상태를 보이고 있으므로 水門 전체의 규모에 있어서는 애당초의 구조에 큰 변동이 없었던 것으로 판단된다. 즉, 부분적인 개수공사는 있었다고 할지라도 全長이 3km에 달하는 이 벽골제의 제방과 수문 석주 및 그 全面의 護岸石築

들은 始築 때부터 이미 현재 보는 바와 같은 웅대한 규모로 경영되었음이 거의 틀림없는 것으로 믿어지는 바이다.

4. 시축 연대

◉ 출토유물과 그 연대

　　　　　이번 발굴을 통하여 인공 堤防土 내부에는 이렇다 할 유물들이 발견되지 못하였으므로 출토유물에 의한 연대 고찰은 거의 불가능하다. 하기는 B1 트렌치의 基礎層인 제5층 상면에 깔린 재와 숯 부스러기들 사이에서 土器片 1개가 채집되었으나 작은 조각이어서 時代決定이 용이하지 않다. 色調가 灰靑色이고 비교적 軟質인 것으로 미루어 보아 百濟土器片인 것같이 느껴지기도 한다.

　이 토기편 이외에 양익의 護岸 石築을 발굴하고 있을 때 그 전면의 埋沒土 속에서 많은 古瓦片과 土器片들이 발견되었으나 이들은 始築 당시의 유물로 볼 수 없다는 것은 더할 나위도 없다. 이 매몰토는 훨씬 후일에 이르러 石築이 무너져가는 것을 미리 예방할 의도하에 응급적으로 成土된 인공적인 매몰토임이 분명하였는데 赤色 山土가 주로 사용되었으며, 부분적으로 石塊와 瓦片을 적지 않게 포함하였다(第10圖 土層圖參照). 특히 B4 트렌치에서 유물이 많이 출토되었으며, 그러한 瓦片과 土器片들 중에는 연대가 삼국시대로 소급되리라고 짐작되는 것이 상당수 섞여 있었으나, 한편 고려 초의 것으로 생각되는 綠色粗質靑磁의 破片들도 함께 출토되었다.

이 粗質靑磁는 施釉가 고르지 못하며 그릇의 표면에 鐵分 發色의 露胎 部分이 많이 나타나 있는 壺形 容器인데 1個體分의 파편들이 B4 트렌치의 赤色山土와 瓦·石混合土層에 걸쳐 흩어져 나왔다. 또 石器時代의 有溝石斧 1개가 같은 瓦·石混合土(B4) 속에서 발견되기도 하였는데, 이와 같은 유물들은 取土한 지역의 土中에 원래부터 포함되었던 것이 분명하다.

반대쪽인 B2 트렌치의 호안 석축 상면에서는 백제 시대의 方形礎石 1개가 積心石으로 轉用된 것이 발견되었으며, 이것으로 上限年代를 가르쳐 주는 가치는 있으나 石築의 始築 연대를 결정할 자료로는 사용될 수 없는 것이다. 그 외에는 연대를 검토할 수 있는 대상으로는 수문 석주와 호안 석축 등에 대한 사용 尺度와 같은 것을 고려할 수 있겠으나 이번에는 조사가 거기에 미치지 못하였다.

❂ 방사성탄소에 의하여 측정된 연대

벽골제의 제방이 처음으로 구축되었을 때 이 지역 일대에는 갈대와 같은 低濕性의 식물이 무성하게 자라고 있었다. 제방의 인공 築土層 하면에는 이러한 식물들이 깔려서 壓縮되어 炭化된 층이 A·B 지구 양편에서 모두 발견되었는데 전자의 두께는 1~2㎝이고, 후자의 그것은 2~3㎝, 또는 그것보다 두꺼운 부분 도 있었다. 방사성탄소에 의한 연대 측정에 제공된 試料는 B1 트렌 치의 단면에 나타난 탄화층에서 채취하였으며 발굴이 완료되고 약 8개월이 경과된 후인 그해 12월에 원자력 연구소의 梁慶麟 博士에 게 전달되었다. 梁博士는 유적의 중요성에 비추어서 신중을 기하기 위하여 같은 試料를 나누어 3차에 걸쳐 측정을 실시한 결과 아래 와 같은 연대를 얻을 수 있었다.

번 호	시료번호	연 대	
1	KAERI-149-1	1600±100	A.D.350
2	KAERI-149-2	1576±100	A.D.374
3	KAERI-149-3	1620±100	A.D.330
비 고	1. A.D.로 환산한 기준년도는 1950년 2. 오차는 계측 오차		

이상과 같이 3차에 걸친 측정 결과는 모두 4세기로 나타났으며 이 연대는 문헌에 전하는 시축 연대에 거의 정확하게 들어맞는다. 현재 잔존한 碧骨堤의 축조에 앞서 그 發生段階에 더 소규모의 貯 水池 施設이 있었는지에 대해서는 앞으로 연구의 여지가 남아있으 나, 아무튼 이번에 실시된 과학적인 연대 측정의 결과 現在 碧骨堤 의 年代에 대한 백제 始築設이 거의 확정적인 것으로 굳어지게 된 것을 조사자의 한 사람으로서 매우 다행하게 생각하고 있다.

5. 맺는말

　　　　이상은 벽골제 수문 2개소와 그에 인접된 제방의 일부분에 대하여 실시된 발굴 결과를 기록한 것이다. 극히 제한된 초보적인 발굴에 불과하므로 그 결과를 가지고 벽골제의 전모를 밝힌다든가 어떤 결론을 내린다는 것은 바랄 수가 없다. 다만 이번에 시도된 발굴에서 파악된 몇 가지 사실을 지적해 보면 다음과 같다.

❂ 고대의 축제공사로서는 상상 이상으로 대규모의 토목공사였다는 점

　　　　이번 발굴에서 밝혀진 제방의 높이는 약 4.3m이다. 한편 「신증동국여지승람」 김제군 고적 조에 수록된 벽골제 중수 비문에 의하면 제방 고는 17척, 상변 폭이 30척, 하변 폭은 70척이라고 하였다. 여기에 사용된 척도에 대하여서는 간단히 밝힐 수 없으므로, 지금 제방고 17척을 4.3m로 환산하여 계산한다면 상변 폭은 7.5m, 하변 폭은 17.5m의 규모로 축조되었던 것으로 대략 복원된다. 제장의 전장은 약 3km에 이르고 있으므로 여기에 사용된 전체 토량은 161,253㎥에 달하는 막대한 흙이다. 그런데 1㎥의 흙을 파고 운반하여 다지는 작업에는 하루에 0.5～0.4인의 인력이 소모된다고 하므로 이 축제공사에는 연인원수로 무려 322,500명이라는 방대한 인원이 동원되었어야 한다는 것이 된다. 이 이외에도 거석으로 구축된 수문 공사와 하천 유출처를 막는 난공사에 상당한 인력이 투입되었을 것이므로, 총 작업 인원수는 위에 말한 숫자를 훨씬 초과한다고 보아야 하겠다. 이러한 막대한 노동력을 사역할 수 있던 체제를 생각할 때 그 배후에는 강대한 권력을 발동할 수 있는 국가적 기반과 조직이 이미 확립되었던 것을 가히 짐작할 수 있는 것이다.

❀ 고도로 발달된 측량술이 응용되었다는 점

벽골제는 계곡도 아닌 평탄 지형에 장장 3㎞에 걸쳐 높이가 4.3m에 불과한 제방을 축조하였다. 이 경우 기술적으로 무엇보다 요구되는 바는 제방의 높이가 정확하게 수평을 유지해야 한다는 것을 들어야 하겠다. 즉 정밀도가 높은 수준의 측량법이 전제되어 있어야 한다. 저수지의 수심이 얕으며 그 대신에 수면이 엄청나게 광대한 면적을 차지하도록 계획되었으므로 제방은 일정한 수평고를 꼭 유지해야만 되는 것이다. 만약 부분에 따라 고저 차가 있게 되면 그 낮은 곳에서 물이 넘쳐 둑이 무너지는 결과를 초래하게 된다. 5만 분의 1 지형도에 의하면 제방통과지점의 표고는 해발 2m 정도에 해당한다. 과거에 있어서 이 벽골제의 만수 시 수면을 해발 5m가량이 되는 것으로 추측한다면 그 점유 수면은 지금 김제역 부근, 그러니까 제방 위치에서 동쪽으로 약 8㎞ 지점까지 미치게 되며, 이때 저수지의 총면적은 자그마치 37㎢, 즉 1,120만여 평에 달하게 된다. 이와 같이 축제로 인한 수몰 예정 지역 내에 대한 지형측량도 사전에 실시되어 그것이 축제설계에 충분히 반영되어 있었다고 생각된다.

❀ 다음으로 대형석재의 운반과 구축기술의 발달을 들 수 있다

수문 석주의 높이는 5.5m이며, 1개의 무게는 약 8,000㎏이다. 그 전면의 방수로 양면에 호안을 목적으로 구축된 석축은 1.5m×0.5m×0.5m 정도의 크기로 가공된 석재를 2단 또는 그 이상으로 쌓아 올렸다. 그뿐만 아니라 방수로 바닥에는 대반석과 같은 석괴들을 깔아 놓았다. 이러한 거대한 석재를 저습한 현장까지 운반한 기술, 그 중량 있는 석재를 가공하여 수문과 호안 석축을 훌륭히 가구(架構)한 공법은 웬만한 석실고분의 축조를 능가하는 높은 수준에 도달하고 있음을 말해주고 있다.

❀ 연대 결정이 가능하였다는 점

축조된 제방의 저면 하에 1~2㎝ 넘는 두께의 식물 탄화층이 밀착되어 깔려 있었다. 여기에서 채취된 시료에 대하여 원자력 연구소에서 3차에 걸쳐 방사성탄소에 의한 연대 측정을 실시한 결과 1600±100, 1576±100B.P.라는 연대를 얻을 수 있었다.

이 측정 연대는 삼국사기에 기록된 벽골제의 시축 연대, 즉 흘해왕 21년(백제 비류왕 27년, A.D. 330)과 거의 정확하게 들어맞는 결과를 가져왔다. 이번 발굴에서는 다른 고고학적 자료에 의한 연대 검토는 불가능하였으나 이상과 같이 과학적 방법에 의하여 축성 연대를 결정할 수 있었던 것은 무엇보다 큰 성과였다고 할 수 있는 것이다. 이 연대 측정의 결과는 앞으로 우리나라 삼국사기 고고학의 연구발전에 크게 이바지할 것이라고 믿어 마지않는다. 4세기 중엽에 있어서의 벽골제 축조 사실이 확정을 보게 되면 그로 인하여 4세기 『삼국사기』에서 토목, 측량, 석공, 기타 제반기술의 발달 수준을 해명할 수 있는 하나의 중요한 기준을 설정할 수 있게 된다는 것은 더 말할 나위도 없다. 벽골제의 시축 연대인 4세기는 우리나라 고분 시대의 개시기에 해당하므로 고분 발생 시기의 구명(究明)에 대하여서도 벽골제 발굴의 내용은 중요한 의미를 가졌다고 할 수 있는 것이다. 앞으로 더 본격적인 발굴조사사업이 계속되어 철저한 연구검토를 거쳐 벽골제에 대한 역사적·고고학적 전모가 밝혀지는 날이 하루속히 오기를 기대하는 바이다.

※ 이상이 윤무병 교수가 발표한 「벽골제 제1차 발굴조사 보고서」의 전말이다.

▽ 第1圖 金堤 碧骨堤 位置圖

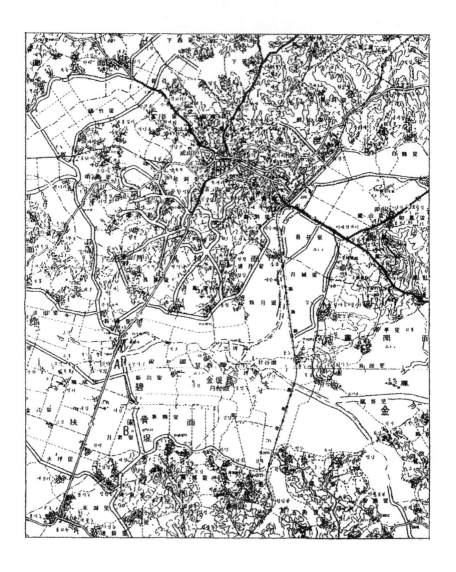

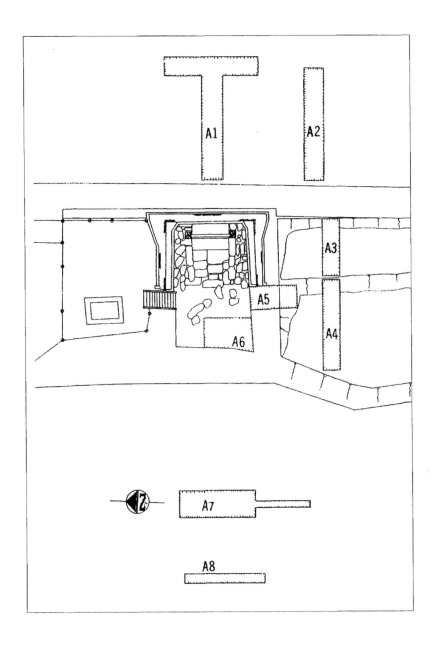

▽ 第3圖 B地區 發掘區域圖

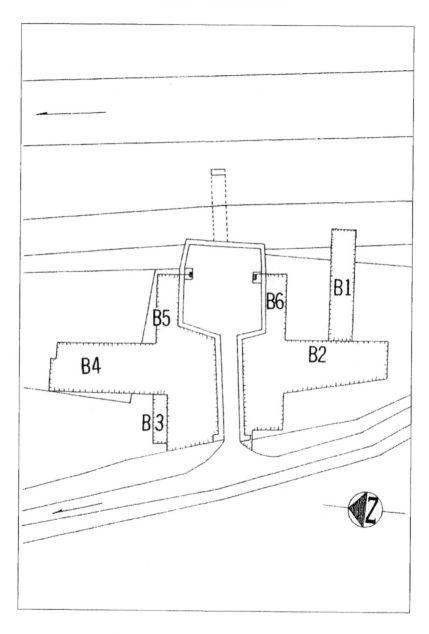

▽ 第4圖 B地區 水門石柱 및 護岸石築(北岸)

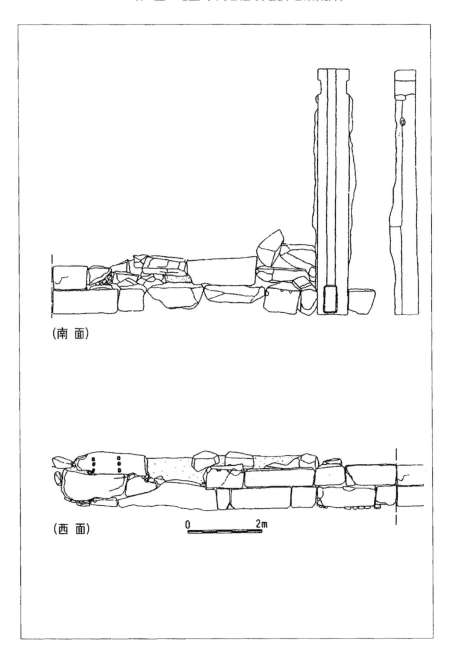

(南面)

(西面)

0   2m

▽ 第5圖 B地區 水門石柱 및 護岸石築(南岸)

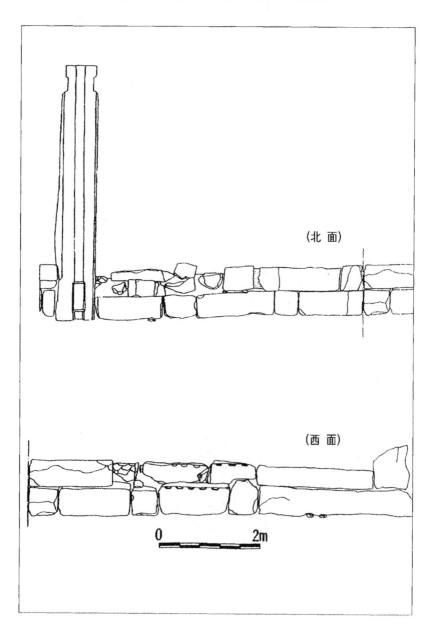

(北 面)

(西 面)

0   2m

▽ 第6圖 B地區 發掘平面圖

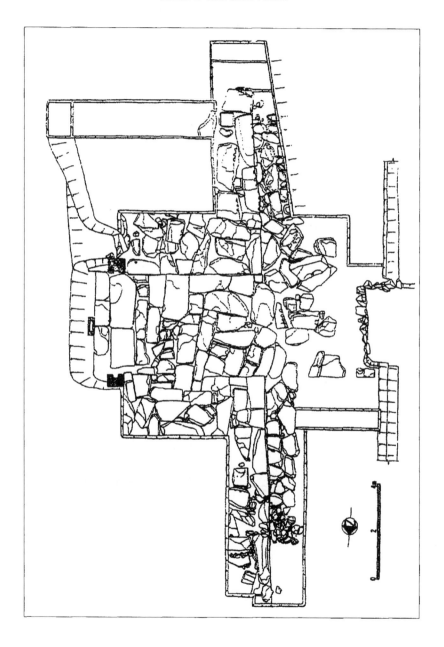

▽ 第7圖 A3 및 A4 트렌취 堤防土層 斷面圖(南壁)

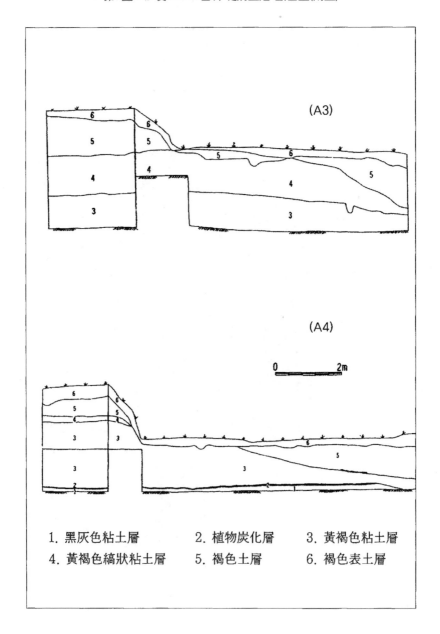

(A3)

(A4)

0 ⊢━━━━┥ 2m

1. 黑灰色粘土層　　2. 植物炭化層　　3. 黃褐色粘土層
4. 黃褐色縞狀粘土層　5. 褐色土層　　6. 褐色表土層

▽ 第8圖 B1 트렌취 堤防土層 斷面圖(南壁·北壁)

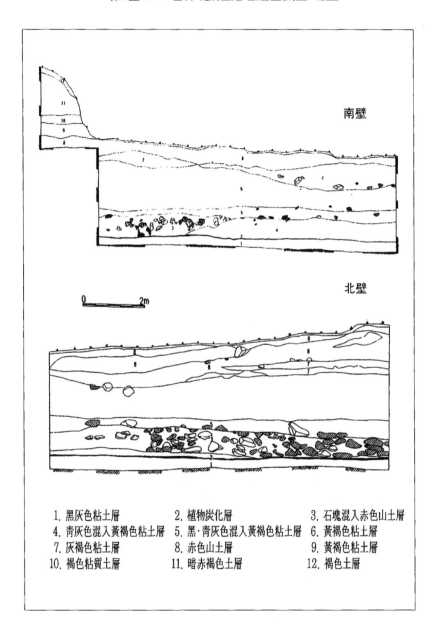

1. 黑灰色粘土層　　　　2. 植物炭化層　　　　　　3. 石塊混入赤色山土層
4. 青灰色混入黃褐色粘土層　5. 黑·青灰色混入黃褐色粘土層　6. 黃褐色粘土層
7. 灰褐色粘土層　　　　8. 赤色山土層　　　　　　9. 黃褐色粘土層
10. 褐色粘質土層　　　11. 暗赤褐色土層　　　　12. 褐色土層

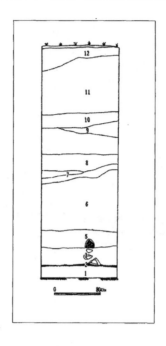

▽ 第8圖 B1 트렌취 堤防土層 斷面圖(東壁)

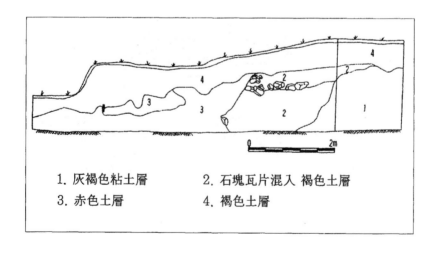

▽ 第10圖 B4 트렌취 西壁 土層斷面圖

1. 灰褐色粘土層　　2. 石塊瓦片混入 褐色土層
3. 赤色土層　　　　4. 褐色土層

▽ 第11圖 B地區 發掘全景

▽ 第12圖 B地區 水門(北쪽에서)

▽ 第13圖 B地區 水門(西쪽에서)

▽ 第14圖 B地區 護岸石築 一部

6. 윤무병 교수의 발굴조사 보고서에 대한 고찰

　　　　　1975년 2월에 최초로 벽골제 발굴조사가 있었다. 충남대 윤무병 교수 팀에 의한 이 발굴 조사는 농한기를 이용한 짧은 조사 기간임에도 불구하고 축조 연대의 확인 및 수문 구조와 호안시설의 형태를 밝혀내는 등 많은 성과를 거둔 점은 높이 평가할 수 있다. 다만 몇 가지 의문점과 아쉬움이 있어 필자의 의견을 개진해 보고자 한다.

　우선 우리가 염두에 두어야 할 것은 중수비에 기록된 제방 규모나 수문 각 부위의 크기는 중수 당시에 사용된 영조척(명척: 31.24cm)으로 잰 길이로 보아야 한다. 이전에는 이에 관한 기록이 전혀 없기 때문이다.

　첫째, 윤 교수 팀에 의한 1차 조사 과정에서 제방 밑에 깔린 탄화물이 당시 자생하던 식물의 탄화물로 보고되었는데, 2012년 전북 문화재 연구소 최규환 박사팀이 중심거 수문을 발굴 조사할 때에도 똑같은 탄화물이 발견되었다. 최 박사 팀은 이를 자생하던 식물의 탄화물이 아니라 제방축조 공법의 하나로 밑에 깐 부엽토라 하였다. 최 박사 팀의 견해가 맞은 것으로 확인되었다.

　둘째, 윤 교수는 맺는말에서 제방 높이를 4.3m라 추정하고, 벽골제 중수비에 기록된 제방 높이 17척, 상변 폭 30척, 하변 폭 70척을 제방고 17척을 기준으로 삼아 실측치 4.3m로 환산(430cm÷17척=25.3cm)

하여 상변 폭을 750cm, 하변 폭을 1,750cm로 축조되었다고 했다.

경장거 수문이 있는 지역은 일제가 처음으로 우리나라에서 경지 정리를 한 구역이어서 표고가 1미터 이상 높아졌기 때문에 반대로 제방 높이가 1미터 이상 낮아진 것이다.

이어 김제 간선을 만들기 위해 동쪽으로 10미터 또는 20미터 이상 옮겨가는 과정에서 1미터 이상 낮아졌다. 이런 불확실한 자료를 가지고 당초 사용했던 영조척의 길이를 환산하는 것은 아주 잘못된 발상이다. 그럴 바에는 수문 석주를 재어 환산하는 것이 합리적이다.

기록에 석주는 15척인데 지하에 5척이 묻혔다 했으니 지상으로 10척이라는 이야기이다. 그러니 수문 턱에서 석주 끝까지 실측하여 10척으로 나누는 것이 가장 정확하다. 그런데 수문 턱과 석주 끝까지는 재지도 않았다.

석주와 석주 사이의 길이를 중수비에는 13척이라 했는데 윤 교수 팀이 실측한 결과 420cm이었다. 실측과 대명척 사이에 14cm 정도 차이가 나는데, 양쪽 각각 7cm 차이밖에 안 나므로 수백 년 동안 마모와 물림 이완 상태를 감안하면 맞는 수치이다. 제방의 높이나 하변 폭, 상변 폭은 훼손이 심하여 실측이 불가능하지만 석주는 그대로 남아 있어 실측이 가능하므로 차라리 석주 간격 420cm를 기준으로 하여 중수비에 기록된 13척을 환산하는 것이 더 합리적이다.

셋째, 경장거 부근이 장생거 부근보다 표고가 1m 정도 높다는 전제 하에 제방 높이를 계산했다. 윤 교수가 발굴 조사하던 1975년도에는 경장거 일대(부량면 월승리, 대평리, 용실리, 용정리 등) 228정보가 1934년에 우리나라 최초로 경지정리사업이 이미 완성되었기 때문에 표고가 다른 지역과 상당한 차이를 보일 수밖에 없다. 1921년도에 작성된 벽골제 부근의 실측도면에 의하면 장생거 부근의 표고와 경장거 부근의 표고가 비슷하다(허수열 저 『일제초기의 조선의 농업』 136~137쪽).

1997년도에 작성된 국토지리 정보원의 벽골제 부근의 지형도를 보면 장생거 지역의 경지 정리가 모두 끝난 후이기 때문에 역시 장생거 부근이나 경장거 부근의 표고가 거의 일치한다.

현재 수문 석주가 제방 상변으로 솟아 있는 것은 일제가 김제 간선 수로를 만들기 위하여 동쪽 제방을 만들면서 벽골제 윗면을 상당량 잘라 내어 제방 높이는 더 낮아졌다. 경장거 석주가 제방 뒤쪽으로 밀려난 것도 같은 이유이다.

넷째, 수문 턱에서 석주 끝까지의 길이가 빠져 있다. 경장거 수문 석주의 원형이 그대로 보존되어 있어 이의 실측이 가능한데 아쉬움이 크다. 기록에 의하면 석주의 총 길이가 15척인데 지하로 5척이 묻혀 있다 했으니 수문 턱에서 석주 상단 끝까지는 10척이다. 이 길이는 수문 석주 세 개가 동일하므로 석주 간격과 더불어 사용된 영조척의 크기를 확인할 수 있는 좋은 자료가 되기 때문이다.

다섯째, 장생거 수문 석주가 제방 상부를 기준으로 서쪽에 설치되었다고 단정 한 점이다. 통수를 위한 수문이 저수지 제방 뒤쪽에 설치하는 것은 불가사의한 공법이다. 벽골제보다 연대가 오래된 밀양의 수산제나 벽골제와 동시에 축조되었다는 영천의 청제, 제천의 의림지까지도 수문이 제방 뒤쪽에 설치된 곳은 전국 어디에도 없다.

벽골제를 헐어내어 김제 간선 수로 동쪽 제방을 만드는 과정에서 수문 석주가 제방 가운데로 노출되게 되었다. 이를 덮기 위하여 뒤쪽(서쪽) 흙을 앞으로 날라 수문을 덮다 보니 새로운 형태의 제방이 만들어지면서 수문이 뒤쪽에 설치된 것처럼 보인다. 이것은 옛날 노인들의 구전으로도 들은 바가 있다. 그 결과, 벽골제 원 제방은 서쪽 면이 평지처럼 경사가 완만하여 해방 전후부터 치안이 문란해진 틈을 이용하여 난민들이 하나둘 모여들어 집을 짓고 살게 되었다. 이곳이 제방 위에 형성된 용골 부락이다. 윤 교수 팀은 이 점을 전혀 고려하지 않은 것 같다.

여섯째, 서기 330년 전에 만들어진 벽골제 최초의 모습이 전혀 밝혀지지 않았다. 제장이 1,800보라는 것 외에 발굴조사에서도 그 실마리조차 찾아내지 못했다. 발굴 조사를 통하여 최초의 벽골제 규모를 알아내는 것이 무엇보다 중요한 과제이다. 그다음에 제방의 증축과정에 따른 변화 과정과 수문의 설치 연대가 밝혀져야 한다. 이런 것들을 알아내지 못한다면 제방 단면을 자르고 수문지를 발굴조사 하는 의미가 크지 않다. 이것은 벽골제가 우리나라 농경문화에 어떠한 기여를 했는지를 가늠하는 가치 판단의 중요한 요체이기 때문이다.

마지막으로 경장거 취수구의 길이가 중수비에 나타난 제방 저변 수치와 맞지 않는 것은 취수구가 제방 저변으로부터 2m 이상 높은 곳에 있기 때문에 이해할 수 있으나, 수문 석주로부터 서쪽으로 6m 되는 지점에서 양쪽으로 직각으로 꺾여 폭 1.3m 간격으로 날개처럼 남북으로 7~8m의 공간을 만든 특이한 부분에 대한 설명이 없어 아쉬움이 크다.

역사 유물의 유존체를 조사 연구하는 데는 무엇보다 실사구시의 정신으로 임해야 한다고 필자는 기왕에 강조한 바 있다. 논리적인 접근은 그다음의 과제이다. 벽골제에 관한 가장 중요한 사료는 현존하는 벽골제의 실체이다. 지금의 벽골제는 일제가 수로를 만들기 위하여 부숴버린 잔해이다. 그래서 수로 공사과정도 벽골제의 원형을 찾는 데 중요한 자료가 된다. 파괴과정이 무시된 채 현재의 벽골제를 분석하고 논리를 전개하는 것은 무의미 한 일이다.

1차 발굴 조사는 일단 시작이라는 점에서는 큰 의미를 부여할 수 있다. 그리고 몇 가지 성과도 거둔 셈이다. 조사단장을 맡았던 윤무병 교수도 몹시 아쉬움을 표시한 것처럼 뜻있는 사람들의 한결같은 마음은 계속 유지하여 발굴 조사가 이루어져야 한다. 당시 가을로 예정되었던 2차 조사는 예산 부족으로 실현되지 못했다.

하지만 그 후 벽골제 주변에 조경과 조형물을 만드는 데 얼마나 많은 예산이 소요되었는가? 사안의 중대성에 선후가 바뀐 것이다. 일제가 제방을 두 쪽 내어 수로를 만들더니 우리 정부에서는 불필요한 조형물을 만들어 벽골제의 위용을 완전히 가려 버렸다. 귀중한 역사적 유물의 말살이라는 측면에서 보면 양쪽이 다 마찬가지이다.

이제라도 늦지 않았으니 원래의 모습을 되찾아야 한다. 일제가 부수고 세운 중앙청도 헐어내고 경복궁의 원래 모습도 복원했다. 광화문도 다시 복원했다. 훌륭한 문화유산을 복원하는 것은 예산의 낭비가 아니다. 문화의 뿌리를 견실하게 가꾸는 행위이다.

첫째, 여러 가지 역사서나 문헌을 통해서 보면 벽골제는 시축 후 여러 차례의 증축을 통하여 오늘날의 규모가 되었다. 그래서 성토 구간과 삭토 구간을 조사 분석하여 당초의 규모와 증축 과정을 밝혀낼 필요가 있다. 이것은 우리나라 농경 문화의 발전 과정과 밀접한 연관을 가지고 있기 때문이다. 그리고 여러 차례의 증·개축 과정을 거쳤기 때문에 지금의 규모를 가지고 동원 인력을 계산해 보는 것은 큰 의미를 가지지 못한다. 우리 민족이 농경 생활뿐만 아니라 운반 수단에 있어서도 축력(畜力)을 이용하기 시작한 것이 삼한 시대 이전부터 이기 때문에 더욱 그렇다.

둘째, 5개수로의 유구(遺構)를 찾아야 한다. 그러기 위하여서는 지금 전각이나 동산을 만들어 놓은 성토 구간도 상당 부분 파헤쳐 보아야 할 것이다.

셋째, 현재는 수문이 5개로 되어 있는데 맨 처음에는 몇 개로 시작되었으며, 조선 왕조 태종 15년에 보수할 때 수문이 4개였던 것을 하나 더 만든 사실이 조선왕조실록을 통하여 밝혀진 것처럼 언제 하나씩 추가된 것인지 조사해 보아야 한다. 이것은 벽골제가 우리나라 도작 문화에 기여한 내용을 혜량하기 위함이다.

넷째, 정부 예산을 투입하여 지속적인 발굴 조사를 실시하여 정확한 데이터를 얻어야 하며, 조사된 내용에 따라 복원이 되어야 한다. 여기에 소요되는 예산을 열약한 지방자치 단체에서 감당하기는 불가능하기 때문이다.

다행히 2012년부터 김제 시장의 의지와 부단한 노력으로 발굴조사가 다시 시작되었지만 선결되어야 할 난제들이 산적하여 소기의 성과를 거두지 못하고 있다. 그래도 세 개의 수문 중 마지막 남은 중심거 수문지를 발굴한 것은 큰 성과라 할 수 있으나 훼손이 심하여 특별히 얻은 것이 없다.

그간의 노력에도 불구하고 벽골제의 당초의 모습과 증축 과정, 수문의 제조 연대, 등 남은 과제가 더 많다. 이러한 난제들을 해결하기 위하여서는 고고학자나 사학자는 물론, 토목이나 수리 전문가, 그리고 지질학자까지도 포함하는 다양한 분야의 전문가들이 발굴 조사에 참여하도록 하여 정밀한 자료를 바탕으로 벽골제의 옛 위용을 되찾아야 한다.

김제시에서는 벽골제를 유네스코에 등록하기 위하여 신청서를 냈으나 서류심사 단계에서 반려되고 말았다. 가장 기본이 되는 문헌에 기록된 벽골제 길이부터 바로잡아 모든 기록을 체계적으로 정리하고 연구하여 다시는 유네스코에 망신당하는 우를 범하지 말아야 할 것이다.

▽ 경장거 수문 석주(윤무병 교수의 발굴 조사 기준)

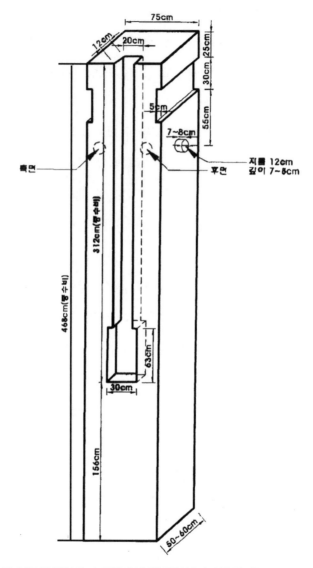

수문 석주의 길이와 수문턱에서 맨 윗부분까지의 길이는
중수비를 기준하여 환산했음.

▽ 일제에 의한 벽골제 파괴 과정

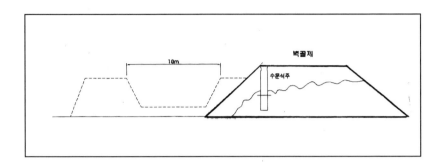

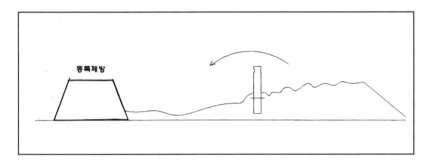

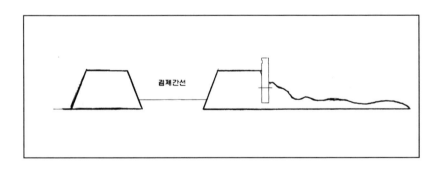

⌘

벼의 근원과 전래

　　　　　　　　벼도 다른 농작물과 마찬가지로 야생 벼가 그
원조이다.

　야생 벼는 보통 동북 인도아대륙, 태국, 캄보디아, 동남 중국을
중심으로 서부 인도, 필리핀, 말레이시아 등에서 서식하고 있으며
특히 다년생 야생 벼는 연중 습기가 많은 동남아 도서 지방과 동남
중국에서 자라고 있다. 이와 달리 일년생 야생 벼는 건기가 끼어있
는 인도아대륙과 동남아 지역에서 많이 자란다.

　이렇게 분포하고 있는 야생 벼에서 재배 벼의 기원을 찾기는 쉬운
일이 아니다. 재배 벼는 야생 벼에서 인위적인 순화(馴化)과정을 거

처 재배되어온 환경과 기후변화에 적응하면서 다양한 종으로 육종되고 변이되어 오늘의 재배 벼에 이르렀기 때문이다.

야생 벼가 서식하고 있는 분포로 보아 재배 벼가 위와 같은 지역을 중심으로 시작된 것에 대하여는 별다른 이론이 없다. 그러나 구체적으로 어떠한 종(種)이 재배 벼의 직접적인 선조 인지에 대하여는 이론이 많다.

재배 벼가 일년생 야생 벼에서 기원한 것인지 다년생 야생 벼에서 기원한 것인지가 우선 논란의 대상이 되었다. 하지만 야생 벼가 입지 여건에 따라 다년생 일년생의 반복적 변이성을 보여 왔고, 물 부족과 같은 열악한 환경에서는 이에 적응하기 위한 자연적 변이나, 인간의 선택에 의한 육종 과정을 거쳐 왔기 때문에 그 기원이 다년생이냐 일년생이냐 하는 것을 규명하기도 어렵지만 이제 그 논쟁 자체가 무의미해졌다.

결국, 재배 벼는 어느 한 곳에서 기원한 것이 아니고 여러 곳에서 시간적 차이를 두고 반복적으로 발생하였다는 분산 기원설이 지금은 설득력을 얻고 있기 때문이다.

재배 벼는 인디카와 자포니카로 분류된다(加勝). 이렇게 분류하는 근거는 잡종불임성(雜種不稔性), 즉 성적 친화성(性的親和性) 다시 말하면 교잡(交雜) 가능성 여부에 따라 분류한 것이다.

인디카는 열대아 전역에 분포하여 남아시아, 동남아 대륙 저지대, 인도네시아와 중국의 남부 지방에서 경작해왔다. 자포니카는 온대

지방과 동남아의 높은 지대에서 재배되고 있는데 온대형 자포니카와 열대형 자포니카로 구분한다. 대체로 북회귀선 북위 23.5도가 온대형 자포니카와 열대형 자포니카로 구분하는 분기선이 된다. 온대형 자포니카는 다시 육도(陸稻)와 수도(水稻)로 구분하며 수도가 우세하다. 중국에서는 인디카와 자포니카 대신에 선(秈)과 갱(粳)이라는 용어를 사용한다.

그렇다면 인간이 벼를 재배하기 시작한 것이 언제부터 이었을까? 재배 벼의 기원에 관한 믿을 만한 자료는 탄화미라든가 화분(花粉), 볍씨 껍질의 유체, 토기에 남아 있는 벼 껍질이나 벼 알의 흔적 등에서 찾아낸다. 중국의 장강 유역에서 발견된 왕겨가 9천 년 전에서 7천 년 전으로 추정되는데 지금까지 발견된 것 중에서 가장 빠른 시기의 것으로 본다.

인도의 경우 겐지스강 유역에서 기원전 8천 년이나 7천 년대에 야생 벼가 식량자원으로 이용되기는 했으나, 재배 벼의 기원은 중국의 장강 유역보다 비교적 늦은 시기에 시작된 것으로 본다. 학자에 따라서는 장강 유역의 벼 재배 문화의 영향을 받았을 것으로 보는 사람도 많은데, 질적 특성상 인도 독자적인 재배 가능성을 배제하지는 못한다.

기원전 2천 년 기는 벼농사가 크게 팽창하는 시기이다. 기원전 1천 년 기에 들어서면 당시에 식량으로 사용했던 벼로 보이는 것으로써 챠오프레야(서부 캄보디아) 강 유역의 서부, 북부 태국의 고원,

마이크로네시아의 얍(yap)섬까지 벼의 유존체(遺存體)가 발견되었다. 그러나 이와 같은 자료들만 가지고는 재배 벼의 기원을 단정하기는 매우 어렵다. 발견된 유체의 연대는 파악할 수 있지만 그것을 재배 벼의 기원이라고 보기는 어렵기 때문이다.

발견된 벼의 유체마다 측정 연대가 다르고 특성이 다를 뿐 아니라 학자들마다 분류방법이 달라 단정적인 벼 기원을 가늠하기는 매우 힘든 일이다. 다만 도처에서 발견된 벼의 유존체들이 기원전 2천 년대에 많이 집중되어 있다. 이러한 자료들을 종합적으로 검토해 보면 동아시아에서 재배 벼는 열대 또는 아열대인 인도의 아삼, 미얀마 북부, 타이 북부 중국 남서부를 잇는 동서로 긴 지대가 벼 재배의 중심 지역대로 설정할 수 있다.

우리나라에서는 아직은 야생 벼가 자란 흔적이 없기 때문에 한국에서 재배되고 있는 벼는 타 지역에서 전래된 것으로보고 있다.

고고학적 조사에 따르면 중국 장강 중·하유역(長江中下流域)에서 기원전 7~5천 년 사이에 도작(稻作)의 증거가 나타난다. 식물학적으로도 장강 하 유역(長江下流域)이 재배 벼를 경작하기에 최적의 조건을 갖춘 것으로 분석되었다.

최근에 벼 규산체(硅酸體) 분석 방법이 도입된 후 강소성 오현(吳縣)의 초혜산(草鞋山) 유적에서 검출된 벼 규산체를 분석한 결과 마가병기(馬家浜期) 시대까지 자포니카 형 벼가 재배된 흔적을 밝혀내었다.

대부분의 학자들은 자포니카 벼는 중국에서 양쯔강을 끼고 하류 방향으로 동북상하여 해상경로를 통하여 한국과 일본 열도로 전파되었다고 보고 있다. 온대형 자포니카는 춥고 건조한 기후에 강하기 때문에 충적세 중기 이후 지구 온난화에 따라 북쪽으로 확대되었고, 결국 요하를 건너 육로로 만주지방을 경유하여 한국에 전래된 것으로 보고 있다. 육로를 통하여 들어온 재배 벼는 주로 육도로 여겨진다. 이것은 산도라고도 하는데 비교적 건조한 기후에서도 잘 자란다.

반대로 북쪽에서 재배되는 수도(水稻)는 남쪽에서 북쪽으로 확대되어 간 것으로 보아야 한다. 북쪽에서 발굴된 수도 종은 남쪽에서 발굴된 것보다 그 연대가 짧기 때문이다. 북쪽에서 발굴된 자포니카 수도종(水稻種)은 그 연대가 B.C. 1000년대 전반기에서 B.C. 1000년대 후반기의 것으로서 경기도 일산 가와지(家瓦地) 토탄층에서 발굴된 벼 유체가 5,020bp인데 비해 그 연대에서 상당한 차이를 보이고 있다.

그래서 우리나라 재배 벼를 특히 수도(水稻)는 장강 하 유역에서 해상을 통하여 한강 하 유역으로 들어 와 남북으로 확산되어 갔을 것으로 추정하고 있다. 일산 가와지 토탄층, 김포 가현리 토탄층, 서정리 1지구 토탄층에서 발굴된 벼 유체의 분포가 모두 한강 유역일 뿐만 아니라 연도도 거의 비슷한 4,000년 전 것으로 밝혀졌기 때문에 그런 심증을 가지게 한다.

또한, 가와지 지구보다 연대는 늦으나 한강 이남의 남부 전역에서 고루 청동기 시대 유물들이 쏟아져 나와 벼농사는 한반도 남쪽에서 수도 종을 위주로 왕성하게 이루어졌음을 말해주고 있다. 원시시대 벼농사는 수도이든 육도이든 직파 법에 의하여 재배되었다. 다시 한 번 강조하는 바이지만 이와 같이 잠정적인 결론에도 불구하고 더 많은 연구와 노력이 필요한 것은 발굴된 벼 유존체의 연대 측정만으로는 벼 재배의 기원과 전래경로를 확실하게 밝히기는 어렵기 때문이다. 더구나 1996년부터 1997년 사이에 충북 청주시 옥산면 소로리 156-19 논 일대에서 59개의 탄화 벼가 쏟아져 나와 이 시료 들을 분석한 결과 8,800bp에서 16,980bp의 것으로 나왔다. 지금부터 17,000년 전이라면 구석기 시대이다.

지금까지 발견된 볍씨 중 세계에서 가장 오래된 탄화 볍씨인 것이다. 믿기 어려워 다시 영국기관에 의뢰하여 검사 결과, 같은 수치를 얻어냈다. 이것은 재배 벼 중 사티바(Sativa)임이 분명했다. 영국의 BBC 방송은 세계의 벼농사 역사를 다시 써야 한다고 기염을 토했다. 이것은 이융조 교수팀이 올린 공적이었다. 하지만 재배 벼는 자생 벼의 존재를 전제로 하기 때문에 우리나라 기후 여건상 벼의 자생이 가능했는지가 숙제로 남는다. 관계기관이나 학계에서는 마음을 다잡고 이 분야에 깊은 성찰을 해야 할 때이다.

한국에서 1980년대 이후 고대 주거지 유적 발굴이 활기를 띠면서 고대 농경문화 연구에 많은 진전을 보이고 있는데 이것은 여기에서 생활 용기로 쓰이던 각종 도자기와 농기구들이 쏟아져 나온 것이 그 원인이다.

고대 집터에서 출토된 농기구들의 쓰임새와 연대, 그리고 발달 과정을 연구해 보면 도작(稻作) 문화의 발달 과정을 가늠할 수 있는 중요한 단서가 많이 있다. 특히 벼를 주식 또는 주요 식량자원으로 취급해온 동아시아와 동남아시아권은 그 주거환경이 도작 문화와 불가분의 관계에 있음이 명백하기 때문이다.

토기는 일상생활에서 가장 많이 사용되어온 용기이다. 토기의 태토에 묻어있는 벼의 흔적이라든가, 용기에 담겨 있는 탄화미, 그리고 규산체분석(硅酸體分析) 방법이 개발되면서 토기 파편에 섞여 있는 규산체 분석을 통한 연대 측정으로 많은 고고학적 자료를 얻고 있다. 그리고 벼 규산체 분석 방법을 통하여 수전지(水田地) 탐사에도 많은 진전을 보여주고 있다.

1990년대부터는 농경유구(農耕遺構)의 발굴조사가 본격적으로 이루어지면서 농경문화 연구에 많은 성과를 올리고 있는데, 지금까지 확인된 논 유구 가운데 가장 오래된 것은 진해 자운동 유적1, 울산 옥현 유적과 야음동 유적으로서 청동기 시대 중기로 편년된다.

고고학적 자료에 의한 여러 가지 연구 결과를 보면 한국의 논농사 개시 연대는 신석기 시대 말기 무렵부터일 것으로 보고 있다. 이처럼 일찍부터 발달한 농경문화는 일본으로 건너가 그들 나름의 고유문화와 융화되어 비교적 발전된 농경문화를 형성한 것으로 볼 수 있다.

그간 발굴된 우리나라 논 유구의 조성 입지를 분석해 보면 최초의 논은 구릉 사면부 말단 곡저나 단구면 내지 선상지(扇狀地) 곡저(谷底)가 가장 빠른 시기에 논이 조성되었고 곡저 평야 내지는 중 소 하천의 범람원(배후 습지), 다음이 대 하천 범람원 일부 등의 순으로 논이 조성되어 온 것으로 되어 있다.

이렇게 볼 때 벽골제를 중심으로 한 금만경 평야는 고대, 즉 선사 시대 이전에는 상당히 늦은 시기에 벼농사를 시작한 것으로 볼 수 있다. 수리시설이 전무했던 고대 원시 시대에는 이 지역이 벼농사 경작에 매우 취약한 여건을 가지고 있었기 때문이다.

물이 마르지 않는 산간지방의 구릉 사면부 곡저가 매우 이른 시기부터 논이 조성된 것은 벼농사에 절대적으로 필요한 물이 늘 확보되어 있기 때문이다. 한국의 하천은 경사가 완만하여 강 하류의 충적평야에 논을 만드는 것은 시대가 거슬러 올라갈수록 어려웠을 것이며, 오히려 하천 중상류 지역이 초기 농경에 편리하였기 때문에 이러한 곳이 옛날에는 중요한 생활 무대가 되었다.

따라서 농경을 위한 취락이 이러한 곳에 많이 형성된 것이다. 이와 같이 한국의 벼농사 시발(始發)에 대한 종합적인 입지 여건을 고찰해 볼 때 벽골제 내외의 평야는 충적 평야로서 고대에는 벼농사가 매우 어려웠을 것으로 판단되는 것이다. 벽골제가 여기에 만들어진 것은 이러한 취약점을 보안하기 위한 자연에 대한 인간의 도전이었다.

⌘

—

수리시설

1. 발전 과정

옛날부터 치수(治水)는 농경에 있어서나 인간 생활에 있어서 중요한 요인이 된다. 요(堯) 임금 시절에 곤(鯀)은 치수에 실패하여 우산(羽山)에서 죽게 되었고, 그 아들 우(禹)는 치수를 잘하여 순(舜)임금의 정권을 인수받아 하(夏) 나라를 세우고 황제의 자리에까지 앉게 되었다. 치수는 치세(治世)의 근본이다. 지금도 치수의 중요성이야 어느 나라에서나 큰 비중을 차지하고 있지만, 특히 수도작에 있어서는 절대적이다. 그 가운데에서 수리시설은 물을 합리적이고 효율적으로 이용하기 위한 구조물의 집합체이다.

우리가 손쉽게 알 수 있는 최초의 수리시설은 수로이다. 경작지에 물을 끌어들이기 위하여서는 논과 가까이에 있는 수원(水源)으로부터 수로를 내야 한다. 특히 수도작을 하는 사람들은 처음부터 물과 가까운 곳에 논을 만들었을 것이며, 물과 경작지 입지 여건에 따라 물을 끌어들이기 위한 각종 방안이 고안되었을 것이다. 물은 위에서 아래로 흐르는 속성을 가지고 있다. 그래서 옆에 흐르는 냇물이라도 지대가 높은 논 위쪽 내(川)에서 수로를 내어 물을 끌어와야 한다. 아니면 흐르는 냇물에 보를 막아 수위를 높이는 방법으로 하여 논에 물을 댄다. 그러나 농경문화 연구에 있어서는 수로에 큰 의미를 부여하지 않고 있다.

특별히 수로의 유적지라고 남아있는 것이 눈에 띄지 않는 것은 지금까지 사적(史的)으로 보존할 가치가 없을 뿐 아니라, 크게 관심을 가져야 할 의미가 없기 때문일 것이다.

그나마 고대 수로 이름으로 남아 있는 것이 벽골제 저수지의 다섯 개 수로 즉 장생거(長生渠), 중심거(中心渠), 경장거(經藏渠), 수여거(水餘渠), 유통거(流通渠)이다. 수로의 개설은 오래전부터 있었을 것이나 수로에 이름을 붙인 것은 이것이 처음으로 보인다. 수로를 만든 것은 초축 때부터인지, 신라 원성왕 때인지, 고려 인종 때인지 모르나 이름을 지어 부른 것은 태종이 중수하고 나서 처음인 것으로 보인다.

고려 시대에 들어와서는 농경지의 확대에 따라 특히 수도작(水稻作)의 기하급수적인 증가에 부응하는 저수지 공사에 국력을 기울일 수밖에 없었다. 경상도 밀양 수산제도 고려 때 건설된 관개용 저수지의 하나다. 그리고 『동국여지승람』 권28 "공검지는 고을 북쪽 27리에 있다. 고려 명종 때 옛 뚝 자리에 쌓았다."라고 했다. 고려 시대에 와서 많은 저수지를 만들고 기존 저수지를 복원 또는 수축(修築)한 것으로 보인다.[57]

삼국시대부터 만들어 가기 시작한 크고 작은 저수지들이 전국에 많이 있었는데, 때로는 파괴되고 때로는 방치되어 유명무실하던 저수지들이 많았다. 그러나 도작 문화가 발달하면서 이를 활용하는 방안이 큰 과제일 수밖에 없었다. 1188년 3월에 마침내 고려 조정에서는 전국적으로 저수지를 건설, 보수하도록 독려하였다. 저수 시설은 전적으로 벼농사를 위한 것이다. 농지가 확대되고 그중에서 논이 많이 늘어남에 따라 저수시설은 필수적인 벼농사의 기반 시설이었다.

1469년 『속찬경상도지리지』에 의하면 경상도에만 722개의 저수지가 있었다. 이 중에는 신라 시대부터 건설된 것도 있지만 대부분 고려 시대에 건설된 것들이다.

조선 왕조는 고려 왕조가 건국할 때 겪었던 것과 같은 큰 전란 없이 탄생했기 때문에 고려 왕조의 문화유산이나 기타 농경 시설물들이 크게 훼손되는 국가적 손실은 없었다. 왕조만 바뀌었을 뿐 고려 시대의 문화유산뿐 아니라 제도나 시책까지도 큰 변동 없이 당분간 이어갔다.

조선 시대 수리시설로는 대표적인 것이 보와 저수지이다. 보는 특별한 기술이 필요 없고 규모에 따라서는 한 사람도 감당할 수 있는 것도 있어서 관에서 주도하여 만든 것보다는 대부분 농사를 짓는 개인 또는 단체 아니면 부락 공동체에 의하여 만들어졌다. 보 공사에 대한 고문서가 남아 있는데 1499년과 1511년에 만들어진 충청도 태안군 구문동면 시곡보 공사 문서이다. 이 문서에 의하면 보 공사에 참가한 농민은 30여 명이며, 그들은 보 건설을 공동으로 시행하였을 뿐 아니라 구거(溝渠)를 만들 때 들어간 땅의 지주에게 땅값까지 공동으로 부담하였다. 그 외에 이 공사에 필요한 자금과 물자를 대준 물주에게 호당 5전 6푼씩을 거두고 이자까지 계산하여 지불한 기록이 있다.[58]

『세종실록』 지리지에 의하면 충청도 부여현의 대난보가 몽리 면적 74결 이었고, 청양현 얼항 보가 건설되어 길이 333자에, 관개 면적이 110결이나 되었다.[59] 기록에 나와 있는 것들은 규모가 비교적 큰 보이고, 그 외에도 크고 작은 보들이 강이나 하천 상류에 수도 없이 많이 만들어져 논밭에 물을 대었다.

조선 초부터 간과할 수 없는 것이 하천 제방 공사이다. 하천 제방 공사는 많은 수로를 만들어야 하기 때문에 토목기술의 향상과 더불어 수리시설의 발달을 가져온 것이다.

1425년에 충청도 연기 지방을 흐르는 금호강(금강의 지류)의 제방을 막아 연기현 북쪽 지대 1,000여 결의 논에 관개할 수 있는 수원을 확보하였고, 압록강 연안의 의주 망화루 남쪽 막좌리 부근에 수천결의 농경지를 만들 수 있는 하천 둑이 만들어졌다(『세종실록』권91).

1450년에는 전라도에서 만경강과 동진강 한천 둑을 막아 익산과 전주, 태인 등지의 많은 땅을 개답하였고, 동진강의 경우에는 그 인수로를 통하여 벽골제와 눌제의 몽리 능력을 높임으로써 김제, 만경의 곡창지대 농업 생산력을 제고해 주었다.[60] 또한, 경상도 금산의 흑운산에서 시작하여 개녕 땅을 지나 선산, 송학천에서 낙동강에 흘러 들어가는 개녕의 감천에 9개의 물막이 둑이 건설되어 10여리나 되는 기름진 평야가 관개 답으로 되었다.[61]

재령군 장수산에서 흘러내리는 전탄 물은 가뭄이 심하여도 마르지 않았다 한다. 그래서 40~50자의 깊이로 도랑을 팔 경우 6~7리를 파면 700~800섬지기의 삼지벌을 관개할 수 있고, 20여 리를 파면 1,000여 섬지기 되는 율곶까지도 관개할 수 있었다 한다. 이에 필요한 인원은 삼지벌까지는 5,000명, 율곶까지는 1만여 명이 필요하다 하였다.[62]

전탄과 가까운 토천 물도 쉽게 마르지 않기 때문에 수로 공사를 착수하여 성종 17년(1486) 겨울에 완공을 보게 되었다.

이 공사는 황해도에 적을 두고 있는 토지 5결당 1명씩 차출하고 수군을 동원하여 모두 2만 명의 인력이 소요되었는데, 그 결과, 전탄에서 삼지 벌을 거쳐 율 곳에 이르는 근 30리에 가까운 방대한 규모의 인수로 공사와 전탄에서 토천을 거쳐 율곳 소농포에 이르는 인수로 공사가 완성된 것이다.[63] 이러한 강하천 뚝 공사는 필연적으로 수로 공사를 수반하게 되는데 이때 넓은 들을 누비는 용수로가 많이 건설되었다.

그래서 강 하천변의 제방 공사를 더욱 중요시한 것으로 보인다. 전탄 물을 끌어들이기 위한 인수로 공사는 계속해서 재령, 봉산, 은파 평야를 개척해 나가는 기반이 되었다. 1536년에는 한강 유역 광주에서 견항천 제방 인수로 공사가 계속 이어졌다. 견항천 제방 인수로 공사가 건설됨으로써 상습 수해 지역인 견항 지방의 홍수 피해를 막고 한발에도 영향을 받지 않는 수리 안전답을 만든 것이다.

1485년 관료들이 "천방(川防: 하천제방)이 제언(堤堰)보다 훨씬 유리함에도 불구하고 경국대전에는 제언에 관한 문제만이 씌어 있고 천방에 대하여서는 전혀 관심을 두지 않고 있다." 하면서 방천관개 (防川灌漑)에 관심을 가져야 한다는 입장을 상주하였다.[64]

조선 개국 초의 저수지 실태를 보면 고려 말까지 축조되었던 대규모 저수지들이 대부분 파괴되거나 폐기된 상태에 있었다. 1404년에는 서둘러 권농관들을 지방에 파견하여 저수지 실태를 파악하여 파괴된 저수지는 농한기에 수축하여 물을 담아 두었다가 관개용수로 이용할 수 있도록 령을 내렸고(『태종실록』 권8)[65] 1414년에는 지방관들에게 영을 내려 파괴된 저수지를 모두 다 조사하여 수축할 만한 곳을 골라 그 면적까지 첨부하여 보고하도록 함과 동시에 같은 해 12월에 이은을 경상도에, 우희열을 경기 지방에 파견하여 그 두 지역은 이들로 하여금 직접 조사하도록 하였다.[66]

그리하여 벽골제 보수공사는 그 이듬해인 1415년 9월에 시작하여 10월에 완공되었는데 이웃의 여러 군에서까지 동원되어 1만 명이 투입된 것으로 제방 길이 7,196자, 너비 50자, 몽리 면적 9,840결의 대규모 공사가 완공된 것이다.[67]

1418년에는 경기 지방을 비롯한 각 지방 저수지에 대한 보수와 신축을 적극 추진하였는데, 그 결과, 당시 몽리 결수는 2만여 결에 달한다고 하였다(『세종실록』 권1). 1419년에는 고부 눌제의 복구사업이 시작되어 다음 해 2월에 준공되었는데 둘레가 3,480자이고 동원된 인력이 1만 5,080명이었다고 한다(『태종실록』 권8).

이때 보수한 저수지는 세종실록 지리지에 44개를 들고 있으나 그 외에는 자세한 것을 알 수 없고, 대표적인 것만 몇 개 소개하면 1473년 충청도 충주 목 관하 옛 합덕제, 1474년 황해도 연안의 남대지, 충청도 제천의 의림지, 1486년에 강릉의 산산제(200여 섬지기 논에 관개), 1489년에 밀양의 수산제(4,000~7,000섬지기 논에 관개) 수축(修築) 등을 들 수 있다.

1523년 제언사는 경상도에 800여 개소, 전라도에 900여 개소, 충청도에 500여 개소의 저수지가 있다고 보고하였다.[68]

◉ 제언사(堤堰司)

제언사는 조선 시대 수리행정을 담당하던 관청이다. 태종은 치세에 있어서 농사에 역점을 두고 수시로 권농관을 지방에 파견하여 영농실태를 파악하고 수리시설을 정비·보완하는 등 중농정책을 실현하였다. 특히 벼농사에 중점을 두고 이에 필요한 물을 확보하기 위한 보와 저수지 등을 보수 정비하였다. 이를 담당할 관리로는 당상(堂上)을 제조로 임명하고 그 밑에 실무책임자 낭청을 임명하였다. 그러나 이때까지는 별도의 관청을 두지 않고 필요할 때마다 제조나 낭청을 파견하는 수준에 그쳤다. 그러다 제언사라는 관청은 성종 12년(1481)에 설치하였다. 제언사에는 전국 제방목록과 몽리 면적을 적은 대장을 비치해놓고 토지를 측량하고, 제언의 신축허가와 폐언제 문제, 제내 모경 단속 등의 업무를 담당했다. 이 제도는 선조 25년까지 계속되다가 임진왜란으로 폐지되고 말았다. 전란과 국정 혼란으로 한동안 방치되었던 제언사는 현종대에 들어와서 부활하게 된다.

호조판서와 진휼청 당상을 제조로 임명하고 낭청은 호적 판적사(戶籍版籍司)의 낭청을 겸하도록 하여 출발 당시에는 모두 겸직시켰다. 그 뒤 별도의 당상을 두어 제언 사무를 전담하게 되었다. 최초의 제언 규정은 이때 만들었는데 1662년(현종3) 조복양의 건의에 따라 진휼청에 이를 전담하는 제언사를 설치한 뒤 이때 제언사목(堤堰事目)을 제정하였다. 이것이 농업용수 확보를 위하여 제정한 최초의 제언규정이다.

그 뒤 1778년(정조 2) 비변사에서 제정한 제언절목은 전문(前文)과 11개 조항의 절목(節目)으로 되어 있다. 이 두 가지는 내용이 크게 다르지 않다. 그 주요 내용은 비변사나 각 고을의 대장에 등재된 저수지 내에 불법으로 경작하는 것을 금하며, 이를 어길 경우 해당 지방관을 문책하고 즉시 원상복구 하는 것과 저수지 내 준설, 수문이 설치되지 않은 저수지에 수문설치와 제언 수축은 봄갈이가 끝난 후에 하라는 것, 개천 물을 끌어들이는 보의 설치, 인력 동원 문제와 논공행상 문제를 명시하고 수축 전후 제언의 넓이와 제방의 규모를 책으로 엮어 보고하는 문제 등을 골자로 하고 있다.

숙종 때에는 비변사 당상 한 사람을 제언당상으로 임명하였고, 영조 연간에는 제언사가 아예 비변사에 예속되었다. 이 무렵 비변사의 권한이 막강한 시기이었기 때문에 제언사의 기능이 사실상 강화된 것으로 보아야 한다. 영조 때에 수리행정에 여러 가지 변화와 발전이 있었으나 이 제도는 특별한 변화 없이 오래 지속되다가 고종 때에 이르러 많은 변화가 생겼다. 1865년(고종2) 비변사가 의정부에 예속되자 제언사도 의정부에 편입되었는데 그 후 강화도조약, 갑오경장 등을 겪으면서 제언사 제도가 아주 폐지되고 말았다.

2. 보(洑)

　　어느 시대를 막론하고 치수(治水)는 국가 산업의 근간(根幹)이다. 특히 벼농사에서는 절대적인 요인일 수밖에 없다. 원시 농경에서는 경작지와 수원(水源)을 연결하는 수로(水路)가 가장 기초적인 초기 수리시설이었을 것으로 본다. 물을 퍼 올리는 기구가 미흡했던 시절에는 높은 위치의 물만을 끌어들일 수밖에 없었다.

　좀 더 지혜가 발달함에 따라 흐르는 물을 인위적으로 수위를 높여 이용하는 손쉬운 방법을 모색하였을 것이다. 그것이 보(洑)를 만들게 된 동기다. 보는 가장 원시적인 수리시설 이면서 산간 지방에서는 지금까지도 활용되고 있는 가장 오래 남아 있는 수리시설이다. 보는 가장 원시적이면서 복잡하고 어려운 역사(役事)가 요구되지 않는 단순한 구조물 이어서 예나 지금이나 거의 같은 모양으로 활용되고 있다.

　보는 자연 하천을 막아 관개용수를 수로나 수전(水田)에 물을 끌어들이기 위한 저수 시설이다. 물을 완전히 차단하는 것이 아니고 수위를 높여 활용할 용수를 확보하려는 것이기 때문에 물막이 위로 물을 계속 유통하는 것이 저수지와 다르다. 오래된 보로는 논산 마전리와 보령 관창리의 보 유적이다.

　보의 위치는 갈수기에도 관개용수를 얻을 수 있는 곳이어야 한다. 하천이 산간부에서 평야부로 넘어가는 중류쯤이 가장 알맞은 지역으로 꼽히고 있다. 보에는 크게 두 가지 형태가 있다. 첫째는 일시적인 보로써 물이 필요할 때 보를 쌓아 관개하고 물이 필요 없을 때는 보를 터 버리는 형태이다. 또 하나는 항구적으로 유지하는 보이다. 항구적인 보는 대개 규모가 커 수천 경의 논에 관개할 수 있었다 한다. 그러나 돌로 만든 이러한 보들은 홍수가 나면 대부분 유실되는 경우가 많아 매년 수축하는 것이 통례였다.

보는 용수로 또는 경작지에 물을 끌어들이는 방법에 따라 목견법과 절통법으로 구분한다(북한 장국종 교수). 목견법은 큰 나무에 홈을 내어 그것을 연결하는 방식이다. 이때 홈통과 홈통을 연결하는 부위에 세발기둥을 받쳐 홈통의 수평을 유지 하게 된다.

절통법은 양쪽이 터진 질그릇 통을 연결하여 땅속에 묻어 물을 끌어들이는 방법이다. 설통법은 더욱 진보된 방법이라 할 수 있다. 18세기 전라도 순천에서는 2개의 보를 건설하여 700여 섬기지의 논에 물을 댔으며, 전라도의 순천, 전주, 태인, 용안, 임실, 함열 등지에 많은 보를 만들었는데, 1799년, 이 지방에만 새로 건설된 보가 16개에 이른다(『비국등록』, 『승정원일기』). 황해도에서도 이 시기에 간척지에 물을 대기 위한 보가 건설되었는데 이지곳보, 남천보, 초구보, 은화보 등 4개 보가 그것이다. 그러나 보는 정부 주도로 만들어지기보다는 주로 경작자들 위주로 만들어져 사유화하고 개인이나 부락 공동체가 관리하는 것이 전통적인 관습으로 되어 있었다.

보 건설은 대개 농민들에 의해 건설되었고 그들이 공동 관리 하는 것이 일반적인 형태였다. 사대부가나 부농층에서는 보를 개인 소유로 하여 매매나 차용금 저당용으로 거래하기도 했다. 17세기 이후 화폐 제도가 발전하고 토지의 거래가 활발해짐에 따라 보의 매매와 보를 담보로 하는 저당대차관계가 성행하게 되었는데 남아 있는 당시 문건을 보면 다음과 같다.

도광 임오(1822년) 4월 18일 김화여 앞[69]

우의 글로 다음의 일을 밝힌다. 요긴하게 쓸 일이 있어 고양 삼산평에 있는 458보(步)짜리 보를 우의 사람에게 1,500량을 매달 3푼 이자로 차용하였는바, 10달 기한 안에 본전과 이자 까지 아울러 갚지 못하면 보를 영영 주기로 한다는 것을 이 문건으로 증명한다.

보주인   본 동인 변 영 화
증 인   본 동인 최 창 심
필 자   서울 사는 백 두 오

※사회 과학원 역사 연구소 보관〈고문서〉제7책, 26페이지(북한)

이 문건은 1822년에 경기 고양군의 삼산평에 있던 보를 저당 매매한 문건이다. 이 문건을 통하여 보면 조선 후기 보들은 개인 소유가 적지 않았고, 소유자들이 필요에 따라 보를 저당 매매하는 경우

가 적지 않았다. 더 큰 규모의 보는 관청이 개입하여 만들기도 했는데, 때에 따라서는 수세라는 명목으로 농민들을 착취하거나 가렴주구의 대상으로 삼기도 했다.

그 대표적인 예가 동진강 중류 지역에 만든 만석보이다. 만석보는 신태인에서 고부로 가는 약 4km 지점으로 동진강 다리 하류에 쌓은 보를 말한다. 고부 군수 조병갑은 고부에 부임하자마자 멀쩡하게 있는 기존의 보 아래에 새 보를 쌓기 위하여 농민들을 강제로 동원하였고, 보를 완성한 후에는 수세 명목으로 보세를 받았는데 한두 락에 상답은 2두, 하답은 1두씩을 받아 예동, 두전, 백산에 700여 석의 벼를 쌓아 놓았다.

더구나 물의 혜택을 볼 수 없는 보의 상부에 위치한 논에까지 보세를 부과하여 농민들의 분노를 촉발했다. 이에 격분한 농민들은 1894년 정월에 정봉준을 선봉장으로 하여 만석보를 때려 부수고 봉기하여 동학혁명의 발단이 되기도 하였다.

어쨌든 17~18세기에 이르러서는 어느 지역에서나 보는 중요한 관개시설이 되었으며, 대체로 평지보다는 산간지대에 물줄기들이 많은 곳에 건설되었다. 그 증거로는 조선 말기 충청도 옥천군의 관개시설 분포를 통해서도 알 수 있다.

1909년 옥천군 관내에는 안내면, 안남면, 동2면, 이남면, 이내면, 군내면, 군남면, 군서 1소면, 군서 2소면, 군북 1소면, 군북 2소면 등 11개 면에 저수지가 4개, 제방(방천)이 4개, 보가 25개 총

33개의 하천 보 및 관개시설이 당시 통계수치에 나타나 있다.[70]

17세기 이후 수도작(水稻作) 농업이 급격하게 발전함에 따라 관개 수리시설의 수요가 급격히 증가하였으나, 관료들의 가렴주구가 더욱 심화되고 부패 타락하여 국가가 관리하는 수리시설들은 암암리에 적지 않게 파괴되어 갔다. 중앙정부에서는 드세지는 외부 세력에 시달리느라 급급한 나머지 관개 시설물을 복구하고 유지할만한 힘조차 없었기 때문에 오직 농민들이 만들고 소유한 보만이 유일한 관개용 수원이었다.

어쨌든 조선 시대 농업 용수원의 주류는 보로써 1935년 까지만 하여도 남북한을 통틀어 9만 514개소의 보가 있었다. 그 후 수리시설의 발전과 양수 기계의 발달로 그리고 산간부 하천 상류 지역이 저수지화한 곳이 많아 1988년 말 현재 보는 2만 67개소로 줄었다.

3. 국내 유서 깊은 저수지

보는 물을 계속 흘러 내려보내야 하기 때문에 수위를 높이는 문제에 있어서나 물을 활용하는 문제에 있어서 한계가 있다. 보에서 진일보한 것이 바로 저수지(貯水池)이다. 처음에는 자연 소류지(小溜池)들을 이용하다가 국력이 신장되고 대량의 노력 동원이 가능해짐에 따라 대규모 저수지들이 만들어졌다. 한국에서 가장 오래되고 규모가 큰 저수지가 김제 벽골제(碧骨堤)이다. 그래서 도작 문화의 효시라고도 한다.

막대한 기계장비를 동원하여 만든 댐에 비하면 비교가 안 되겠지만 저수 면적이나 제방 길이로는 현재의 댐에 버금가는 큰 역사(役事)이고, 그것이 삼국 시대 이전에 만들 수 있었다는 것만으로도 우리 민족의 웅대한 기질과 선각적 지혜에 감탄을 금할 길이 없다. 벽골제 축조 후에 삼국 시대에 만들어진 것으로, 제천 의림지(義林池), 고부 눌제(訥堤), 밀양 수산제(守山堤), 영천 청제(菁堤) 등 대규모 저수지들이 있다. 이것은 우리나라가 벼농사에 얼마나 많은 관심과 노력을 기울였는가를 말해주는 증거다.

기록상에 나타난 우리 도작 문화의 발자취를 더듬어보기 전에 고고학적 자료를 통하여 선사 시대에 있었던 농경문화의 고찰을 선행하는 것은 우리 조상들이 밟아온 농경의 발자취를 더욱 정확하게 이해하자는 데 있다. 그리고 벽골제가 담고 있는 민족혼이나 자부심과 긍지를 어디에서 찾아야 하는지를 올바로 깨달아야 하기 때문이다.

조선 시대 이전에는 저수지를 제언(堤堰)이라 불렀으나 수리 시설의 기능이 분화되면서 보(洑), 방조제(防潮堤) 등과 구분하여 저수지라 부르게 되었다. 저수지는 지표용수원(地表用水源)으로써 풍부한 물을 확보할 수 있고 수온도 흐르는 물보다 높아 농업용수로 최적이다. 우리나라의 수리시설은 벼농사의 발달과 함께 발전되어 왔다. 벼농사에 관한 기록으로는 신라본기 일성왕 11년(144)에 "제방을 보수하고 널리 농지를 개간하였다(修完 堤防 廣闢田野)."라는 기록으로 보아 수도작이 널리 보급되면서 2세기에 들어와 수리시설의 인공적 축조가 시작된 것 같다.

벽골제가 축조된 이후에도 국가적 규모의 큰 저수지가 여러 곳에 축조되었다. 문헌상 기록에 남아 있는 것만을 소개한다.

❈ 수산제(守山堤)

경남 밀양시 하남읍 수산리, 귀명리 지역과 초동면의 건암리, 금포리에 걸치고 있다. 제방의 길이는 728보(步)이고, 둘레는 20리가 된다. 이 지역은 삼한 시대에 '미리미동국(彌離彌凍國)'이라 했는데 '미동'은 우리말로 물동, 물둑(堤防)을 뜻한다. 『삼국지』 위서 동이전에 벼농사를 위주로 한 이러한 지명이 많이 등장하는 것으로 보아 수산제 축조는 상당히 오랜 역사를 가지고 있는 듯하다.

『신증동국여지승람』 밀양 도호부 고적조에 보면 고려말에 김방경(金方慶)이 제방을 쌓고 관개를 하여 일본 정벌을 위한 군량미를 생산, 비축하였다고 했다. 세종실록 지리지에 제방의 길이가 728보(873.6m=728보×120cm) 이고 당시에 제방이 무너졌지만 개축하지 않았다는 기록으로 보면 이때 벽골제와 더불어 폐제한 것으로 보인다. 『점필제집(佔畢齊集)』에서는 세조 13년(1467)에 체찰사 조석문(曺錫文)이 밀양, 창녕, 청도, 창원, 대구, 현풍, 양산, 김해 등 9개 고을에서 장정을 동원하여 제방을 다시 수축하여 예종 때 8,000석

이상의 곡물을 수확하였다는 기록이 있는데, 저수지로써의 기능을 지속적으로 했는지 의심스럽다. 밀주지(密州誌) 등에 보면 "못의 가운데 죽도(竹島: 대섬)라는 작은 섬과 오산(鰲山: 자라목산)이 있고 못 안에 가지가지 풀이며 연꽃과 세모 마름 등이 자생하였다."라는 기록이 있는데, 이것으로 미루어 보면 못이 깊지 않아 저수지로써의 기능보다 제내 경작지로서의 이용 가치가 더 높았던 것으로 보인다. 그래서 수산제는 제내 고지대의 논 경작을 위한 급수와 낙동강 범람으로 인한 홍수 피해를 막는 역할도 겸하게 되어 급수와 홍수 피해 방지라는 다목적 댐이 되었다.

수산제 수문은 하나인데 원형은 알 수 없고 암거만 남아있다. 암거는 입구에서부터 출구까지 거대한 암반을 높이 181cm, 가로 152cm를 25m가량 뚫어 만든 터널 형태의 잠 관이다.

1463년에 국둔전(國屯田)으로 만들었다가 1477년(성종8)에 200결이나 되는 경작지역의 반은 평민들에게 경작하도록 하고 나머지 반은 세조의 원찰(願刹)인 봉선사(지금은 없어짐)에 주었는데, 1487년에 다시 국둔전으로 부활하여 낙동강의 선군(船軍)들에 의해 경작하도록 하였다. 그러나 명종대에 이르러 왜구들의 빈번한 침범과 토지제도의 문란으로 국둔전으로서의 관리 능력이 미약했는데 임진왜란 이후에는 아예 황폐하여 이용하지 못한 채 조선 말까지 이어졌다. 수산제 주위에서 지석묘나 성곽 고분을 비롯하여 방대한 양의 조개무덤이 발견되고 있어 옛날부터 집단주거 생활과 농경에 적

합한 입지 조건을 가지고 있었음을 말해준다.[71]

1913년에 일제는 수산제를 특정 개인에게 간척 및 개간하게 하여 사유화하였는데, 1923년 하남 수리 조합을 설치함으로써 저수지는 모두 논으로 개답되었다.

▽ 수산제 입출구

▽ 수로 터널과 입구

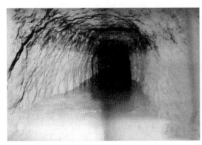

밀양 수산제 취수구, 높이 181cm, 넓이 152cm, 길이 2,500cm의 거대한 암반을 뚫었다. 취수구 앞에 인수로가 15m쯤 되니 암반의 길이는 약 40m에 이른다.

❀ 의림지

　　의림지는 충북 제천시 모산동 241에 위치한다.
제천(堤川)이란 지명은 의림지(義林池)와 관련이 있다. 그 후 모두 의
림지와 연관이 있는 이름들이다. 뜻을 풀이한다면 백성을 위해 만
들어진 숲속의 저수지라는 의미로 해석된다. 구전에 의하면 이 저
수지는 진흥왕 1년(540)에 우륵(于勒)이 처음 제방을 쌓았다고 하
는데, 당시에는 임지(林池), 소지(小池), 유지(柳池)라 불렸다고 한다.
그 후 700년이 지난 후 현감 박순(朴淳)이 다시 축조하였고, 그의
아호 의림(義林)을 따 의림지(義林池)라 했다는 설화가 있다.

　　『세종실록』 지리지에는 "현의 북쪽 6리에 큰 저수지가 있으며 장
530척 관개 전(灌漑田)이 400결이다." 했다. 제방의 길이 530척(세
종실록)은 당시의 영조척 1자가 31.24cm이므로 165.6m가 된다. 깊
이는 가히 알 수 없을 정도로 깊었으며, 현재도 물의 깊이가 13m나
되는데 저수지 중심 부분에 샘이 있어 제방 밑보다 더 깊다 한다.

　　고려 명종 24(1194)년 개축할 때 발견된 축조 당시의 기초공사를
보면 제방 내부의 기초가 흙을 옹기 굽듯이 3층으로 다져 쌓아 누
수를 막고 배수구의 수문을 거석을 쌓아 견고하게 축조되었는데,
거석에는 박의림(朴義林)이라는 음각 글자가 있었다고 한다. 제천의
옛 이름이 내토(奈吐), 대제(大堤), 내제(奈堤)라 하여 모두 큰 둑,
물 둑, 제방을 의미하므로 제방 축조 연대에 불구하고 이 저수지의
역사는 꽤 오래된 것으로 보인다.

고려 태조 23년(940)에는 제주군(堤州郡), 고려 성종 11년(992)에는 의원(義原, 義川)이라 부르기도 했는데, 모두 이 저수지를 군(郡)의 상징으로 두고 지은 명칭이다. 태종 13년(1413)에 제천(堤川)으로 고친 후 지금에 이르고 있다. 충청도 지방을 호서(湖西)라고 하는 것도 바로 이 저수지 서쪽이라는 뜻이다. 세종실록에는 의림제(義臨堤)로 되어 있다.

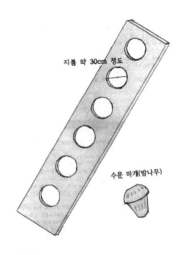

▽ 의림지 수문모형

찬물을 직접 공급하면 벼가 냉해를 입으므로 온도가 높은 윗물을 공급하기 위하여 이와 같은 방식을 취한 것이다. 2010년 봄 어느 날, 필자가 제천 의림지를 방문했을 때 80 중반쯤 보이는 노인 한 분을 만나 얻은 정보이다. 정말 행운이었다.

고려 충렬왕 5년(1279)에는 김방경(金方慶)이 보수하였고, 조선 세종조에는 충청도 관찰사 정인지가 개축하였는데, 세조 원년(1457)에 체찰사가 된 정인지(鄭麟趾)가 금성대군과 순흥부사 이보흠(李甫欽)이 단종 복위 운동을 꾀하고 있는 것에 대비하여 제천에 진을 치고 있으면서 이때 호서, 영남, 관동 3도의 병사 15,000명을 동원하여 크게 보수하였다. 1972년 대홍수로 인하여 둑이 무너지자 이듬해 다시 복구하였으며, 제천 군지에 수록된 기록에 의하면 현재 호반 둘레

약 2km, 만수 면적 151,470㎡ 저수량 6,611,891㎡ 수심 8~13m 관개 면적 289.4정보로 지금까지도 농업 용수원으로 사용하고 있다.[72]

참고로 일제 시에 작성한 '수리조합 주요 수원 공사일람' 표에 의하면 저수량 618,000㎡, 관개 면적 270정보, 유역면적 755정보, 만수 면적 13정보, 제당 높이 10.9m, 제방길이 152.7m로 기록하고 있다.

▽ 의림지

이 표지 글씨는 일제가 새로 새겨 넣은 것이다.
본래의 것은 이 표지 안으로 1m쯤 묻혀 있다고 한다.

❁ 눌제(訥堤)

눌제는 정읍군 고부면 관청리와 부안군 줄포면 신흥리 사이를 이어 만든 제방이다. 눌제는 1,000년 전 견훤(甄萱)이 축조했다는 설이 있으나 분명하지 않다. 정읍군사에는 삼국 시대로 추정하고 있지만 이것도 근거가 확실하지 않다. 제방의 길이는 1.5㎞, 둘레는 16㎞였으며 태종실록에 의하면 동, 중, 서에 3개의 큰 수문이 있었다고 한다.

세종 1년(1418) 고부군수와 전라감사의 계청(啓請)으로 장정 11,500여 명을 동원하여 개축하였으나, 다음 해 8월에 대홍수로 김제 벽골제와 같이 무너져 논 600여 결이 유실 또는 매몰되자 전라감사 장윤화(張允和)가 폐제할 것을 건의, 폐제시켰다.

중종 25년(1530) 눌제가 폐제되어 논이 되었다는 기록을 보면(『신증동국여지승람』) 세종 때 폐제되었다가 개축하여 조선 중기 이래 다시 사용한 것이 아닌가 생각된다. 고종 10년(1873)에 폐쇄한 것이 두 번째가 되며, 그 뒤 고부천에 큰 보(洑)들을 막아 농사를 짓게 하였는데, 게가 많아 보 이름을 '게보(蟹洑)'라 하였다. 이 보도 홍수 피해가 심하여 1873년 당시 군수가 이 보를 없애 버리자, 군민들의 칭송이 자자했다고 한다. 1916년 일제에 의하여 고부수리조합(古阜水利組合)이 창설되면서 제방의 중간에 갑문(閘門)을 설치하여 겨울철에만 물을 담아 두었다가 모내기 철부터는 논으로 이용하는 저수답형(貯水畓形: 소택식) 저수지가 되었다. 현재는 고부면 관청리

와 부안군 줄포면 신흥리를 잇는 지방도로로 사용하고 있다.[73]

❁ 황등제(黃登堤)

황등제는 전북 익산군 황등면 송산(松山) 북쪽 기슭에서 황등산 남쪽 끝을 연결하는 약 1,300m 길이의 토제(土堤)이다. 황등제는 일명 요교호(腰橋湖)라고도 부른다. 문헌상에 나타난 황등제의 규모는 "길이 900보, 둘레 20리(長九百步 周二十里)."라는 기록이 있어 증축하기 전의 제방 길이는 1,100m가량 된다.[74] 원제방의 용수시설로는 제방 남단에 석수문(石水門)이 있었다는데 그 흔적이 남아 있지 않고 기록이 없어 그 규모나 형태를 알기 어렵다.

무너진 제방에 허리 다리(腰橋)라는 것이 있었다. 아마 수문을 만들고 사람이 지나다닐 수 있도록 수문 위에 만든 다리가 아닌가 생각된다. 이 다리 부분에서 출토된 비석에는 1778년(정조 2)에 서만재(徐萬載) 등이 시설비를 들여 다리를 신설한 것으로 기록되어 있다. 황등제가 『조선왕조실록』이나 기타 관찬서에 기록이 없는 것을 보면 조선 시대 이전에 폐제되어 조선 말까지 방치된 듯하다.

그러나 황등제가 김제의 벽골제와 고부 눌제와 더불어 국중삼호(國中三湖)로 불린 것을 보면 그 축조 연대는 상당히 오래된 것으로 추측할 수 있다.

황등제는 1909년 일본인들이 수리조합을 설립하면서 증축하여 수리시설로 활용하였으나, 1935년 완주군 운천면에 경천 저수지가 신설되면서 폐제되어 854㏊가 개답되었다.

❀ 합덕지(合德池)

충남 당진군 합덕읍 성동리에 위치한다. 합덕지를 일명 연지(蓮池)라고 부르는 것으로 보아 그다지 깊은 저수지는 아닌 성싶다. 깊은 연못에는 연꽃이 자랄 수 없기 때문이다.

그러므로 저수 면적에 비해 저수량이 많지 않았을 것으로 보인다. 『성종실록』에 '합덕제 전조시축(合德堤前朝始築)'이라는 기록이 있는 것으로 보아 조선 개국 이전에 축조된 것이다.

『당진군지(唐津郡誌)』에 의하면 합덕지의 제방 축조 연대는 자세히 알 수 없으나 후백제 견훤이 이곳에 12,000명의 병사와 6,000필의 말을 주둔시키면서 둔전(屯田)을 개간하였는데, 이때 합덕제를 쌓았다는 전설이 있다.

전설에 의하면 합덕제는 연꽃이 많았을 뿐만 아니라 남생이가 많이 자생하여 둔병의 숫자가 남생이의 숫자만큼 많았다고 한다.

『성종실록』에 "합덕제의 길이 2,700척(尺)으로 7읍에 물을 댔다."는 기록이 있어 저수지 규모는 상당히 컸던 것으로 보인다. 성종 12년(1481) 왕의 후궁 장숙용(張淑容)에게 활급되면서 폐제하여 개답해 버렸다.

영조 44년(1768) 홍량호(洪良浩)가 홍주목사(洪州牧使)로 부임하여 11,000명의 군내 장정을 동원 준설 및 보수공사를 한 데 이어 정조 2년(1778)에는 군민 4,553명과 인근 군민 3,500명을 동원하여 결궤된 부분 2개소를 수축하였고 정조 14년(1792)에 다시 군민 3,000명과 인근 군민 3,500명을 동원하여 수축하였으며 그 뒤에도 해마다 인근 천안, 덕산(德山), 면천(沔川) 등 읍민들의 협조로 1964년 예당지(禮唐池)가 준공되어 폐제될 때까지 수시로 보수를 계속하였다(李朝水利史研究: 李光麟). 합덕제는 폐제되기 전까지 길이 1,780m, 둘레가 9km, 저수 면적 103ha, 몽리 면적이 726ha의 큰 저수지이었다.

제방 길이는 성종실록에 기록된 2,700척(尺)과 상당한 차이를 나타낸다. 합덕지는 예당저수지의 준공으로 폐제 개답될 때까지 많은 노력을 동원하여 지속적으로 보수해 온 것을 보면 대부분의 저수지가 조선 초기에 폐제된 것에 비하여 이 합덕지는 벼농사에 절대적으로 필요한 저수지였음을 알 수 있다.[75]

❀ **남대지**(南大池)

황해도 연백군 연안에서 남쪽으로 12km 지점에 있다. 축조 연대는 알 수 없으나 〈문헌비고〉에 "고려 문종 때 저수지 바닥을 일부 개답하여 홍황사에 급사하였다."라는 기록으로 보아 서기 1046년 이전에 만들어진 것이 분명하다. 규모는 〈문헌비고〉에 둘레가 8km(20리 102보)로만 기록되었을 뿐 제방의 길이며, 저수 면적, 몽리 면적 등은 기록이 없다.

다만 남대지가 '국중대제언(國中大堤堰)'이라는 기록으로 미루어 규모가 상당히 큰 저수지였을 것으로 보인다. 대부분의 저수지가 몽리민의 공유였고, 남대지도 같은 경우였는데, 세조 때에는 영응대군 염(永膺大君 琰)과 길창부원군(吉昌府院君) 권람(權擥)에게 관리권을 넘겨준 때가 있었고, 연산군 때에는 장녹수(張錄水)에게 일시 급사된 적이 있었다.

1652년(효종 3년) 정유성(鄭維城)이 남대지가 궁방 소유로 된 것을 한탄하는 기록이 있으며, 실현되지는 않았지만 영조 때에는 육상궁(毓祥宮)에 절수되려다 중단된 사실이 있다. 조금만 가물어도 바닥이 마르고 갈라져 용이 나왔다는 전설 때문에 와룡지(臥龍池)라 부르기도 한다.

정약용(丁若鏞)의 『목민심서』에 "남대지는 모두 막혔다."는 기록이나 황현(黃玹)의 『매천야록』 광무 5년 조에 "가뭄이 탈 때는 남대지 바닥에 먼지가 날리고 퍼런 음화가 수십 일간 타고 있었다."라는 기록들을 보면 수심이 얕아 개답이 용이했던 것 같다. 일제 강점기에 연백 수리조합에 흡수되면서 폐제되었다.[76]

✿ 공검지(恭儉池)

경북 상주군 공검면 양정리에 위치한다. 부족 국가에서 조금씩 규모를 갖춘 국가 형태로 발전하면서 벼농사의 중요성이 인식되고 식량 자원의 확보를 위한 국가적인 노력이 절실해지자 노동력 징발에 의한 거대한 저수지 들이 축조되었는데, 김제 벽골제나 제천 의림지, 밀양 수산제 등과 비슷한 시기에 만들어진 것으로 보고 있다. 문헌 기록상에는 고려 명종 25년(1195)에 상주사록(尙州司錄)으로 있던 최정분(崔正汾)이 예로부터 있었던 제방을 그대로 수축하였다고 한다.

당시 제방의 길이는 860보이고, 이 저수지의 둘레는 22리이며, 몽리 면적은 260결(結)에 이르렀다. 조선 초 홍귀달(洪貴達)이 쓴 공검지 기(恭儉池記)에 의하면 축조 연대는 미상이지만 공검이라는 이름은 쌓은 사람의 이름에서 따온 것이라 한다.

평상시 못의 둘레는 1만 6,647척(尺)이며 이때 물의 깊이는 4, 5장(丈)이었다. 현재는 주변이 다 논으로 개답되고 만수 시 약 1천 평 정도의 아주 작은 연못이 문화유산의 흔적으로 남아있다.[77]

✿ 경양지(景陽池)

전남 광주시 계림동에 있었던 조선 초기의 수리 시설이다.

제방의 길이는 300m, 저수 면적은 40㏊의 인공 연못이며 저수량과 몽리 면적은 알 길이 없다. 현재 광주고등학교, 계림초등학교, 광주상업 고등학교 정문 앞에서부터 부채꼴 모양으로 벌어진 남서쪽 일대의 연못이 바로 그 자리이다.『광산읍지』에 따르면 축조 연대는 세종 때로서 김방(金倣)이라는 부호(富豪)가 자기 농토에 물을 대기 위하여 축조한 것이라 한다.[78] 김방은 1415년에 벽골제 중수 시 책임자로 김제군사(金堤郡事)를 역임한 사실이 있어 수리사업에 경험이 있는 그가 경양지를 축조한 것은 역사적으로 큰 의의를 가진다.

경양지는 우리나라 최초의 사설 저수지라는 데 의미가 있고, 개인이 감당하기에 당시 기술로써는 힘든 300m의 제방 공사를 완성한 것을 보면 그의 재력이 어느 정도인가 짐작하기조차 어렵다.

이 저수지가 없어진 것은 1970년경인데 택지로 전환되었다.

❀ **축만제**(祝萬堤)

경기도 수원시 서둔동에 있는 제방이다. 이 축만제의 축조 연대는 정조 23년(1799) 수원의 화성을 쌓을 때 내탕금 3만 냥을 들여 축조한 것이다. 당시 화성에는 동서남북 네 개의 호수를 만들었는데 북지(北池)는 화성 북문 북쪽에 위치한 만석거(萬石渠)를 말하는 것으로, 1795년 완성한 속칭 조기 방죽을 가리킨다. 남지(南池)는 만년제(萬年堤)라 하여 1797년에 화산 남쪽 사도세자 묘역 근처에 만든 것이고 동지(東池)는 수원시 지동에 있었다 하는데 현재는 형체를 알 수 없다.

축만제는 제방의 길이가 1,246척(尺), 높이 8척 두께 7.5척, 수심 7척, 수문 2개로 되어 있다. 보수관리는 제방을 쌓은 지 4년 만에 축만제둔(祝萬堤屯)을 설치하여 관수와 전장관리를 맡게 하고 여기서 생기는 도조(賭租)는 화성의 축성고(築城庫)에 납입하였다는 기록을 보면 제방 아래 몽리 농지는 국둔전(國屯田)이었던 것 같다. 일명 서호(西湖)라고 불리는 축만제는 1906년 일제가 농사 시험장을 설치하면서 최근까지도 농촌 진흥청이 관리하고 있고, 서울대학교 농과대학 시험 답과 인근 논의 관개용수원으로 이용되어왔다.[79]

❀ 청제(菁堤)

경북 영천군(永川郡) 금호읍 구암리 437-1에 있는 옛 제언이다. 청제비(菁堤碑)는 오랜 세월이 지나는 동안 마모가 심하여 제방 축조에 대한 개요를 파악하기가 매우 어려운 상태이지만, 서두에 "丙辰年 二月八日."이라는 글자가 보인다. 구체적인 년도 표시 없이 병진(丙辰)이란 간지(干支)만 표시되어 있어 축조 연대를 파악하기 어려우나 한림대 이기백(李基白) 교수는 당(唐)의 연호를 쓰기 시작한 진덕여왕(眞德女王) 5년(651)을 기준으로 삼고 있다.

그의 논문에서 "진덕왕 5년 이전의 병진년으로서 가능한 년대는 진평왕 18년(596)과 법흥왕(法興王) 23년(536)이다." 이 두 병진년 중에서 법흥왕 23년을 축조 연대로 추정하고 있다. 축제 이후 원성왕 14년(798)에 대대적인 보수공사를 했는데 그해 2월 12일에서 4월 13일까지 2개월 동안에 완성된 것으로 기록되었다. 축조 당시 동원 인원은 7,000명이었고 300석의 벼를 수확했다. 축조비에는 마모로 인하여 결자가 많아 그 규모를 파악하기 어려우나 정원 수치기(貞元修治記)에 나타난 것을 보면 장(長) 35보(步), 고(高) 6보 3척, 광(廣) 12보로 되어 있다.

영천군에서 조사한(1986. 3.) 자료에 의하면 최초의 축조 연대는 서기 330년(신라 흘해왕 21)으로 김제 벽골제 시축 연대와 같다. 그러나 그 근거를 파악하기가 어려운데, 삼국사기 벽골제 기록이 청제 기록을 잘못 기록한 것이 아닌가 할 정도로 연대가 일치한다.

원성왕 14년(798) 왕이 왕대사를 보내어 연인원 14만 800여 명을 동원하여 제언을 수축하고 청제비 정원수치기(菁堤碑 貞元修治記)라는 중수비를 세웠다. 최근에 소개된 청제의 규모는 제방 길이 243.5m, 제방 높이 12.5m의 토제(土堤)로 저수 면적 11만㎡, 저수량 약 59만 톤, 유효저수량 52만 톤, 몽리 면적 134ha로 되어 있다. 정원수치기와 최근 홍보자료에 나타난 수치와 상당한 차이를 보이고 있다. 1보는 주척(1자 20cm) 6자인데 제방 길이는 중수비가 턱없이 작고 높이는 중수비보다 상당이 높다. 그리고 토목건축에는 모두 영조척을 사용했는데 청제에만 양지척(量地尺) 보(步)를 사용한 것이 특이하다. 좀 더 자세한 검토가 필요한 사항이다. 청제는 저수지 가운데 동서로 경부고속도로가 신설됨으로써 남북으로 갈라졌다. 남쪽은 모두 개답하고 북쪽은 아직도 중요한 용수원으로 사용하고 있다.

삼국 중에서 신라본기에 일성왕 11년(144) 2월에 령을 내리기를 "농(農)은 정사(政事)의 근본이요 식(食)은 백성이 하늘로 여기는 것이니 제(諸) 주군(州郡)은 제방을 수축(修築)하고 전야(田野)를 널리 개척하라(下合 農者政本 食惟民天 諸州郡 修完堤防, 廣闢)."[80]라는 기록이 있으나 이 무렵부터 농경을 위한 인공 저수지를 만들기란 당시의 국력으로 보아 매우 어려운 시기이므로 소규모의 간척이나 하천 주변의 개간 또는 수방(水防)을 위한 하천(河川)의 방축 등을 망라해서 말한 것이 아닌가 생각해 볼 수 있다.

눌지마립간 13년(429) "시제(矢堤)를 신축하였는데 안장(岸長)이 2,170보(步)였다(新築矢堤 岸長二千一百七十步)."라는 기록은 이보다 100년 전에 축조한 김제 벽골제(1,800보)보다 더 큰 것이어서 대단한 규모의 제방이라 할 수 있지만, 그곳이 미상(未詳)인 것을 보면 저수시설로 보기에는 의문점이 많다. 하천 제방일 가능성도 있다.

아무튼, 기록상으로 보면 법흥 왕조부터 용수원을 확보하기 위한 저수지를 축조하는 데 많은 노력을 기울인 것으로 생각된다. 5, 6세기에 신라 농업은 크게 발전하였으나 수도작을 위한 수리시설은 8~9세기(원성왕, 헌덕왕, 헌안왕대)에 와서야 중앙 정부의 적극적인 주도하에 담수(湛水)를 위한 제방 공사를 시행할 만큼 벼농사에 큰 비중을 두고 국력을 기울인 것 같다. 제방의 증축이라든가 수집(修葺) 혹은 수완(修完)의 기사가 삼국사기에서 이 시기에 제일 많이 나오는 것이 이를 증명한다.[81]

▽ 영천 청제

4. 근세 국내 수리시설

일제는 1905년 을사조약을 체결하고 나서부터 우리나라의 농경지 실태 파악에 착수하였다. 이것이 조선 토지 조사 사업인데 이 사업은 식민지 지주제를 확립하여 식민 수탈 체제를 만들기 위한 서막이었다. 이어 3차에 걸친 산미증식계획(産米增殖計劃)을 수립하였는데 이것은 제1차 세계대전 이후 급성장한 일본 독점 자본 계층의 요구에 부응하기 위하여 추진된 사업이었다.

일본은 우리나라를 강점한 후 개간이나 간척 등 농지를 확대하는 데에는 크게 관심을 두지 않고 단위 생산량을 높이는 데 중점을 두었다. 우선 육종사업에 적극성을 띄고 좋은 품종을 들여오는 한편, 수리 시설을 확충하여 전천후 농토를 만드는 데 전력을 기울였다. 그것을 실현하기 위하여 농지개량 사업을 추진한 것이다.

농지 개량사업은 농업용수 개발을 비롯하여 배수 개선(排水改善), 경지 정리, 농지 조성 및 시설 보전에 관한 것을 총칭한다.

1908년부터 1945년까지 농지개량 사업은 수리조합을 중심으로 전개되었다. 농지개량사업은 조선총독부가 조선 토지 개량 주식회사, 동양척식 주식회사 등을 통하여 추진하였는데, 보조금이나 각종 지원으로 대지주들이 수리조합을 설립하는 것으로부터 시작된 것이다.

1906년에 발표된 「수리조합조례」에 의하여 1908년 「조선수리조합령」이 발표되면서 옥구 서부 수리조합을 시발점으로 전국에 12개의 수리조합이 설립되었다. 조합설립 시발부터 국민적 저항이 심하여 1908년부터 1920년까지 13년 동안에 15개의 수리조합을 설립하는 데 그쳤다.[82]

❖ 15개 수리조합 내력

도 명	조합명	설치 년월일	몽리 면적(정보)
경 기	여화(麗華)	1919. 5. 22.	245
충 북	의림지(義林池)	1919. 6. 12.	277
충 남	마구평(馬九坪)	1909. 3. 1.	312
전 북	옥구 서부(沃溝西部)	1908. 2. 3.	490
전 북	임익(臨益)	1909. 2. 1.	4,844
전 북	전익(全益)	1910. 11. 24.	1,549
전 북	고부(古阜)	1916. 5. 2.	4,284
전 북	익옥(益沃)	1920. 2. 5.	10,188
경 북	영일(迎日)	1916. 2. 12.	1,400
경 남	김해(金海)	1912. 11. 9.	1,997
경 남	대저(大渚)	1916. 11. 14.	1,860
경 남	하동(下東)	1920. 1. 13.	712
경 남	도천(都泉)	1920. 3. 19.	125
평 북	대정(大正)	1914. 10. 31.	11,093
평 북	삼교천(三橋川)	1917. 5. 18.	1,567
계	15		40,863

하지만 계획된 사업을 효율적으로 진행하기 위하여서는 사업을 주도할 수 있는 주체세력의 확보가 선결 문제다. 그래서 1920년부터 1939년까지는 농지개량 사업체의 확립 시기라고 볼 수 있다. 그토록 강력한 반대와 저항에도 불구하고 결국 20년 동

안에 수리조합이 무려 245개나 설립되었다. 1927년에 조선 토지개량령이 제정되어 한때 107개 수리조합으로 정리하였으나 1945년 8월 15일 해방 될 때까지 598개 수리조합으로 늘어났다. 당시 남한만을 따져보면 425개 조합으로 3분의 2가 남한에 있었다. 수리조합은 저수지를 중심으로 설립되어 용 배수로 시설과 제수문, 갑문 등 벼 재배에 필요한 물을 원활하게 공급하기 위하여 제반 시설을 갖추어 갔다.

을사조약에 이어 1910년 한일 합방으로 조선 총독부가 들어서면서 일본의 본격적인 지배 체제가 굳어져 가고 정치적인 현안들이 하나씩 매듭지어짐과 동시에 행정 제도가 정비 되어감에 따라 1920년부터는 본격적인 쌀 생산에 주력을 기울이게 된다.

그것이 산미 증산계획이다. 1917년에는 「조선수리조례」를 개정하여 「수리조합령」을 제정, 발표하였는데 이에 의하여 많은 조합이 설립되었지만 총독부에서는 토지개량이나 증산에 대하여서는 확고한 계획이 없었다.

결국, 수리조합의 활동은 산미 증식계획이 수립되면서 활발하게 전개되었고, 1920년대 이후 쌀 생산을 위한 모든 시설이나 제도는 산미증식 계획의 일환으로 시행되었다.

제1차 계획은 1920년 11월에 식산국에 토지 개량과를 신설하여 여기에 농업수리, 토지개량, 국유미간지 개척 등 일체의 사무를 관장시켰다. 같은 해에 이 사업을 위하여 「토지개량사업 보조규칙」과

「조선공유수면 매립령」을 공포함으로써 사업 시행을 제도적으로 뒷받침하게 된 것이다.

그러나 제1차 산미증식 계획은 조선 내의 미곡 증산에 큰 도움을 주지는 못하였다. 그리하여 1926년부터 계획을 갱신하여 제2차 산미증식 계획을 세우고 미곡 증산에 한층 더 박차를 가하였는데, 동년 6월 식산국 산하에 기 설치된 토지개량과 외에 수리과와 개간과를 신설하였다가 1927년 5월에는 다시 위의 3과를 총괄하는 토지개량부를 설치하고 미곡 증산을 더욱 강력하게 촉진하였다. 1927년 12월에는 「토지개량령」을 제정 공포함과 동시에 수리조합사업의 합리적인 추진을 가한다는 명목으로 「조선수리조합령」을 일부 개정하였다.

1926년 동양척식주식회사에 토지개량부를 설치하고 7월에는 토지 개량 주식회사를 창설하여 정부의 원조 하에 토지개량 사업을 담당시켜 온 바 있었다. 농사개선을 위하여 1928년에는 권농 공제조합이 창설되었고, 1929년에는 권업 모범농장을 농사 시험장으로 개칭하여 남한 지방의 미작 개량 사업을 전담시킴과 동시에 1930년부터는 이를 전국 각지에 확대하였다. 품종개량, 재배법의 개선, 수리시설 등의 확충으로 제2차 산미증식 계획은 어느 정도 성공을 거둔 셈이었다.

그래서 이 기간에 대일 미곡수출(엄격한 의미에서 반출)은 격증하여 많은 증산에도 불구하고 국내에서는 식량 부족 현상으로 만주에서 잡곡을 도입해야 하는 형편에 이르렀다. 그런데 일본 내에서 문제가 발생하였다. 질 좋은 한국 쌀이 반입되자 일본 농업이 위기를 맞게 된 것이다. 일본 미는 조선 미보다 질이 떨어질 뿐 아니라 가격도 비싸기 때문에 일본의 미곡 시장이 혼란에 빠졌고, 결국 일본 미의 가격 폭락으로 이어졌다.

일본 농민들의 생산 의욕이 저하될 대로 저하 되자 1934년 조선 총독부는 마침내 산미증식 계획을 중단하고 말았다. 그런데 1937년에 중·일 전쟁이 발발하면서 많은 군수 물자와 노동력이 동원되어 농업 생산력이 현저하게 저하되었는데 설상가상으로 1939년 조선에서는 미증유의 대 한발이 닥쳐와 농산물이 약 40%의 감수를 가져왔다. 이렇게 되자 일제는 다시 서둘러 1940년에 들어서면서 10년을 계획하고 제3차 산미증식 계획을 세우게 된다. 그러나 이 제3차 산미증식 계획은 일본이 전쟁을 치르면서 추진한 계획이기 때문에 물자와 자본을 투입할 힘이 부족한 데다 인적 자원과 비료 공급의 부진으로 소기의 성과를 거둘 수가 없었다.

어쨌거나 세 번에 걸친 산미증식 계획으로 농촌 지역에 용, 배수로가 근대적인 시설로 개량 확대되고 저수지 유지 보수와 땜 공사 등 많은 수리시설을 확보하게 되었다. 1945년 8월 15일을 기점으로 우리나라의 총 몽리 면적은 남북한을 합하여 35만 6,677정보였으며, 남한 만은 18만 8,166정보로써 전체 몽리 면적의 52.3%에 달했다.

일본이 물러간 시점을 기준으로 보면 총 수원공수는 1만 3,106개소이었는데 그중 저수지는 8,671개소(남북), 양수장 95개소, 양배수장 10개소, 보 4,200개소, 집수암거 68개소, 관정 52개소로 되어 있었다.

농지 개량사업을 담당하였던 기관은 1938년부터는 '조선토지 개량 협회'였고, 이는 1940년 7월 13일 '조선 수리조합 연합회'로 개편되어 여기에서 신규사업지구에 대한 조사, 측량, 설계 및 공사 감독 업무를 수행하였다. 1942년에는 '조선 농지개발 영단'으로 개편되어 강력한 권한을 부여받아 목적사업을 진행하여 갔는데, 이 기간에 수리사업에 대한 정부 보조 범위는 지구의 대·소를 막론하고 55% 수준이었다. 이렇게 하여 1945년 축일(逐日) 당시에 결국 598개의 조합이 결성되었다.[83]

부록

문헌

『三國史記』

訖解尼師今二十一年　始開碧骨池　岸長一千八百步

『三國遺事』

己丑　始築碧骨堤　周17,026步　△△　166步　田14,070△

『重修碑』

郡之南十五里許　有大堤名曰碧骨　古人擧金堤古名　因以爲號　郡亦因是堤之築　改今名焉　堤之長六萬八百四十三尺　堤內周回77,406步　開5渠　灌開水田凡9840結95卜　古籍所載也　其第一曰　水餘渠　跨一水　流至萬頃縣之南　第二曰長生渠　跨二水　流至萬頃縣之西　潤富之源　第三曰中心渠　跨一水流之古至北扶之東　第四曰經長渠　第五曰流通渠　并跨一水　流入仁義縣西　五渠所灌　土皆沃饒　是堤也　自新羅百濟　民獲其利　至高麗顯宗時　修完舊堤　及仁宗21年癸亥　又增修復而終至廢棄　識者恨之天啓我朝　聖君誕作勵精　圖理以致時雍　於時分命大臣　巡視四方　備堤防　通灌漑　乙未春　命判尙州　李公發　爲都安撫使　李公始碧骨　將欲修之以事功煩劇未就　都觀察黜陟使咸陽朴公習　與經歷權君專　經差官朴君熙中　偕臨時堤　究覈事　工難易俱奏本末　遂蒙允可　發各郡民丁　摠一萬

名 幹事者三百人 使沃溝鎭兵馬使金君訓 知金堤郡事金君倣 監督之 起

功於是年九月甲寅 告訖於十月丁丑 堤北有大極浦 潮波奮激 南有楊枝

橋 畜水汚下 其功築用力 自古爲難今先築堰於大極浦潮波奮激處 以殺

其勢 次堅連抱之木於楊枝橋畜水汚下處 作株架樑爲木柵五隔 塡之以

土 又其堤防殘圮處 悉皆等土塡平 堤內外裁柳五行以固其基 堤之下廣

70尺 上廣30尺 高17尺 渠門望若丘壟矣 且其長生中心經藏3渠門 仍修

舊石柱 水餘流通 2渠門 斲石作礎 立槐柱 又當兩傍石柱 心作陷處 橫

設槐板 內外連環鐵索 以爲擧板開流之用 渠門廣皆13尺 石柱高15尺

入地5尺 下面石縫鎔鐵錮之 仍修內面遮水岸 水餘流通二渠門則 皆非

波流所激 水若汎濫於此 流洩不得遮水岸 渠門兩傍 練石作礎 上施槐

板作橋 以通往來此其大略也 時 永樂13年也

『文獻備考』

　一名 金堤 長二千六百步 周回80里 見泰仁及 金溝母岳象頭山之水 皆

會于此 三國時開創 新羅元聖王時 增築 高麗顯宗仁宗再重修 國中大堤

此與古阜郡訥堤 益山郡黃登堤 通稱三湖 忠淸 全羅之稱 湖西湖南以此

　※ 文獻備考 91卷 度量衡

　六尺 爲一步 十尺 爲一間 一百尺 爲一鏈

　二千 一百尺 爲一里 三十里 爲一息

　泰西 米突 則 一米突 準我五尺

『大東地誌』

南十五里 金溝母岳山 泰仁 象頭山之水 회어제관개甚廣 堤水所及 土皆沃饒 東晉初 百濟始築堤新羅元聖王六年 以侍中金宗基 增築 全州等七州人興役 高麗顯宗仁宗時 修築後廢 至中業又修築 堤長二千六百步 周80里 産蓮蘋菱茨蒲 魚蟹之屬

『朝鮮環與勝覽』

在郡南十里 古因郡名爲號 新羅脫解王21年始築 高麗時再修築後廢 朝鮮太宗15年乙未春觀察使朴習 與權專朴熙中 發各郡民丁 一萬名 始年十月竣功立碑 長6萬8百43尺 周7萬7千4百6步(下略)

『日省錄』 정조 22년(1798) 6. 3.

行次對于熙政堂 … 予曰 湖南則非但耽羅 蘆嶺以南 俱爲無慮 而全州以上 臨萬金沃等 昨年失稔處 又爲被災云 近來災荒之頻仍 多由於利之不講 湖南之碧骨堤 若能善爲疎鑿則如此旱災 不足爲慮

『磻溪隨錄』 柳馨遠

1권 田制上 分制定 稅節目
"如湖南 碧骨堤 訥堤 黃登堤 皆堤陂大者 "
3권 田制後錄 上 堤堰
"今觀金堤之碧骨堤 古阜之訥堤 益山全州之間 黃登堤 皆是陂堤之巨者 … "

『星湖全集』45券

磻溪 柳先生 日 民生所賴 莫如水利 如金堤之碧骨堤 古阜訥堤

益山全州間黃登堤 前世極一國之力而成者 今皆廢壞 若修此三堤 蘆

嶺以上 可無凶年矣

『存齋集』魏伯珪

李年戊戌 先生五十二歲 歷訪德山 見先師胤子及尹高靈 仍由韓山渡

大每津 歷臨陂萬頃 觀碧骨堤而還焉

『頤齋遺藁 行狀』黃胤錫

郡有碧骨堤 實湖南巨浸 創自新羅 中經堙廢 國初 觀察使 朴習重修十里堰

『與猶堂全書』丁若鏞

悉名爲湖 而義林池 空骨池 合德池 碧骨堤 景陽池 南大池

眞是湖也

『楓石全集』徐有榘

若夫陂池則誠有之矣 雖然有之矣 雖然有之而與無同 何謂有之而與無

同也 洪川之合德池 堤川之義林池 益山黃登堤湖 金堤之碧骨堤湖 古阜

之訥堤湖 龍宮之恭儉池 延安之臥龍池 皆我國陂湖之最著者也

『汾西集』朴瀰(미)

箕王故國慣經行 鯽鱠松醪倍有政 一樹山茶猩血色 萬竿園竹鳥啼聲 南通碧骨堤邊路 北鎮金河嶽上城 遙想石灘春蟹上 不堪饞口已津生

『錦谷集』宋來熙

公謂簡 字子三考謂連璧 高麗高宗時 以大護軍謫金堤 新羅訖解王 築碧骨堤 於郡南十五里 水源有三 二出金溝母岳山南北 一出 泰仁象頭山 會於堤 護軍公嘗夢 有一老來言曰 我碧骨堤龍也 明有黑龍來 欲奪我巢穴 望公來救 旣覺甚異之 翌曉 挾弓矢 到堤邊須臾片雲 從南至 雷雨大作 忽有黑麟露出水上公彎弓射之 正中黑麟 紅血滿地 其夜又有老人來謝曰 賴公而永奠吾居 公必有子孫興者 至元宗甲子 公生焉 風骨凡異背上有七點 列如北斗形 兩肩有甲 人皆謂必是 碧骨堤龍精也

『參考 資料』

『三國史記』	李丙燾 譯註	乙酉文化社
『三國遺事』	이상호 역	신서원
『經國大典』	윤국일 역	신서원
『三國史節要』	세종대왕기념사업회	–
『新增東國輿地勝覽』	書景文化社	–
『龍飛御天歌』	鄭麟趾 外 이윤식 옮김	솔출판사
『磻溪隨錄』	柳馨遠 著	明文堂
『東夷傳』	彭久松 金在善 編著	瑞文文化社
『朝鮮上古史』	申采浩	丹齊申采浩記念事業會
『朝鮮史研究草』	申采浩	丹齊申采浩記念事業會
『새로 쓰는 백제사』	이도학	푸른역사
『진훤이라 불러다오』	李道學	푸른역사
『百濟考古學研究』	尹武炳	학연문화사
『經濟六典拾遺』	田鳳德	亞細亞文化社
『高麗圖經』	徐兢 著 鄭龍石 金鍾潤 共譯	움직이는 책
『韓國古代史』	金鍾潤 著	東信出版社
『4세기 백제연구사』	김종원 지음,	서경
『日本書紀』	田溶新 譯	一志社
『조선농업사』	장국종	백산자료원
『한국사의 탐구』	류영박	푸른사상
『百濟史研究』	李基東 著	一潮閣
『韓中度量衡制度史』	朴興秀	성균관대학교 출판부
『백제와 근초고왕』	김기섭	학연문화사
『발해사』	박시형	이론과 실천
『星湖僿說』	李瀷 著 丁海廉 編譯	現代實學社

『增補文獻備考』	影印本	明文堂
『일제 초기 조선의 농업』	허수열	한길사
『통일 신라시대의 지방세력 연구』	최근영	신서원
『신라 지방통치체제의 정비 과정과 촌락』	주보돈	신서원
『金堤郡史 第二編 歷史』	全榮來	金堤郡
『아시아 재배 벼의 起源과 分化』	安承模	學研文化社
『고려사』	朴宗基 著	푸른역사
『道詵秘記』	이운정	道詵風水學會
『東津農組五十年史』	東津農地改良組合	−
『한국의 지명유래』	김기빈	지식산업사
『韓國土地改良事業十年史』	大韓水利組合聯合會	−
『우리 쌀 오천 년』	공준원	우인북
『쌀 농업구조 변화 동향과 전망』	이병훈	한국농촌경제 연구원
『한국민족문화 대백과사전』	한국정신문화연구원	−
『신라 정치 사회사 연구』	이기백	일조각
『한국 농경문화의 형성』	한국고고학회편	−
『단위어 사전』	박성훈	민중서림
『한국 고대사 연구』	이병도	박영사
『고양 가와지 볍씨(조사와 연구)』	이융조	고양시
『청주 소로리 볍씨(조사와연구)』	이융조	청주시
『열국지』	풍몽룡 저	글항아리
『중국 역사 사전』	이병갑 편	학민사
『農事直說』	『규장각 소장	−
『태종실록』	−	−
『세종실록』	−	−
『현종실록』 현종개수실록	−	−
『정조실록』	−	−

참고 논문

『한반도 벼농사 개시기와 자연환경』, 최기룡

『우리나라 선사-고대 논밭연구』, 곽종철

『南韓地方 農耕文化形成期 聚落의 構造와 變化』, 송만영

『無文土器時代의 農耕과 聚落』, 後勝直

『중국 재배벼의 기원과 분화에 관한 최근 연구 동향』, 安承模

『혼란과 환상의 역사적 시공』, 이영훈

『湖南의 象徵 〈碧骨堤〉』, 高斗鐵

『고대 저수지 탐구』, 工樂善通

『고대 일본 수리시설과 벽골제』, 小山田 宏一

주(註)

1_ 『삼국사기』『신라본기』 제10 원성왕조

2_ 『고려사』 인종 21년(1143)

3_ 『고려사』 17권 인종 24년 2월 21일

4_ 『신증 동국여지승람』 권 33 전라도 김제군 고적조

5_ 『신증 동국여지승람』 권 33 전라도 김제군 고적조

6_ 『태종실록』 15년 8월 을축조

7_ 『태종실록』 18년 1월 갑자조

8_ 『세종실록』 즉위년 9월 갑술조

9_ 『현종실록』 3년 5월 경자조

10_ 『삼국사기』 신라본기

11_ 『삼국사기』 권 제36 잡지 제5 지리지 김제군조

12_ 『삼국사기』 제8 신문왕 5년

13_ 『김제군지』 역사편 전영래

14_ 『세종실록』 3년. 한국사의 탐구

15_ 『세종실록』 3년. 한국사의 탐구 류영박

16_ 『삼국사기』 권 제23 백제본기 제1 온조왕 24년 7월

17_ 『삼국사기』 권 제23 백제본기 다루왕 36년 10월

18_ 『김제군지』 1978년 전영래

19_ 『백제사 연구』 88p 이기동

20_ 『백제사 연구』 89~90p 이기동

21_ 『삼국지』 위서 오환선비 동이전 30

22_ 『백제사 연구』 91p 이기동

23_ 『일본서기』 149p 전용신 번역

24_ 『신라본기』 권 제10 원성왕 6년

25_ 『삼국사기』 문성왕 13년

26_ 『고려사』 권 17 인종 24년 2월 경신조

27_ 『태종실록』 8년 9월 임술조

28_ 『태종실록』 15년 8월 을축조

29_ 『태종실록』 15년 10월 무인조

30_ 『신증 동국여지승람』 권 제33 김제군 고적조

31_ 『여산 송씨 대동보』 6권, 7권

32_ 『태종실록』 18년 1월 갑자조

33_ 『세종실록』 즉위년 9월 갑술조

34_ 『세종실록』 2년 9월

35_ 『세종실록』 3년 1월 기묘조

36_ 『세종실록』 10년 윤4월 계미조

37_ 『김제의 전통』, 1982

38_ 『현종실록』 3년 5월

39_ 『현종실록』 3년 5월 경자조

40_ 『현종실록』 7년 1월

41_ 『정조실록』 22년 6월 을미조

42_ 『정조실록』 11월 30일

43_ 『한국 도량형 제도사』 박흥수

44_ 『단위어 사전』 705p 박성훈

45_ 『단위어 사전』 박성훈

46_ 『단위어 사전』 박성훈

47_ 『동진 농조』 50년사

48_ 『한국 땅이름 큰 사전』 한글학회

49_ 『세계 백과사전』 두산

50_ 『뿌리 깊은 나무』 전라북도 김제군

51_ 『백제 고고학 연구』 윤무병

52_ 『조선사 연구』 초 신채호

53_ 『한국 민족문화 대 백과사전』

54_ 『용비어천가』 제4권 제22장

55_ 『신증 동국여지승람』 김제군 고적조

56_ 『백제 고고학 연구』 윤무병 345p

57_ 『신증 동국여지승람』 28권 경상도 상주목 산천조

58_ 『조선 농업사』 107p 장국종

59_ 『세종실록 지리지』 충청도 부여편

60_ 『세종실록』 4년 5월

61_ 『신증 동국여지승람』 29권 개령현 산천조 감천

62_ 『성종실록』 16년 9월 경오조

63_ 『성종실록』 17년 11월 경신조 병인조

64_ 『성종실록』 16년 10월 을유조

65_ 『태종실록』 4년 7월 신유조

66_ 『태종실록』 14년 6월 경술조

67_ 『신증 동국여지승람』 33권 전라도 김제군 고적조

68_ 『중종실록』 18년 1월 경술

69_ 『조선 농업사』 167p 장국종

70_ 『조선 농업사』 168p 장국종

71_ 『동국 문헌 비고』

72_ 『한국 민족문화 대 백과사전』

73_ 『한국 민족문화 대 백과사전』

74_ 『동국 문헌 비고』

75_ 『한국 민족문화 대 백과사전』 합덕지

76_ 『한국 토지개량사업 10년사』 대한 수리조합 연합회

77_ 『한국 토지개량사업 10년사』 대한 수리조합 연합회

78_ 『한국 민족문화 대 백과사전』 경양지

79_ 『한국 민족문화 대 백과사전』 축만제

80_ 『삼국사기』 신라본기 일성왕 11년

81_ 『한국 민족문화 대 백과사전』 청제, 『신라 정치사회 연구』
    86p 이기백

82_ 『한국 토지개량사업 10년사』 대한 수리조합 연합회

83_ 『한국 토지개량사업 10년사』 대한 수리조합 연합회

『비련에 얽힌 벽골제』

이 소설은 1975년경에 김제에 거주하는 J모 씨가 표절(표절이라기보다 복사라고 하는 것이 옳다.)하여 『단야』라는 이름으로 책을 출판하였다. 『단야』는 서점에 내놓지는 않았고 군내 각 기관에만 배포하였다.

원작은 시대 배경이 문성왕인데, 『단야』라는 소설은 원성왕으로 바꾸었고 원작의 주인공은 단야(丹野)인데 표절된 작품은 단야(丹若)로 바꾸었다.

한때 김제에는 30명이 넘는 기자들이 주재하고 있었다. 당시 필자는 M 방송국에 잠시 근무하고 있을 때 J 씨를 알게 되었는데 그로 인하여 필자가 동진 토지 개량조합에 근무하게 된 후에도 자주 찾아왔다. 내가 근무하는 직장에 중고등 학교에서 역사를 가르쳐 주셨던 고두철 선생이 같이 근무하고 있었기 때문이다. 고 선생은 자주 벽골제에 관한 지식을 알려 주었고, 농경문화의 선구적 구조임을 여러 차례 강조해 주었다. 고두철 선생은 관내에 있는 수로 일부가 유서 깊은 벽골제임을 몹시 안타깝게 여기고 이에 관한 연구와 자료들을 모으고 마침내 여기에 기념비를 세워 벽골제를 부각하는 데 큰 공을 세운 인물이다. J 씨는 이렇게 하여 벽골제에 관한 초보적인 상식이나마 알게 되었고, 필자의 책상 위에 있는 『농토』라는 간행물을 빌려 가게 되었다. 하지만 무슨 인연에서인지는 몰라도 J 씨를 향토사학자로까지 소개하는 것은 같은 시대를 살았던 사람으로는 동의하기 어렵다. 사학자는 남의 작품을 자기작품으로 날조하는 일은 없다. J 씨는 정부 방침에 따라 주재기자들 정리할 때 정리되었다.

원작의 오류

청룡: 신라 시대부터 추앙해 온 민족의 수호신이다.
　　　처녀를 제물로 받아먹는 악룡으로 묘사되어서는 안 된다.

예작부사례: 원성왕 때나 문성왕 때에는 없는 벼슬이다. 예작부

는 신라 시대에 영선에 관한 업무를 관장하는 기관으로 이곳에 3등관 사지(舍知) 4인 4등관 사지 2인을 두었다. 소설에 나오는 사례는 사지와 같은 벼슬 이름인데, 경덕왕 때 잠시 사용하다 다시 사지로 고쳤다. 원성왕 때나 문성왕 때는 없는 벼슬이다.

전주 도독은 없다: 당나라가 벽제를 멸망시킨 후 웅진, 마한, 동명, 금련, 덕안 등 다섯 곳에만 도독을 두었다. 전주 등 일곱 고을 백성동원 불가: 13등급에 해당하는 김제 태수가 10군 31현을 다스리는 5등급 아진찬이 다스리는 전주 백성을 동원하는 것은 불가능하다.

이 작품엔 쌍용이 없다. 청룡뿐이다.

쌍용은 조연벽 설화에 나오는데 흑룡과 백룡이다.

※ 아무리 소설이라 할지라도 시대를 설정하면 그 시대에 맞는 제도나 풍습이 제대로 반영되지 못하면 만화보다 못하다. 이로 인해 시민의 혈세는 얼마나 또 낭비되었는가?

✿ 『비련에 얽힌 벽골제』

한찬석

원덕랑(元德郞)은 신라 제四六세대 문성왕(文成王)때에 있어서 가장 권위 높은 토목 기술자였다. 그렇기 때문에 성(城)을 쌓거나 방축을 쌓는 큰 역사(役事)가 있을 때마다 조정에서는 으레 원덕랑을 그리로 보내어 일을 맡아 보게 하였다.

이때 마침 전라도 금제(金堤) 땅에서는 이른바 벽골제(碧骨堤) 방축을 새로 수축한다는 일대 공사가 벌어지게 되었는데 이때도 물론 원덕랑이 뽑혀서 그리로 내려갔다.

전라도 벽골제는 밀양 수산제(密陽守山堤) 그리고 제천 의림지(堤川義林池)와 더불어 국내에서 일러주는 삼대 제방의 하나로서 그 역사는 멀리 마한 때부터 시작되었다. 더구나 벽골제는 그 범위가 방대하여 이 지방 일곱 고을 백성들의 생명선으로 보아서 잘못이 없다.

이 지방 농사가 잘되어서 백성들이 잘 먹고살 수 있느냐 없느냐의 열쇠는 이 벽골제의 유지가 잘 되느냐 못 되느냐에 달렸다고 보아서 잘못이 없으리라.

그러나 벽골제는 그 역사가 깊고 방축이 노후(老朽)해서 진작 손질하지 않으면 금시 터질 염려가 있다 하여 전라도 전주도독부에서는 조정에 대하여 어서 이 벽골제를 고쳐 달라는 청을 하여 왔다.

홍수를 만나 벽골제가 만일 터지고 보면 근방에 있는 농민들의 인명 피해도 피해려니와 벽골제 하나를 바라보고 사는 일곱 고을 백성들의 농사는 아주 폐농으로 돌아가 모두 다 죽게 될 사실도 환한 일이 아닐 수 없었다.

조정에서는 이렇게 그 지방 백성들의 사활 문제가 벽골제 하나에 달려 있다는 사실을 알고 있을 뿐만 아니라 기왕 손을 댈 바에는 제방의 범위를 어마어마하게 확장하여 만경 평야의 농토 개량을 위하여 전력을 기울이기로 하였다. 그만치 문성왕 시대에 있어서는 치산치수에 깊이 유의하여 많은 시책을 기울였다.

이러한 중대책임을 어깨에 짊어지고 내려온 사람이 바로 원덕랑이었다. 원덕랑은 예작부사례(例作府司例) 벼슬이 된 지 오랫동안에 여러 토목사업을 치러 보기도 했지만, 벽골제 수축 공사처럼 어마어마하게 큰 공사를 맡아보기는 이번이 처음이었다.

그러기 때문에 원덕랑은 천하 없이도 한번 멋지게 성공해서 기대하는 바 나라에 보답하여 본다고 큰마음 먹고 나섰다. 따라서 책임도 중하려니와 기대도 컸다. 더구나 신라 서울에서 떠나올 때 왕은

"이번에 그대가 내려가서 벽골제 일을 맡아 공을 이루어 준다면 그대의 이름은 이 나라 역사와 더불어 길이 빛날 것이니 명심하여서 시행하라." 이어서 왕은 "김제 태수 유품(金堤太守由品)과 더불어 잘 의논해서 만사 유루 없이 하여라." 하고 신신당부를 내리시었다.

이런 일을 생각해서라도 원덕랑은 여기 공사 일에 등한시할 수 없으며 매사 조심해서 실수 없이 하리라 결심을 했다. 항상 마음을 깨끗이 먹고 이번의 대역을 완수한다는 이외에 아무 잡념이 있을 수 없다.

목욕재계하고 천지신명께 빌면서까지 전 정력을 기울여 성심성의껏 일해본다고 진두에 섰다. 그리하여 시작된 공사! 그것은 실로 방대한 것이었다. 그러니까 김제 고을 동쪽으로부터 명금산 아래서 시작하여 무넘이 골(水越里)까지의 저지(低地)를 가로막는 방죽을 가리켜 벽골제라 부르지만 둑 위만 하더라도 5간(間)이 넘는다 하니 그 공사가 얼마나 엄청나다는 것을 능히 알 수가 있다. 그리하여 여러 고을 백성들은 그의 부역을 위하여 온통 법석이었다. 전주(全州)를 비롯하여 김제 만경 일곱 고을의 백성들은 모두 쓰다 달다 말없이 벽골제 수축공사 부역에 나가야만 했다.

그런데 이번 공사를 시작하는 전날부터 한 가지 난데없는 괴로운 일을 만났다. 그것은 하나의 믿을 수 없는 미신(迷信)이었다.

여기 벽골제 동쪽으로 약간 높은 상평 땅에 용소(龍沼)라는 소 하나가 있다. 여기에는 청룡 한 마리가 있어 여기 공사를 일으킬 때는 그 청룡의 노염을 사지 않기 위하여 반드시 처녀 한 사람을 여기

용소 근처에 잡아넣어야 한다는 것이다. 만일 그렇지 않으면 방축을 쌓더라도 그 공사가 완성되기 전에 터진다는 것이다. 이것은 너무나 터무니없는 미신의 하나라지만 그래도 백성들은 꼭 그래야만 한다고 굳이 믿고 있었다. 그러나 원덕랑은 그를 반대하였다. 도대체 용이 있기는 어디 있으며 있기로니 반드시 처녀를 잡아 희생시켜야 한다는 수작이 어디 닿을까 보냐고 극구 반대하였다. 그리하여 날마다 계속되는 공사! 날마다 그의 진도는 무섭게 올라 뚝을 쌓는 인부들의 노고에 대하여 늘 고맙게 생각했다.

매일 일찍 나와 날이 저물도록 수천 명의 남녀노소들은 흙과 돌을 파고 나르고 쌓고 하였다. 그러나 여기 민부(民夫)들이 저마다 한 마디씩 떠드는 소리! 그것은 이번 공사에 처녀 한 사람을 꼭 잡아넣어야 한다는 한줄기 강력한 미신! 그런데 아무리 그것이 미신이라 하더라도 듣고 나면 기분에 매우 언짢았다.

그다음에 또 하나의 참기 어려운 고통! 그것은 원덕랑에게 보내는 처녀 한 사람의 극성스러운 짝사랑이었다. 짝사랑의 주인공은 바로 이 고을 태수 유품(由品)의 외동 딸, 단야(丹若) 낭자가 아니던가!

원덕랑은 그동안에 태수의 집에서 기거하게 되니 자연 단야 낭자를 만나게 되고 알게 되자 가까워졌다. 그러나 원덕랑은 언제 한번 그 처녀를 눈여겨 본 일도 생각한 일도 없었다. 그럼에도 불구하고 단야 낭자는 어느 날 저녁에 비를 죽죽 맞아 가면서 원덕랑을 만나러 현장까지 찾아갔다. 그러나 원덕랑은 그 처녀를 한번 거들떠보지도 않았다.

그럴수록 원덕랑을 그리는 처녀의 눈자위는 애처롭기만 했다. 그리하여 원덕랑의 곁을 물러설 줄 모르며 "아버님 눈을 속여 가면서까지 이처럼 찾아온 단야를 몰라 주다니 너무해요." 그러나 여기 둑을 다 쌓고 돌아갈 때까지는 어떤 일이 있더라도 여자를 멀리해야 한다는 원덕랑의 결심으로 맞서지 않을 수가 없어서 "단야 낭자! 내가 지금 누구를 사랑할 수 없다는 처지를 몇 번 이야기해 드려야 알겠어요?" 이렇게 호소하듯 말했지만, "알겠어요. 알지만 어떡해요…. 자꾸만 보고 싶은 이 마음을…."

그래도 원덕랑은 한 번 더 그를 타이르기 위하여 말을 이었다. "낭자도 보다시피 나는 저―기 보이는 둑을 어떻게 하면 백 년을 가도 무너지지 않도록 잘 쌓을 수 있느냐의 정신 이외에 아무것도 없다는 것을 알아야 해요. 더구나 이번에 둑을 쌓는 데 앞서 처녀 한 사람을 잡아넣어야 한다는 미신까지를 무시하고 일하는 나를 너무 괴롭히지 말아요." 하면서 사정사정하듯이 이렇게 전개한 다음 "이번에 쌓은 둑이 성공하느냐 못 하느냐의 열쇠는 오직 일을 맡아 보고 있는 사람의 마음에 있다고 생각하지 않습니까! 만일 나의 마음 가운데 사(邪)가 끼거나 또는 여자를 사랑한다는 잡념에 정신이 걸린대서야 말이 됩니까? 더구나 이번 일은 나 혼자 하는 것이 아니라 단야 아버지 되시는 이 고을 원님과 같이하는 일이 아닙니까? 그런데 제가 어떻게 그 원님의 따님을 사랑한다는 죄를 저지를 수 있겠습니까…? 생각해 봐요."

이처럼 알아듣게 말하였더니 잠시 동안은 아무 말을 못 하고 가

만히 서 있었다. 그러다가 더 영롱한 눈동자를 반짝이더니 말했다.

"원덕랑은 거짓말 마세요. 저를 사랑할 수 없다는 까닭은 그뿐만이 아닐 거예요."

"아니 그러면?"

"몰라서 물으시나요. 그러면 서라벌에 두고 온 월내(月乃)라는 낭자는 애인이 아니었던가요?"

이렇게 단도직입적으로 쏘아붙이는 단야의 날카로운 눈초리에는 벌써 질투의 불길이 타고 있었다. 그런데 이 말을 듣자 원덕랑은 깜짝 놀랐다. 원덕랑은 사실 그러했기 때문이다. 그에게는 잠시를 잊을래도 잊을 수 없는 첫사랑의 월래 낭자가 서라벌에 있다. 그가 서라벌을 떠날 때 "내가 벽골제 둑을 다 쌓고 돌아올 때까지 기다려 주세요." 하면서 일시나마 석별의 정을 나누던 생각이 바로 어제와 같다. 그런데 지금 단야 낭자가 어떻게 그런 것까지를 알고 있느냐의 사실에 아니 놀랄 수가 없었다. 그렇다면 차라리 그렇다는 사실을 시인해 두는 것이 후일을 위해서 좋을 것 같았다.

"단야 낭자! 말이 났으니 말이지 사실 그러하오. 서라벌에 있는 월내 낭자는 나의 부모님이 허락하신 나의 약혼자요. 내가 여기 역사를 끝마치고 돌아가는 날…, 나는 월내 낭자와 결혼해야 할 몸이니 그런 의미에서 보더라도 나는 단야 낭자를 사랑할 수 없는 것이 아니겠소. 그러하니 낭자는 나를 이보다 더 괴롭히지 말아주오." 하면서 아주 딱 잡아떼는데 단호했다.

* * *

이날 밤! 단야는 악수로 퍼붓는 비를 흠뻑 맞아 가면서 집으로 돌아왔다. 동시에 어머님께 모든 실토정을 다 해버렸다. 따라서 어머님은 그 사실을 영감에게 전했다.

워낙 하나밖에 없는 딸자식이기 때문에 귀엽게 키우는 태수(太守) 내외는 그렇게 밤길을 달려 원덕랑을 만나보고 왔다는 잘못까지를 나무라지 않았다. 나무라기는커녕 되려 단야와 동일한 심경에서 원덕랑을 원망도 했다.

"오! 월내 낭자가 원망스러워 죽겠어." 하고 앙탈하는 딸자식이 가엽게만 보였다. 더구나 단야는 아버지를 대하여 이렇게 간청했다.

"아버지 나는 원덕랑 아니면 아무 데도 시집 안 갈 테야요…. 그러니까…, 아버지 힘으로 어떻게 하든지 그 월래 년을 처치해 주세요…. 네…? 그래야만 나는 원덕랑과 살 수 있잖아요." 하면서 금시 미칠 것처럼 독기가 돈은 단야는 그냥 방바닥에 쓰러져 울기까지 하였다.

그러나 그것은 있을 수 없는 일이었다. 서라벌에 있다는 월내 낭자를 김제 태수의 힘으로 어찌할 도리가 없을 뿐더러 설사 가까이 있다손 치더라도 딸자식의 말만 듣고 죄 없는 월내 낭자를 처치해 버려야 할 아무런 이유가 없다. 이를테면 월내 낭자를 아주 죽여 없애 버려야 할 일인데 그것은 사람으로서 할 짓이 아니었다.

그러나 단야는 병석에 누운 지 이미 오래다. 그리고 꽁꽁 앓으면서 밥을 먹지 못하니 얼굴이 바짝 말라서 광대뼈가 앙상하였다.

"아이고, 내 딸이 저 꼴이 되는구나…." 하면서 걱정하는 어머니, 그대로 내버려두면 딸자식 하나 잡을 것만 같았다.

"아이고 그놈의 사랑이 무언지…." 하면서 어머니 역시 속이 상해 죽을 것만 같았다.

이때 단야 부모는 입버릇처럼 하는 "월내라는 그년이 원망스러워…." 하다가도 단야는 다시 두 눈을 새파랗게 뜨고 "그년을 죽여 버리지 못할까!" 살기를 띠고 일어나 앉기도 했다.

* * *

어느덧 그 일 년이 지났다.

그동안 이런 일이 하나 생겼다.

서라벌에 남아있는 월내 낭자는 약혼자 원덕랑이 그리워서 못 견디도록 기다리다가 나중에는 큰마음 먹고 길을 떠나 김제까지 다다랐다.

월내는 김제태수의 호의로 외아(外衙)의 별실 하나를 택하여 거기서 숙식(宿食)하기로 되었으나 아직 현장에 있는 원덕랑은 만나지 못하고 있다. 왔다는 소식은 알렸지만 잠시를 떠날 수 없었던 원덕랑은 그냥 며칠 더 일터에 머물기로 하였다. 그때까지 기다리기 위하여 월내 낭자는 그냥 정해준 별실에서 촌보도 나오지 않고 틀어박혀 있었다.

그때 또 큰일 하나가 돌발했다. 이틀 동안이나 계속하여 장맛비가 내리던 날 이 밤이 깊었을 때 부랴부랴 달려온 수리(首吏) 한 사람이 김제 관아의 동헌 앞에 앉았다.

"사또님! 아뢰오." 하면서 굵은 목소리로 전하는 말에 귀를 기울인 태수는 "누구요?" 하면서 황급히 내다보니 뜰 아래에 엎드린 한 사람의 수리! 그는 도롱이를 벗어들고 비를 맞는 채 "금방 벽골제 둑이 무너졌나이다." 하는 것이었다.

"무엇이…?"

태수 유품은 불에 덴 사람처럼 놀랐다.

십상팔구는 다 되어가던 새 둑이 무너지다니 유품은 갑자기 어안이 벙벙했다. 동시에 이런 생각이 번개 불처럼 지나간다.

'역시 처녀 희생을 안 시켰더니 용소(龍沼) 청룡의 노염을 샀구나.'

그런데 계속하여 말하는 수리의 보(報)를 듣고 보니 "이틀씩이나 쏟아지는 억수에 못 이기여 거의 다 되어가던 둑이 무너졌다는 전같이 일판에서 왔사옵기에 아뢰오." 그의 보고를 다 듣고 난 다음, "둑은 기어코 처녀의 희생을 보고야 말 모양이로구나." 하더니 다시 더 길게 묻지도 않고 일어서면서 "알았으니 물러가오." 이렇게 수리를 돌려보낸 다음 유품은 무엇을 결심했던지 마누라와 딸을 자기 방으로 오라고 했다.

그리고 하는 말이 "아무래도 벽골제 둑은 처녀의 제물 없이는 안 될 줄 안다. 동시에 단야의 소원 하나를 이루어 주려면 한 가지 비장한 수법이 없을 수 없으려니와 그래서 단야야!"

"예."

"다만 네 소원을 이루어 준다는 것뿐이니라. 벽골제의 큰 둑을 제대로 쌓으려면 아무래도 처녀의 희생 없이는 안 될 바에야 바로 내 집에 와 있는 월내를 없애버리는 것만이 첩경인 줄 안다."

"그래서요."

"그러니까 마누라와 단야 너는 전혀 모르는 척하고 있거라. 그러면 내일 저녁 술시(戌時)까지는 모든 일이 다 처리해 버린 것으로 알게 될 거다."

"…."

월내를 죽여 없애 버리는 것은 단야가 바라는 바요 또 그러하므로 해서 벽골제의 큰 뚝도 어렵지 않게 이루어진다면 그 이상 더 좋은 수법이 어디 있느냐의 결론을 내리고도 싶었다.

월내만 없다면 단야 자신은 원덕랑을 완전한 사랑으로 맞을 수 있을 것이라 믿으면서 아버지의 비상한 안에 찬의까지 표하고 싶었다.

"전 모르겠어요. 아버님 처분대로 하세요." 하면서 물러간 다음 마누라는 좀 더 소상한 내막을 알았다. 즉 내일 저녁 유시반(酉時半)쯤 해서 억센 장정들로 하여금 지금 외아에 머무르고 있는 월내를 꽁꽁 묶어서 거적에 둘둘 싸 갖고 벽골제 뚝 밑에 파 놓은 구덩이 속으로 매장한다는 준비가 벌써 다 되어 있다는 게다. 따라서 내일 저녁을 기해서 월내 처녀는 아주 골로 가버리는 것이니 그것으로 만사는 끝장을 보는 것이다.

단야는 그날 밤! 그리고 그다음 날 하루 종일 벌벌 떨다시피 하면서 만 가지 사연을 냉정한 생각으로 다루어보았다. 그렇게 월내가 원망스럽다 하여 미칠 듯이 밉게 보아 오던 단야 낭자도 막상 자기 아버지가 사람을 죽인다는 데는 정신이 바짝 들지 않을 수 없었다.

그렇다면 월내에게 무슨 죄가 있는가?! 다만 벽골제 둑을 성공하는 데 반드시 처녀의 제물이 필요하다 하여 월내가 희생된다면 모르거니와 원덕랑에 대한 사랑을 독차지하기 위하여 연적(戀敵)을 죽여 버린다는 것이 과연 옳은 일일까!

이렇게 양심적인 경지에 서서 옳고 그른 것을 생각해 볼 때 지금까지 자리에 누워서 병이 들 정도로 미워하던 월내에게 되려 미안한 생각이 들기까지 하였다.

그것은 미안하다는 점에 머물 것이 아니라 하늘의 천벌을 맞을 것 같은 죄악의 충격으로 바뀔 때 단야는 다시 이렇게 생각했다.

"그러면 월내가 어떻게 생긴 여자인지 다시 한 번 그 얼굴을 보기나 하자."

그래서 단야는 밖으로 나갔다. 이어서 월내가 머물러 있다는 그의 별실 앞으로 나타났다. 그리고 방안에 조용히 앉아 책을 보고 있는 월내를 문틈으로 보았다. 때에 단야는 과연 놀랬다.

그것은 보통 우리 속계에서 어디서나 볼 수 있는 그러한 여성이 아니었다. 꼭 성스러운 그림에서 본 그대로의 선녀(仙女)였기 때문이다. 그렇지 않으면 절간 법당에서 볼 수 있었던 그대로의 관세음보살인 양 범할 수 없는 대자대비의 지존성이 감돌고 있음을 느꼈다. 바로 며칠 전에 보던 월내가 아니었다.

"세상에 저런 여성도 있었다니!"

다만 아연할 뿐이었다. 따라서 자기 스스로의 의식을 잃었다. 그래서 하는 수없이 전에 없었던 용기를 불러일으키는 동시에 월내가 들어 있는 방문을 열고 쑥 들어서는 결단을 가졌다.

이때 월내는 두 번째 만나는 단야를 대하자 침착하게 입을 열면서 "이 밤중에 단야 낭자가 웬일이오?" 이렇게 물어볼 수밖에.

"급한 사정이 있어 왔으니 월내 낭자는 이날 밤의 잠자리를 단야의 방으로 옮겨 주십시오. 단야가 이날 밤 여기 머물겠나이다." 숨가쁜 표정으로 성급하게 말하는 태도에 월내는 매우 의아스러운 점이 없지 않아서 "무슨 사정인지 말해줄 수 없을까요?"

"그것은 뒤에 알게 될 것이니 어서 이 자리를 피해 주십시오. 시간이 급합니다." 하니 무슨 영문인지 알 수 없으나 태수의 딸 단야의 청인 바에 거절할 수 없는지라 두말없이 그 자리를 피하여 밖으로 나가버렸다. 물론 월내 낭자의 가는 곳은 단야의 침실(寢室)이었다.

다음 날 아침, 사건(事件)의 전모는 백일하에 드러났다. 말하자면 단야는 처녀의 제물로서 둑 밑에 파묻혔고 선녀 같은 월내 낭자는 고이 제 목숨을 건졌다.

이렇게 된 바에 무엇을 숨기랴! 이 고을 태수 유품은 사건이 이렇게 벌어지게 되기까지의 전말을 하나도 빠짐없이 원덕랑에게 알렸다. 원덕랑은 아무 말도 못 하고 듣고 있다가 북받치는 충격을 막을 길 없어 사내가 흘려야 할 큰 눈물방울을 뚝뚝 흘렸다.

유품 태수는 날마다 여기 이 둑을 막기 위하여 흙을 파고 다지고 돌을 나르던 민부(民夫)들 전체에게도 일이 이렇게 된 자초지종(自初之終)을 온통 공개하여 버렸다. 듣는 사람들도 고개를 푹 수그리고 아무 말을 못 하고 섰다가 필경에는 모두 한마디씩 "과연 단야 낭자가 옳거니…." 하면서 최후에 취한 단야 낭자의 거룩한 소행을 칭찬하지 않음이 없었다. 그러면서도 모두 때 묻은 주먹으로 뚝뚝 떨어지는 눈물을 비볐다.

그러한 단야 낭자가 제물로 희생된 여운(餘韻)을 받았음인지 대망이구(大望已久)의 벽골제 공사는 그 후 완전무결하게 빛나는 준공을 보았다.

원덕랑이 이러한 대역을 끝마친 다음 월내 낭자를 데리고 서라벌로 돌아가는 날…, 가는 사람 보내는 사람 모두 울음바다를 터뜨리었다. 그리고 월내 낭자는 "이 몸은 비록 서라벌로 가오나…, 단야 낭자의 거룩한 혼을 마음 깊이 간직 하오리다. 원컨대 사또님! 부디 복 많이 받으시옵소서." 하면서 진심으로 떠나는 인사를 드렸다.

이때 김제 태수 유품 영감도 그동안 저질렀던 잘못을 백배사죄하면서 그들 두 분을 정중한 태도로 보내었다. 동시에 자기 딸 단야가 취했던 행동이 천만 지당한 일이라 생각하며 마음 든든하게 생각하였다. 요컨대 한창 복잡다단하였던 벽골제 방축 문제는 여기서 끝을 맺겠다.

때는 신라 四六대 문성왕년 九월 이었다. 이때 이러한 사연으로 이루어진 벽골제는 그 후에 어떠한 폭우를 만나더라도 끄떡없었다.

그리하여 오늘까지 아무 일 없이 벽골제는 기나긴 역사를 지키면서 우리나라 토목사상을 빛내 주었다.

　후일담으로 한 가지…, 금제 고을 태수 유품은 그 뒤에 2남 1녀를 낳아 기르면서 행복하게 살았다.

```
┌─────────────────────────────────┐
│    68—6—192정관위 심의필         │
└─────────────────────────────────┘
```

서기 一九六九년 八월 二五일 인쇄
서기 一九六九년 八월 三十一일 발행

농　토　(비매품)

제一권 제一호 통권四○호

발행인
편집인　윤　혁　표

발행소 . 서울특별시종로구세종로六○
토지개량조합연합회
전화 (72) 二九一~一一九七

인쇄소 - 선문인쇄주식회사

등록일자 서기 一九六四년 一월 一일
등록번호 제마一六호

　※ 이 소설은 1969년에 발행된 "농토"라는 기관지에 실려있는 단편소설로서 단야의 전설에 대한 허구성과 그 출처를 밝히기 위하여 농업기반공사(현 농촌공사) 도서관에 소장된 것을 복사하여 전문을 수록한 것이다. 구성 그리고 문장이나 문맥이 어눌한 부분도 수정 없이 그대로 옮긴 것이니 독자들의 이해를 바라는 바이다. 벽골제 설화에는 용소에 백용이 살았고 기록상으로는 원성왕 때 왕명으로 전국 9주중 7주의 장정을 동원한 것 등이 있는데 "용소에 청용이 살고 있다."든가 "전주를 비롯한 7고을의 장정들을 동원"등의 내용을 소재로 한 것을 보면 이 단편소설을 쓸 무렵에 흘러다니는 와전된 사료들을 가지고 어느곳의 이야기를 벽골제를 무대로 하여 재구성한 단편소설로 보인다.

찾아보기

ㅈ

저자_ 공준원

41년 전북 김제시 출생
김제 중고등학교 졸업
고려대학교 법과대학 졸업
동진농지개량 조합(현 농촌공사 전북지사) 근무
SBC로타리 농민 계몽방속(1970년 1년여)
홍진공업㈜ 총무이사(전)
㈜이화로 공업사 대표이사(전)
㈜월간 자동차 발행인 겸 대표이사
안양시 호남 향우회 8대 회장
벽골제 발굴 조사위원(전)
안양시 시사편찬위원회 부위원장(전)
전통 문화 연구소 대표

저 서
『동진농조 50년 사』
『벽골제와 도작문화』
『조선 왕실 이야기』
『우리 쌀 5천 년』
『오궁과 도성』

블로그- 네이버
『공준원의 우리 역사 바로알기』
(독도, 벽골제, 간도, 원구단, 오궁 등)

표지글씨_
舒香 朱性梅

경기 여고 졸업
고려대학교 법과대학 졸업
한국서예대전 특선 외 다수